慢慢消失的乡村词语

尹学芸 著

中国青年出版社

(京)新登字 083 号

图书在版编目(CIP)数据

慢慢消失的乡村词语/尹学芸著. —北京:中国青年出版社,2009.6
ISBN 978-7-5006-8774-0

Ⅰ. 慢… Ⅱ. 尹… Ⅲ. 乡村—社会生活—历史—中国 Ⅳ. C912.82

中国版本图书馆 CIP 数据核字(2009)第 077706 号

责任编辑:彭 岩
Email:pengyan.cyp@gmail.com

*

中国青年出版社出版 发行
社址:北京东四 12 条 21 号 邮政编码:100708
网址:www.cyp.com.cn
编辑部电话:(010) 64034350 门市部电话:(010) 84039659
三河市君旺印装厂印刷 新华书店经销

*

700×1000 1/16 15.75 印张 2 插页 200 千字
2009 年 6 月北京第 1 版 2009 年 6 月河北第 1 次印刷
印数:1—6000 册 定价:22.00 元
本书如有印装质量问题,请凭购书发票与质检部联系调换
联系电话:(010)84047104

小 序

xiǎoxù

家乡被一条河流三面环绕，在平原和洼区的交汇处，有着特殊的地理位置和人文环境。

儿时的记忆经常凸显在某一种状态下，似光那样清晰，而又似雾那样模糊。走在村庄里，经常有某一种触动像琴弦一样能发出响声，那是对故去的一些人、一些事、一些场景、一些有形或无形的东西的怀念。那种怀念是尖锐而又绵厚的，带着长长的哨音。那些已经消失的，或正要消失的，或迟早都要消失的词语，其实不单是词语，而是它们涵盖的事物本身，不经意间，都在历史长河里堙没了。在虚妄里，我甚至觉得它们应该走入轮回。只是，我们看不到这种轮回的复生。它像尘埃一样在岁月的经轮里旋转，谁都看不到它，但它们自己能看到自己。

于是我萌发了写《慢慢消失的乡村词语》的想法。开始只是三篇、五篇，因为给报纸写专栏的关系，凑七篇都难（报纸每次连续发七篇）。可随着时间的推移，我突然感受到了一种无穷无尽，而这种无穷无尽恰是乡村智慧的赐予。在前后一年多的时间，我走遍了县境内的许多村庄，寻找和触摸那些存在与过往。与数不清的人在曾经的碾道边或水井旁，在田垄上或场院里，交流和探讨那些属于乡村文化范畴的元素和符号。只能说，那是一口愈挖愈清凉甘甜的水井，它甚至有一种魔力，吸引人从一走到十，从十走到百。

百篇短文即脱胎于此。

许多章节都是信手拈来，即无需筹划，也不用构思。它就在大脑皮层的某一处沉睡，既有现成的人物，又有现成的故事。可有些遗憾也让人莫可奈何。比如，我写到一种棋艺“看燕子”，写它是因为有故事，好写。可是，乡亲们在田间地头玩的棋艺，许多都比“看燕子”复杂有趣。我稍稍做了些调查，就有二十余种。我不可能把二十余种棋艺都写进文章，除非我想编一本棋谱。再比如“打尜儿”，类似的游戏还有抽冰猴，还有踢蛋儿，还有玩扎枪。可我觉得那个“尜”字有趣，小大小，像个谜面。平时几乎用不着那个字，可一旦把它从文字的瀚海中拣出来，它就成了一段令人愉悦的记忆。这，是不是一种神奇呢？

家乡的方言中，许多口语化的东西是不能用文字准确描述的。有时候，甚至连找代用字都很难。因为那些读音，汉语拼音根本没法注释，且不囊括于四个声调之中。遇到这种情况，翻康熙字典都没用，我只能找音或意相近的汉字贴一贴，实在贴不上去，就只能忍痛割爱。而有些方言大概使用地域辽阔，侥幸被收进了新华字典，这让我有他乡遇故知的喜悦。

还有一些词语，能够用文字表达，字典中也有收录，可意思却与生活中的应用不沾边，比如“盘缠”。在家乡的方言中，“盘缠”是吃零嘴的意思，如果单从字面看，打死都不会想得到。

这一组稿子的背景，大都取材于20世纪50—70年代，有相当一部分，到20世纪80年代初就已经成了历史。它们活在村里一些老人的嘴巴上，已经显得岌岌可危了。

如果把这归结于乡村文化的话，那么这就是一座矿藏，不单宝贵，而且渗透着智慧和聪明。我很侥幸找到了它，并把它呈现了出来。

作者于2008年10月

目 录

mùlù

开 圈

kāi quān

夕阳的余晖中，我们背着书包放学，经常在村里的街道上听到这样的消息：大块地“开圈”了！八道格开圈了！或者，高家坟开圈了！大块地、八道格、高家坟，都是地块的名字，村里人无论年纪大小，都耳熟能详。而开圈的含义，则连穿开裆裤的孩子都知道，生产队把地里的白薯、花生或小麦都收完了，允许社员们去刨遗留下的白薯、花生或捡拾残留在地上的麦穗，便取名为“开圈”。那年月粮食紧缺，家家都不够吃，捡拾的粮食能补贴一大块“生活”。有关开圈的信息，其实就跟眼下的爆炸性新闻差不多。

新华字典中对“圈”字有四种解释。（1）圈儿：铁圈，项圈。（2）圈子：圈内圈外。（3）在四周加上限制：围，圈地。（4）划圈做记号：圈选。我反复比照，开圈的意思应该符合第三点，即打破限制，允许人们自由出入。说是乡村俗语，却也准确形象。新华字典没有做开圈这样的解释，足见这个命名该属于乡村自己，是创造的。

我们那个时候年龄小，可对开圈也同样关切和敏感。书包随便往炕上一丢，根本不用大人招呼，提着筐、拎着镐就往地里跑。气喘吁吁跑到田间，地里黑压压都是躬起腰背忙活的人。除了我们队我们村的，还有周围邻村的，大人孩子都干得热火朝天。因为开圈的时候基本上都在傍晚，通常是人们干得意犹未尽，天就黑了。晚秋的天黑得早，寒气随暮霭裹挟而来，让人起一身鸡皮疙瘩。人们陆续回家了，但总有那不甘心的摸黑也要多刨几镐，他们大都来得晚——不知是消息知道得晚，还是消息有误，明明开圈的是大块地却误跑了一趟高家坟，不多刨几镐觉得吃亏。旷野中经常有野兔或田鼠出没，有时候野兔会撞在人腿上，顶多“哎哟”一声，都想不起给它一镐。野兔没粮食打紧，去田野中捕猎的人都是村里游手好闲的人。

转天一大早，惦着昨晚开圈地块的人披着星星出门了。起得最早的人能捡个大便宜，甭管捡白薯还是捡花生，昨晚摸黑挥镐的人都会有遗漏，东西刨出来了，自己却看不见。我就不止一次地跟随父亲星夜出门。父亲用自行车驮着我，在高低不平的街道上拐来拐去，“砰”地一声，自行车撞在了电线杆上。父亲骑车再走，居然不知道把我丢了。我也懵懂地似乎还在睡梦里，呼喊的声音像蚊子，父亲骑出了好一段路，偶然一摸后边，才发现后车座上没人了。

父亲挥镐刨地，我提着篮子满地游走。我有收获会惊喜地告诉父亲，父亲有收获时也会告诉我。刨白薯时我喜欢找“贼根”，有些白薯不长在自己的垄背上，而是顺着贼根在别处安营，要花费许多力气掏洞，才会在远远的地下找到它。白薯有时很大，有时却很小，与花费的力气根本不成比例。再小我也喜欢找“贼根”，因为这有点像做游戏。

开圈的信息总是比风走得还快，人们口口相传，也难免传走了样。有一次，地里的麦子还没收完呢，地边儿已经布满了虎视眈眈的人群。队长派出精壮劳力四边把守，无奈地块太大，战线太长，就是撒豆成兵，也无济于事。人们总是拣看守薄弱的地方一拥而上，不光捡地上遗留下的麦穗，还抢整个的麦捆儿，把队长急得满头大汗，沿着地边儿亲自驱赶闯入者，还不时高喊：“这里没‘开圈’，谁告诉你们这里‘开圈’了！”队长这个时候说些什么人们都听不见，大家眼里只有粮食，所有的思想和意志都在为如何获得更多的粮食服务。麻绳在口兜或腰间揣着，能把大捆的麦子背回家，这是比天都大的诱惑。人们跟队长玩游击战术，你往东，我就往西。你刚跑到南边，人们又迂回到了北面。看守的社员貌似跟队长一条心，也这里轰一下那里轰一下，可力度小多了，因为人群中也许就有他们的兄弟姐妹。人们逐渐往腹地深入，队长看着实在轰不过来，就撒手不管了。原本应该装满一车的麦捆儿，却连三分之一也没有。队长这个时候一点也不着急了，他也像别人一样成了进入开圈领地的第一批人，而这第一批人，是令人羡慕的。

其实现在想一想，开圈的地块之所以有那么大的诱惑，是因为遗漏下的粮食太多了。

新 宿

xīnxiū

宿，在方言中与“休”同音，其实是指借宿在别人家里。借宿肯定不是长久的，是偶尔为之，所以有新鲜、新到之意。即使是在乡村，现在也很难听到这样的说法了，是“新宿”所涵盖的内容不存在了。

我的印象中，20世纪70年代，简直是一个“新宿”的年代。我们大规模地住在别人家，别人也大规模地住在我们家。说是大规模，是指一铺炕上睡了不知多少人。先说我新宿的那户人家，前后两幢土坯房。女主人我们都叫她石头婶子，她生了一堆儿子，却只有一个女儿。一个偶然的机会，我听说石头婶子会讲鬼故事，就搬着铺盖卷住到她家来了。我那年大概有十岁吧，自诩是不怕鬼的，可风吹动门帘时，能让我半宿睡不着觉。我从石头婶子嘴里趸来的鬼故事，再贩卖给其他小朋友，那些小朋友听了不满足，也搬到石头婶子家炕上来了。她们有的人带来了铺盖卷，有的就来了光杆儿一个人，我们就两个人、三个人挤一个被窝，小燕儿一样从被窝里仰着头，专心致志地听石头婶子讲。石头婶子讲鬼的故事，也讲不是鬼的故事，其实现在知道了，石头婶子的许多故事都是戏文里的内容，比如“铡美案”、“三凤求凰”，我们却都以为是石头婶子肚儿编的。问她，她也说是自己编的。

新宿的原因多种多样，姐姐有两个伙伴，在我们家住好多年。一直到临出嫁，才搬回自己家里去。那年月家家房子都不够住，尤其哥们儿多的人家，再有一两房娶了媳妇的，家里的女儿就恨不得像画一样被挂在墙上。姐姐的两个伙伴都是这样的处境，她们仨凑在一台油灯下纳鞋底，说知心话。说到害羞处会红了脸，会一齐扭过头来看我，我赶忙闭紧眼睛，假装睡着了。其实我哪里睡得着呢，她们说的那些话我也爱听，有时候她们也伙着去做坏事，去生产队的地里扒些花生或掰些青玉米，放到灶膛里烧着吃。这个时候我想装睡也装不成了，烧东西的那种香气满屋子乱窜，让人根本无法抵挡。我假装起夜爬起身，把她们吓得不轻，一个劲儿叮嘱我别告诉别人。

我去石头婶子家新宿，我的位置马上就有人占领了。姐姐明显是希望我去新宿的，告诉我在外面住得时间越长越好，最好过年再搬回家来。顺便说一句，过年对新宿的人是个坎儿，不管你多不想回来，不管主人留得多紧，过年这天是一定要搬回家住，否则所有的人都会认为你不懂事，大过年的还留在外面——哪怕初一再搬回去呢。因为姐姐的那句话，我差一点就不走了。我的铺盖卷还在炕沿上顺着，她的又一个要好的姐妹已经搬着铺盖进门了。如果不是石头婶子的鬼故事实在吸引我，我才不会住在外面呢。来的人家里有地方住，她到我家是来就伴的，带来了许多花样子，摆了一炕。姐姐她们几个趴在炕上研究半天，什么样的花样子适合绣什么，有争论也有妥协。后来她们都不纳鞋底了，改绣花了。老实说，她们绣的花不是很好看，花花绿绿的有颜色而已。可就是那些颜色，让灰仆仆的生活明亮了许多。

也有新宿“新”出姻缘的，我们队的辫儿头就是其中之一。她仗着自己模样好，平时不怎么合群。辫子总像帽盔一样盘在头顶上，说话做事都显得漫不经心。有一年冬天，大顺被派到遥远的地方出工，他妈心脏不好，他请辫儿头去自己家新宿，给他妈做伴。这件事换作别人是不会去的，只有辫儿头犯傻，把铺盖搬了过去。模样好的人有时候会犯傻，村里人都这么说。大顺家是富农，他爸是吊死的，她妈焦黄的额头总像公章一样盖着紫印子，拔火罐儿拔的，大人们都说那是没病装病。辫儿头在大顺家住了一冬，过年大顺回家了，她却不回，非要跟大顺结婚。差点把她爸妈气死。大顺模样、身高、手艺哪哪都好，可是比辫儿头大17岁，已经是老光棍了，家里怎么可能同意这样的婚事呢？可辫儿头的爸妈想尽办法也阻止不了，只得断绝了跟女儿的关系。后来辫儿头的几个妹妹宁可在家里住柴火棚子，父母也不许她们在外新宿，他们让辫儿头新宿给新怕了。

辫儿头婚后生了一儿一女，都是重点大学毕业，都在城市有了不错的工作。辫儿头两口子也从村里搬了出来，在城里做小商品批发生意。辫儿头每次在街上见到我，都夸大顺的种种好，那种知足溢于言表。都快五十的人了，说起自己的男人来，跟刚结婚的小媳妇一样。当然也不忘记表一表自己如何惦记父母，市面上刚流行保暖内衣，辫儿头就拣名牌给父母一人买了一套。

盐坛子

这只陶罐从我记事起就盛盐，再往远处说，从母亲嫁到我家来，它就已经是盛盐的器皿了。

yiántánzi

仨耙子

我家的钉耙、竹耙和铁丝耙子，都已经成镜头前的摆设了。它们曾各有各的使命，在生产和生活中，发挥过重要作用。

sānpázi

看青

kānqīng

“看青”这活儿，是从庄稼半熟不熟的时候开始。庄稼半熟不熟的时候，也是庄户人家青黄不接的时候。那个时候有个成语，叫“偷青捋穗”，说的是手脚不干净的人，把还没成熟的粮食偷回家。广播喇叭里每天都有消息播报，谁谁又“偷青捋穗”了，被看青人逮着了，扣工分，罚粮食，开批判会接受批判。无论多重的惩罚，谁都不当回事。因为这种行为几乎人人都有，区别只是没被看青人抓到。或者抓到了，与看青人私下达成了某种协议。再或者，与看青人有什么瓜葛，被看青人做了顺水人情。

乡间的许多词语都精确得十分了得，我觉得看青就是一例。“青”字就用得很讲究，本来是所有庄稼的统称。都知道庄稼小的时候是绿的，快要成熟的时候，才由绿转黄。看守庄稼的这一职业，既不叫看绿，也不叫看黄。细细想来，庄稼其实是有第三种色调的，那就是“青”。庄稼绿时还是禾苗，黄时则表示成熟在望。绿转黄之间是一段青森森的颜色，玉米在那个阶段尤为明显，正是挂浆时，尤其有看的必要。

看青这个职业，看似溜溜达达，即清闲又干净，很多人却不愿意干，也干不了。看青人需要铁面无私，需要很好的体魄和心理素质，更主要的，看青人要不怕伤人。所以每个生产队选择看青人一般都只用两种人，年龄稍大些的光棍，或那些还没结婚的愣头青。看青人需要下夜，有时甚至要在地头搭窝棚，十天半月不回家也是常有的事。他们通常在裤腰上别一把镰刀，倒背着手，从这块地走到那块地。“偷青捋穗”的人他们要管，小孩子跑到地里割草、剜菜他们也管。因为他们知道，小孩子其实个个都是小“害虫”，他们把那些矮秆高粱撅甜棒吃，能撅出打麦场那样大的一块平地。高粱穗子都藏在草筐里，还脱不出粮食，就拿回家喂兔子。

或者像耗子一样，把那些刚有浆水的玉米啃得乱七八糟。玉米还好好地长在那里，胞衣整齐，吐着黄色的缨须，其实里面光剩下玉米骨头了。看青人顶烦这样的小孩子，每天放学的时间，都盯紧各个路口，可小孩子的腿脚比风还快，何况不止一两个小孩子，看青人追了这个顾不了那个，最后落个疲于奔命，小孩子阴谋得逞，得意得心里乐开花。

被捉住的孩子一般都没有好果子吃，挨顿骂是好的，不解气的时候，也许就会挨顿揍。孩子们为了不被捉拿，也想了许多办法，诸如像电影里那样，怀里藏个白灰包，关键时刻扬手甩出去，自己就能脱身。女孩子脱掉裤子装成解手等等，都是好计谋。青纱帐里的游击战年年进行得色彩纷呈，孩子们个个练习得动若脱兔、火眼金睛。

看青人最神气的时候，是配合队长检查有没有社员私藏粮食。队长不亲自动手，他在旁边看着，看青人一个一个的捏衣兜，摸裤腿，甭管是男、是女，身上的犄角旮旯都要翻个遍。私藏粮食的女人居多，她们把豆子挽进裤脚，或者把玉米棒子插进内衣，像子弹夹一样整齐地围在腰间。女人的脸上丰富多彩，乞求、威吓、嘲弄、谩骂，无所不用其极。看青人铁青着脸，众目睽睽之下，当然都不为所动。翻出来的粮食堆放在一边，女人骂看青人绝子绝孙，不得好死，看青人这个时候的修养出奇地好，无论别人骂什么，他们一点不恼。因为他们知道，一年看青的生涯就要结束了，他们很快也要成为一名普通社员了。

他们成为普通社员以后，不会有人记得他们曾经看过青，虽然明年看青人的名单中可能还有他们，但那是明年的事。看青人在一夜之间就完成了角色转换，没有什么人跟他们记仇，因为他们之间，无仇可记。

场 头

chángtóu

“场头”的权力仅次于队长，这是我与一个做过场头的人认真探讨得出的结论。队长管春种秋收，而春种秋收得来的粮食，都归场头管。每年地里的活计忙完以后，所有的家庭妇女都要到场上去，这个时候场上比地里更需要人手。麦秋时的梅雨天最吓人，天上轰隆轰隆雷声一响，场院上就长出许多巨大的蘑菇麦垛。场院里的活计看似简单，其实许多都是技术活——比如把两层楼高的麦垛垛得像个大灯笼，不歪不斜，就不是一般人能够做到的。

每年的麦花飘香时，就是场头走马上任的季节。麦场都是土场，平展宽广。一个冬天的荒芜，足以使场面上积聚厚厚一层浮尘。清场的首要任务，就是要把浮尘碾到地里去。地表均匀铺上含了水的麦壳，毛驴套上碌碡反复碾轧，使场面坚硬如铁。麦场干透时，即是小麦上场时。来场上务工的都是女人，多糙多辣的女人都有。场头带这样一支队伍不容易，首先自己要精通簸、扬、扫、锄等各种活计，撂下杈子就是扫帚，以技艺服人。还要知人善任，把每一个人都派到适合自己的工作岗位上。遇到调皮调歪的女人，还要有手段制服。女人攀比的心理和行为都很严重，有一个人磨洋工，这一天就不出活儿。

好的庄稼把式不一定是个好场头。好场头往往一个生产队几百号人就出一两个。领导一群女人的人该是什么性格？整天绷着脸不行，女人天生就是叽叽喳喳、嘻嘻哈哈，三个女人一台戏，场上至少三十个女人，该是几台戏？谁绷了脸谁就是遭耍的猴子，女人根本看不上你。看不上你就欺负你，欺负你的方式，就是做活时偷工减料。这是要场头命的事。场里的活不比地里，地里都在明处，场里却在暗处。比如翻晒粮食，手腕上稍微懈松些，粮食就翻不到底，表面晒得嘎嘣脆了，里面的却捂出了芽子。整天嬉皮笑脸也不行。人的惰性像伏天的气候一样得寸进尺，场头若是拿捏不准分寸，就很难使动人。坐在我面前的老场头都八十几了，说起过去的岁月，还是一脸的得意。他咧着没有牙齿的嘴巴说，他做了一辈子场头，没结过怨，没伤过人，没误过事。下雨抢场时，所有的妇女都泼出命去干。那一年连阴天，麦子眼瞅着发肿发胀，他让妇女们把炕腾出来给麦子睡，结果没有一粒麦子生芽。麦子晾干后，原封不动地又回了场上。你知道这是为什么吗？老场头仰着脸问我，我说不知道。老场头神秘地说，他摸得准女人的脉。有多少女人，他就能摸准多少人的脉。我想让他仔细说说“摸脉”的事，他轻而易举地就岔开了话题。

场上的风景其实最是风景。女人们每人一条花头巾遮脸，十几、二十几把三股木杈呈一字递进排开，麦秆在空中纷扬，像掀起的黄色波浪一样。场院晾晒的麦子原本是一个巨大的圆，在女人的层层剥离中，不断缩小。这就是翻场。翻场多在正午，阳光下的人连影子也没有。空气中散发着烫熟麦子的气味，轻烟袅袅，似乎人的皮肉都被烤焦了。场上的所有活计中，没有比翻场更有诗意更具画面美感的活计了。带头翻场的一准是场头，他手里的木杈轻盈得如蝴蝶上下翻飞，能舞动出一种韵律，一种神采。场头一准是光着脊梁的，窝起的后背与烤红的烙铁一个颜色。间或吼几声酸曲给人提神，那酸曲的词儿，也许就是他现场篡改的，提醒身后的女人他长着透视眼，谁干什么样，他都心知肚明。

场头是要吃住都在场院里的。从入夏小麦进场，到秋后高粱谷子归仓，多半年都不能登家门。家里做下好吃的会送到场院来，更多的时候，场头一个人在自己搭的灶里烧火煮饭。乡下的男人很少有自己做饭吃的，场头能做到这一点，也让人刮目相看。

打尜儿

dǎgár

入冬时节，刀枪入库，马放南山，生产队“挂队”了。“挂队”就是放假，但放假是工厂工人的说法，社员放假就叫“挂队”。

闲下身子，年纪大的人喜欢串门子。男人倚着墙柜聊天，女人坐在炕尖上纳鞋底，“刺啦刺啦”拽麻绳的声音此起彼伏，针锥偶尔在头发上划一下，为的是蹭些油，扎鞋底的时候可以省些力气。没出嫁的姑娘们喜欢玩纸牌，纸牌不定玩了多长时间，边棱都毛茬茬的，而且缺这个少那个。少的纸牌就自己亲手画，如果少的是大王小王，就用彩纸和烟盒代替。

早晨热气腾腾的玉米粥刚咽下肚去，小伙子就呼朋唤友地去打尜儿了。尜儿是用木头削成的两头尖、中间圆的球体，新华字典中解释为儿童玩具，其实不很准确。最起码在我的家乡这种解释不准确。打尜儿有赌博的性质，虽然那个年月赌资很少，也是一定要分输赢的。尜儿分两种打法。第一种用尜儿棒在地上旋个窝，把尜儿放进去，人偏下身去用尜儿棒把尜儿激起来，朝远处打，然后再用尜儿棒去丈量，远者为胜。第二种名曰“攻城”的玩法则复杂得多。“攻城”是大游戏，无论有多少人，都可以参与进来。若干个人一组，分若干组，轮流攻城和守城。

在地面上用树枝画个一丈见方的框，就是“城池”。守城者手持尜儿棒，在任意一个地方站好，问对方是“死攻”还是“活攻”。“活攻”守城者可在城池里随意走动，选最佳角度把尜儿打出去。“死攻”守城者则不能动，无论尜儿从哪个方向来，只能凭借手臂的长度击尜儿。一般千尺为一局。最先打够一千尺者为胜，胜者叫累人，输者叫挨累。奖惩的方式分两种，累人的问挨累的，要天尜儿还是要地尜儿？天尜儿就是往空中打，挨累的举着帽子到远处接，直到接到为止。地尜儿则是累人者一棒打下去，尜儿沿地面朝前滚动。挨累者追在后面，要在尜儿滚动时追到才作数，裁判就在身后尾随，实施监督。天尜儿地尜儿都不容易接到和追到，所以挨累者经常跑得满头大汗，而且一跑就是半天。

这种攻城的游戏不常有，因为只有人多才能玩出气势和水准。所以这一天是村庄的节日，男女老少几乎倾巢而动。地点是某户人家的菜园，白菜收走了，但垄沟依稀可见。一天下来，菜园就被人踩成打麦场了，转年刨地，要费一把子力气。这个活动一搞就是一天，什么时候天黑得看不见了，才会作罢。因为轮流挨累和累人，所有参与者都累走了样，干一年的活，都累不出打尜儿的水平。有的人家的烟囱这一天都不冒烟，全家人一整天都在打尜儿现场观战。也有的人一早背着筐出来想去耧些柴草，可晚上转回家去，筐还是空的——因为看打尜儿，把耧草的事忘了。

尜儿没长眼睛，有的时候它也会被人一棒打出去，正好撞在某个人的额头上。额头顿时会起尜儿那样大的一个紫包。“紫包人”捂着额头蹲下身去，对跑过来的肇事者说，你玩你的去，你玩你的去。肇事者继续去打尜儿，“紫包人”躲到偏僻处忍过阵痛，扬着惹人眼目的额头又出现在打尜儿现场。

我小的时候听爷爷说过他年轻时打尜儿，也是在冬闲时，也分守城和攻城。只不过那个时候打尜儿是为了取暖。草房四处透风，身上衣衫单薄，家里实在冷得无处藏躲，年轻人便相约去打尜儿。有时候即使下了没膝深的雪，他们也愿意在雪地里奔来跑去。那时节不能打地尜儿，只能打天尜儿。爷爷说，有个打尜儿好手一棒打下去，尜儿就不见了。我问尜儿去了哪里，爷爷说尜儿去了天上老天爷那里，老天爷把尜儿收走了。我问老天爷把尜儿收走了做什么。爷爷说，老天爷在天上待着闷得慌，他也想打尜儿了。天上没有树，没有办法削尜儿。

我那时还没上学，很信爷爷的话。

抡火球

lúnhuǒqiú

过了腊月二十三，家家都要忙于过年的准备工作了。青石碾子一天到晚吱吱嘎嘎叫个不停。各家各户都要把平时舍不得吃的稀罕粮食拿出来碾轧。小黄米、黏高粱、炒黄豆，蒸出来的饽饽或年糕都跟点心差不多。家家的缸里都会储藏许多这样的“点心”，这是孩子们喜欢的吃食。当然也有不喜欢的，比如，把碾细的玉米面做成蓬松的大包子，里面塞进红豆沙馅，又名“团子”。无论玉米面做成什么样、叫什么名字，大家都对它深恶痛绝，一年到头吃得太多了。

孩子除了被家长扣住推碾子，有点时间就往生产队的饲养厂跑。胆大些的潜伏到队部饲养大牲畜的地方，查看饲养员有没有把炊帚疙瘩遗失在牲口槽子里。牲口槽子都是花岗岩石头凿出来的，模样像一条小水渠，有渠沟和渠背。那年月饲料也金贵，牲口吃东西时挑挑拣拣，把不爱吃的拱到一边，那把小炊帚就负责把渠沟或渠背的东西归拢到一处。女孩子胆小，一遍一遍地往猪圈跑。猪圈都建在队部外面稍远些的地方，喂猪的爷爷已经很老了，穿一条长身的蓝布大围裙，长杆烟袋插在围裙的口袋里，烟袋荷包一摇一摇地拍打他的肚子。但爷爷身体仍硬朗，一条桑木扁担两端是两只大号猪食桶，桶里装着满满的猪食，他腰一点都不弯。爷爷老了的标志，就是有时会把秃了毛的炊帚疙瘩落在猪食槽子里，让拣到的孩子欣喜若狂。

那些炊帚都是高粱杪用铁丝绑成的。因为使用的长久，有杪的那一边已经被磨秃了，所以大家才叫它炊帚疙瘩。高粱杪是高粱穗子脱去粮食后的叫法，有红白之说。因为高粱本身亦有红有白。红高粱的壳子是红的，白高粱的壳子却是黑的。我们都喜欢红高粱苗绑成的炊帚，觉得它比白高粱绑成的炊帚好看。那种炊帚其实家家灶台上都有，刷锅用的。可孩子们更愿意到外面去“捡”。家里的东西再烂也是宝贝，谁都不会舍得往外拿。

我曾“捡”到过一把炊帚疙瘩，是红高粱苗绑成的，被我洗净晾干以后，藏在了墙缝里，像藏了宝物一样。每天都要过去看它还在不在，生怕被别人顺手牵羊。每年正月十五的晚上，村里的大小孩子都去村后的河套地里抡火球。高粱杪点燃以后，碎星星一样挤眼睛，不生明火。一端拴上绳子，扬起手臂朝空中抡，火星遇到空气哔哔剥剥作响，即好看，又好玩。

河套地被河水围成了半圆，是很大的一个半圆，半径足有几十米。这样大的地块也不能容纳所有的孩子，胆小的孩子都不敢下到河堤来，他们怕那些四处乱跳的火星。有许多孩子站在河堤上看风景，他们的安静与堤下疯跑的孩子形成了鲜明的对比。火球偶尔会撞到别人的头上，空气中弥漫着头发的焦糊味。也有些男孩子故意往女孩子的身上抡，把女孩子吓得尖叫不止。

这样的场面我只参与过一次，火球总也不能在我的手上抡成型。我总怕火星落到我的身上或落到别人的身上，我一直胆战心惊。点燃的炊帚只有在剧烈的抡动中借助风的力量才能自燃，所以我的火球三番五次地灭。我赌气到大堤上做了看客。看客的角色实在是好，夜很黑，星星很亮，火球上遗落的“星子”比天上的星星还璀璨。远处的河水结了冰，冰面上传来各种各样的回声。像看电影一样。

那天有个叫小娟的女孩棉衣被火球抡着了，她尖叫着朝家里跑，结果火苗在她的身上越烧越大。所有的人都傻了眼，也顾不得抡火球了，排着队追在小娟的后面跟着跑。可没有人知道该怎么办。大家只是像小娟一样地惊叫，长长的一串队伍惊动了很多村里人，有大人从家里端出来一盆水，泼到了小娟的身上，总算把火熄灭了。

小娟的身上烧坏了大块的皮肤，衣服都揭不下来。但来年的正月十五，河套里仍然人满为患。

出河工

chūhégōng

铁锹磨出亮光，排子车凿凿实实地修整一新，铺盖卷山一样堆放在马车上，这是要“出河工”了。

男男女女都因为“出河工”而兴奋，而摩拳擦掌。挨冻受累都可以不计入成本，“出河工”的人员比在家留守的工分高，这是其一。其二，也是最重要的，人去嘴去，整整一个冬天队里免费提供一日三餐，这对每一个人、每一个家庭都是天大的事。队伍浩浩荡荡出发了，两个人一架排子车，一人推车一人坐车。或者男人推车女人坐车。女人其实都是还没结婚的大姑娘，去了挖河工地，就没有性别意识了。工地也许在县境内也许在县境外，几条河流都是古时候留下来的，曾做过通商口岸。现在“出河工”，则是清理淤滞的河床，为了泄洪。

在向阳的地面上挖一米深、数米平方的坑，铺上稻草，就是“炕”。男人一铺“炕”女人一铺“炕”。不管有多少人，也全都装在这张“炕”上。铺盖卷颠倒着摆放，是为了能省些地方。夜里起夜十回有八回找不着自己的领地，只有数准脑瓜儿，才能在人堆里扒出缝儿，准确找到属于自己的枕头。灶是临时砌起来的，柴则是从家里拉来的——劈柴、玉米骨头——都是家里舍不得烧的硬柴。铁锅像一眼窑那么大，铲子是一把小型号的铁锹。不论干活多累，看见锅里热气腾腾的样子，浑身的累就都被热气蒸走了。工地上男人和女人自由结合组，一起装车，然后两个人轮流一人推车一人拉纤。男人当然不愿意和女人一个组，女人不示弱，也不愿意跟男人一个组。男人的车装多满，女人的车也能装多满。河床越来越深，冒出的水眨眼就结成了冰，泥里水里女人一点也不含糊，哪怕身上正不方便，干起活来仍生龙活虎。

女人只有一个地方不能跟男人比，那就是吃饭。男人们吃饭是让大师傅眼晕的一件事。大师傅就是厨师，顶害怕的一件事就是做的饭不够吃，那是他的失职。可男人的肚子都是松紧带，想让大师傅失职是易如反掌的事。有两个男人打赌，说我能吃一扁担馒头。另一个说，你能吃一扁担我就能吃两扁担。扁担多长，把大馒头挨个摆上去，十个都不止。要命的是真有人能吃一扁担，而且不止一个人。很多人都想知道自己的肚子能不能盛“一扁担”馒头，把大师傅吃得挨个求饶。说能吃两扁担的人是吹牛，可两天以后，吹牛人就改正了自己的形象。那天吃“塌锅”，就是把菜油炒以后放入米，用小火慢慢熬。这个饭平时不怎么吃，米不出数菜也不出数。可作为改善生活，偶尔也做一顿。吹牛人用一只大碗装满饭，说自己走十步就能吃一碗，有多少吃多少。大家当然都想见识一下他到底能吃多少碗饭，都鼓励他吃。结果他把另几个人的饭都吃光了，把大师傅气得不轻。

工地离村庄大约有七八里地，村里如果放电影，出河工的人饭咽不利落就往村里跑。男人一群女人一群，吃饭时腿肚子还累得直颤呢，一说看电影，精气神立刻就来了。电影也许是老片，看过两遍、三遍，故事都耳熟能详，演员哪里有个痦子都记得一清二楚。那有什么要紧呢，每看一遍都新鲜，都兴奋。而且那种兴奋能维持好几天。男人喜欢女演员，第一夜几乎人人都做梦，不管梦见的没梦见的，转天一准都会有一串故事挂在嘴边上。女人也喜欢女演员，她们不做梦。也许她们梦到了男演员，但她们不会说。

一场大雪提前结束了出河工。工棚连日被北风撕掳得摇摇欲坠，被大雪一压，就趴了架。放眼望去田野一片白茫茫，只有野兔深一脚浅一脚地在远方窜跳。河床也被大雪密封了，人和排子车都很难下到底部。出河工的队伍浩浩荡荡回来了，这个时候也到年根了，家家都做好吃的欢迎他们。这一冬他们省下的粮食，可以渡过转年的春荒了。

扎王八

zhāwángbā

老叔是队里有号召力的人，冰天雪地的时候队里没活，他就率十几二十几个人到河里扎王八。鱼叉都是自个儿在镇上铁匠铺里打的，有的两根，中间是抹去了角的半个正方形。有的三根，呈三足鼎立状。开始是小规模，在村庄附近的周河里。那时候水面的冰还不是很厚，人踩在上面，冰面会有炸裂的白痕。待到草房的屋檐下垂挂一尺长的冰锥，浩浩荡荡的一群人扛着鱼叉就奔沟河方向去了。沿路要穿越十几个村庄，有些村庄的人还记得这支奇怪的队伍，响亮地与他们打招呼："又扎王八去了？"老叔他们很有气势地答："又扎王八去！"别人都羡慕我们庄上的人心齐，去扎王八还能拉出一支队伍。而且这支队伍年年转战南北，鱼叉在肩上扛着，又细又尖的那一端插向天空。寒风凛冽，北风刺骨，这支队伍却迎风踏雪走得热气腾腾。

在现代汉语词典中雅称"鳖"的这种爬行动物，实在是给我的父辈们沉闷的冬日生活增添了许多情趣。鳖又称甲鱼和团鱼，形状与龟相似，但它的背甲上却有软皮。冬天，甲鱼会沉睡在水底三四寸厚的泥沙里，只把头迎着水流探出泥沙外，怕迷眼睛。老叔他们这个行当做了有二十年，把甲鱼的习性摸得一清二楚。老叔带的这支队伍来到了河边，先做简单的分工。有人用钻头打冰眼。冰眼一般都打成直径15公分左右的圆，像井筒一样。有人用鱼叉探水底情况。水底若是清一色的淤泥，冰眼就意味着被放弃。因为甲鱼喜欢沙子，愿意蛰伏在松软的泥沙里。老叔和那些扎王八的好手岔开腿站在冰眼旁，用手中的鱼叉上上下下去戳河底。如果感觉手中的鱼叉滞重黏稠，那十有八九就有收获了。鱼叉一般就扎在甲鱼背上，有时会扎成透心凉，酱色的血咕嘟咕嘟往外冒，有人拿着旧棉花团专门堵血眼，这样可以维持甲鱼的生命。那个时候也讲究吃活的，如果扎上来时甲鱼死了，就扔掉。堵血眼的人职责就是提着口袋装别人扎上来的甲鱼。只有别人抽袋烟或解手的空闲，他才高兴地用别人的鱼叉扎一会儿，过把瘾。

如果扎上来的是条小甲鱼，就观察它的裙边有没有伤口。甲鱼是性烈动物，霸道蛮横，对同类弱小生命具有攻击性。如果小甲鱼身上有伤口，那么附近肯定就有大甲鱼。这就需要拓展冰眼扩大水域，根据水流方向判断大甲鱼的栖息地。这种判断的准确性很高，几把鱼叉同时在一个冰眼里扎，大甲鱼插翅难逃。

装甲鱼的口袋是纺成的细棉线织成的，有齐胸高。待甲鱼把一只口袋撑满，老叔他们就在冰眼里洗净手，回家了。两个人用木杠轮番抬着口袋，口袋被冻得硬邦邦的，像穿了铠甲一样。刚走出不远，口袋就从中间齐牙牙断裂了，众甲鱼从口袋里掉出来，张牙舞爪四处奔逃。老叔指挥人围圈甲鱼，自己亲自跑到几里外的一个村上借口袋，问准了人家的姓名，答应来年扎王八顺便还上一条新口袋。那户人家便会同意，也不问老叔的姓名，腾出口袋，礼送老叔出门。转年老叔来还口袋，那个人已经故去了，可他的儿子知道这件事，他爸临终时有过交代。

现在的老叔已经七十多岁了，和老婶共同经营一片果园。家里没装电话，他和老婶每人一部手机、一辆电动车。提起当年扎王八的事，老叔还兴奋盎然。我问扎来的王八怎么弄，好不好吃。老叔说，回来大家按人头大小搭配着分，你家几只他家几只，没偏没向。王八洗净以后，放几片猪肉一起炖，大些火，长些时间，炖出王八肉要多好吃有多好吃。尤其是王八那一圈飞边（裙边），柔滑细腻，是天底下最好吃的美味。我让老叔说实话，当年吃在嘴里，到底是王八肉好吃还是猪肉好吃，老叔呵呵地笑，说要是猪肉管够，就没人跑那么老远去扎王八了。

我小的时候，我们家的一只瓷坛子里经常淹着甲鱼蛋。有一次，姐姐和父亲去采麻叶，见一蓬暄土看着可疑，像是甲鱼刚刚离去。用手拂去暄土，发现了一窝甲鱼蛋，足有一草帽头儿。想来甲鱼也曾是儿女成群的，只是不知何时，河里的甲鱼绝迹了。

翻坑

fānkēng

村里有个外号叫“二猫”的人，谎话总是说得一套一套的。按照现代人的观点，二猫的谎话具有黑色幽默性质，所以村里人都不烦他。夏天，一群妇女在树底下纳鞋底，“二猫”从此处过，有个妇女招呼他：“二猫，说个谎呗。”“二猫”站下挤挤眼，着急地说：“我今天没有空，西坑‘翻坑’了，我还忙着捞鱼去呢。”话没说完，人就慌慌地走了。妇女们听说“翻坑”这两个字，麻绳往鞋底上一绕，站起身，连屁股都来不及拍打一把，也急急地往家走。她们拿了鱼网、笊篱、水瓢、饭盆直往西坑而去，到了那里一看，西坑水平如镜，根本没有“翻坑”的迹象。

这个时候她们才知道“二猫”把她们耍了。她们一路笑着骂“二猫”，又重新回到树下纳鞋底。

村里有十几块水塘，每年夏天都有“翻坑”的。水塘“翻坑”时如喷云吐雾，原本是一塘清水，转眼就浑浊不堪。“翻坑”那天是村里人的节日，男女老少齐上阵，水面白花花漂起的一层死鱼，先去的人捞大鱼，后去的人捞小鱼，连猫狗都能站在岸边伸出爪子捞鱼，打牙祭。一个村的水塘“翻坑”，邻村的很多亲戚家都可以吃到鱼。“翻坑”基本上有以下几个原因：水里的野生鱼太多，彼此冲撞搅得水下环境失常；天气热、气压低；还有人为因素也可以导致水塘“翻坑”，十几二十几个孩子打水仗，在水中奔来跑去，时间一长，忽然见一股泥沙从水底像喷泉一样往上冒，反应机敏的孩子连忙跳到岸上穿衣服——他们是跑回家去拿家什或通知大人，早一些赶回来，能捞到被泥沙呛得晕头转向的活鱼。

孩子比大人更关心水塘什么时候翻坑。溽热的午后，蝉在柳树上嘶鸣，孩子们在树阴下游戏。水面热气蒸腾，偶尔有一条鱼跃出水面，孩子们发出了一片惊叹声。“翻坑”的日子他们有鱼吃，村里到处弥漫着炸鱼的香气。

捞鱼时的快乐也不同于做游戏，他们大都站在水浅些的地方，用笊篱捞那些别人不要的小鱼。小鱼对他们来说也相当珍贵，孩子们每天都在水塘洗澡，皮肉能被鱼撞疼。可若想逮着一条小鱼，却是比登天都难的事。

村里的十几块水塘各有各的名字，我家门前的那个叫长条坑，坑边长着许多芦苇。芦苇丛中有时会有“呱呱鸟”，“唰”地飞起来，展翅在天空中滑翔，像小飞机一样。我最早有关长条坑的记忆，是父亲背着我去找赤脚医生，我肚子疼。长条坑里的水溢了出来，把路阻断了。父亲挽着裤角蹚了过去，芦苇水淋淋地朝路上倾斜，苇毛能刮着我的脸，我的脸都被打湿了。这是雨后的情景。几个响晴薄日的天儿之后，路上的水被长条坑收走了，车辙里会留下毛茸茸的小鱼小虾。它们以为这是新的“家”，一个个在浅水洼里活蹦乱跳。一个午后，太阳又把车辙里的水全都收走了，连一点潮气都没留下。小鱼小虾很快就被晒成干儿了，只有两只眼睛还黑着，在车辙里看天。

村里最大的水塘就是西坑，差不多有半个村庄大。水多鱼也多，有人曾在西坑里见到过稀罕鱼种，以为那是神怪之物。村里人都看重西坑，所以“二猫”扯谎要拿西坑说事儿。那么多年，西坑只翻过一次坑，据说是因为附近加工厂里的机器出了故障，整日发出刺耳的尖叫声，把鱼吓惊了。真正的原因是什么，大概只有鱼知道。西坑“翻坑”那天天上有一道赤色的光，有人分析是水里的神怪升天了。西坑的富饶令整个村庄的人瞠目结舌，出产过十几斤重的鲤鱼和鲢鱼，形形色色的水族动物应有尽有，癞蛤蟆都有碗口大，让人疑心蛤蟆都成精了。这次“翻坑”村里人足足打捞了三天三夜，有些人家把炕席都扯了下来，晾鱼虾用。

二十年，最多不过三十年，那些风景就成了村庄的梦了。长条坑上被人盖了房子，它身边的芦苇一根也没有了。每次回家我都留意脚下的那段路，野草倒是不少，可连一根苇椎也看不见。春节回家我到西坑边上转了转，坑底被不知多少人家瓜分了。有的种了庄稼，高粱玉米的秸秆立在那里，已经被风吹干了。有的人家种了许多毛白杨，眼下都有拳头粗了。

当年水塘里的那些水，也不知都去了哪里……

爬瓜

páguā

生产队的瓜地离村庄都不远。种瓜要用好沙土，长出的瓜甜。若是在远处洼地里的黑土中种瓜，西瓜都能长出倭瓜味儿。村庄周围的地都是沙土地，种瓜不能重茬，今年种在这里，明年种在那里。不论种在哪里，都离村庄近，离河水近。这是不经意间给“爬瓜”人提供了有利条件。瓜地周围一般不种高秆儿植物，左边是黑豆，右边是黄豆，都只有膝盖高。可爬瓜人潜伏在黑豆或黄豆地里，看瓜人照例很难发现他们。明明那些人的行为是“偷”，乡间却谓之“爬”。一个爬字中，能嚼出许多味道，甚至含有浪漫惊险刺激等诸多元素。除了形容爬瓜人的形态，是否也有对爬瓜人的行为姑息原宥之意呢？

不好说。

爬瓜也有很多讲究。必得是夜半三更天去，必是还没结婚的小青年（有了媳妇的大概都觉得不好意思）。他们背着筐、提着袋子成群结伙地去偷袭，一队的人去二队的瓜地，二队的人去三队的瓜地，彼此心照不宣。队里的瓜园通常都有几十亩地，看瓜人的瓜棚偏安一隅，甜瓜和香瓜都成熟了，空气中弥漫着甘冽的甜香气。看瓜人的呼噜合着清亮的夜色起伏，这时的瓜园不招人惦记，简直说不过去。

爬瓜人也是有分工的。有两人专门蹲守瓜棚，只要看瓜人听见动静从瓜棚出来，迎面就有一道绊马索。摔跤的工夫，远处的爬瓜人就能从容转移，是转移爬到的瓜。接应的人就在河岸蹲伏，瓜袋到了手里，或是箭步如飞沿河岸快速逃离，或是把瓜袋投进水里，人与瓜同时在水里浮游。纵使看瓜人追过来，除了大骂几声，也无计可施。

爬瓜的乐趣不只是吃到瓜，还有类似运动战的情趣在里边。二大爷是生产队队长，凡事爱讲究子午卯酉。对于瓜园丢瓜，他颇有成见，觉得是看瓜人不尽心。“你整夜睡大觉，哪能不丢瓜呢？”二大爷急扯白脸地说。看瓜人便与他打赌，让他亲自看一宿瓜，尝尝滋味。于是二大爷买了个大号手电筒，整夜都围着瓜园转，一宿连眼也没合。天一亮，二大爷傻了眼，瓜园里的瓜丢了大半，都是被人有板有眼地拣熟的、大的摘走的。二大爷立时起了一嘴泡。他着急不是因为丢瓜，是因为丢了那样多的瓜他连动静都没听见，丢人。原来是二大爷的手电筒帮了爬瓜人的忙。那天爬瓜人制定了新的爬瓜方案，把人分成四组，把守四个方向。二大爷的手电筒照到东边，西边的人开始行动。手电筒照到南边，北边的人开始行动。爬瓜人就这样从容不迫地与二大爷周旋，爬瓜人与二大爷一样，都是一夜没合眼——他们是兴奋的。

转天看见二大爷嘴起泡抿嘴笑的人，都是爬瓜的，或者，都是知情的。二大爷心里明镜儿似的，可却什么都不能说。爬瓜不算偷，顶多挨顿揍。这是乡间的传统，说的还是孩子。人赃俱获尚且如此，没凭没据的事就更不用说了。

每年开春，河套早年种瓜的地方就冒出一片湖泊——是阳光反射下的塑料薄膜被风吹动时，像水波一样荡漾。堂兄堂嫂把那块土地包了二十年，种了西瓜、棉花、花生、白薯等等。西瓜都是赶在麦收之前上市的，从一块钱一斤开始卖，卖到最后，还要两三毛钱。有时我们吃瓜，就亲自到地里摘。像拍自己孩子的小屁股一样，拍了这个还想拍那个。青皮西瓜在瓜蔓的簇拥下，个个雍容华贵，与在市场上见到时感觉大不一样。我问堂兄是不是还有来爬瓜的，堂兄说，种了十来年的瓜了，一次也没遇到过。个人干点啥不容易，都乡里乡亲的，谁好意思呢。堂兄的瓜棚里只有一些草，我没看见铺盖。说真的，我很想知道他夜里有没有守在瓜园，我不止一次想做个爬瓜人，吓吓他。可每到深夜，都是想法活跃，身子却懒得动。我不知道别的人是不是也和我有一样的想法，或者这个世界上，我是最后一个有爬瓜想法的人了。

打头儿

dǎtóur

“打头儿”也是个职业。

“打头儿”这个职业有点像工厂的班组长，管着一拨人干活。与班组长不同的是，打头儿的无论做什么活计，都是身先士卒的那一个。打头儿的不是干部，所以没有说教，离开地边他就是一个普通人。可往地头一站，锄头拄在手里，他就与一般人不同了。锄地要站在第一垄，大家都瞄着他，不锄他前边去，也监督他锄过的地是否松软、干净。打头儿的都是好庄稼把式，干什么活都不容别人挑眼。他若干不好，其他人就会干得更稀松。就以锄地为例，锄头扔出去，拉回来，看似人人都在使劲，其实劲使得有真有假。真使劲的人锄过的地土松软得能没鞋帮子。假使劲的人会耧起一层浮土，看着地像锄过的样子，可踩在脚下，还是硬邦邦的，一点也不保墒。

锄头：一大一小两柄锄头，能丈量出一垄秧苗的宽窄程度。小的锄头更有些像玩具，与大的锄头站在一起，有点儿像一对父子。

打头儿的也有权利。什么时候歇工、歇多少时间，什么时候收工，都是打头儿说了算。老叔从年轻的时候就打头儿，一直干到年纪大了，散队了。老叔打头儿与别人不一样，老叔会讲故事，会唱戏文。老叔一张嘴，别人就都被吸引了，为了跟上老叔的节奏，手底下都得加把劲，步调一致。落得稍微远点，老叔讲些什么，就听不清了。听戏文还有一个好处，手底下会忘了使奸耍滑，锄头深了浅了，凭心，而不是凭手。我第一次跟着老叔去干活，是麦收时放麦假，老叔戴一顶破草帽，镰刀在腰里别着，脖子上围着旧毛巾，样子也很威武。来到地头先稍事休息，老叔的嘴里叼根麦秆，自己先割了一片麦，捆起来，两横一竖朝上搭，遮出一小片凉阴，告诉我们几个孩子别热着，热了就这样躲进阴凉里歇着。可我们怎么能歇呢，我们就追在老叔的屁股后头拣麦穗，是为了听他唱的几句戏文。那些戏文唱得真正好，有男声还有女声。我至今还记得这样两句："我后面跟着他呀（女声）"。"我果子拿两匣呀（男声）"。"见了妈妈不磕头你拜得什么年啊！（女声）"老叔一会儿男声一会儿女声，是在直起身打腰子时唱出来的。古铜色的脸庞，神采飞扬。老叔唱时我们就直起眼睛看他，也不懂什么意思，可就是听着入迷，听了这句还想听下一句。麦地里不时会发现鹌鹑蛋，别人拣到都自己收起来，在麦团上做个记号，收工时拿回家。鹌鹑蛋若是在老叔的麦垄里，老叔就喊我们过去，一人一枚，或一人两枚分给我们。还教我们在空中照影儿，看里面是不是有小鹌鹑。在我们心里，老叔就是英雄，打头儿的都是英雄。歇工都愿意挨着他坐，看他嘴里嚼根草，也要找同样一根草放在嘴里嚼。跑到远处用麻叶给他捧水喝。兜里有块糖，也愿意放到他的手心里。别的社员笑话我们小小的年纪先学会了溜须，其实他们哪里知道，我们是因为崇拜才这样。

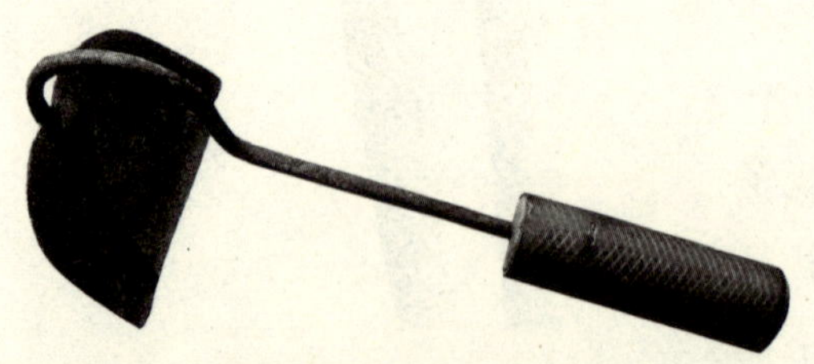

小锄：一把小锄头的作用，完全可以等同于一把大锄头。只不同的是，使用小锄头蹲下身去就可以了。

谁都没有表，每天收工都听火车在远方鸣笛。火车在河对岸，笛声传过来会带着水音儿。火车鸣笛的时间是11：20，春夏秋冬风霜雨雪不误。这天我们怎样等，火车都不来。所有的人都认为火车不来了，或者火车过去了，大家没有听见。别人无论说什么，老叔都无动于衷。他就那么煞下腰去干活，别人说的话他都当耳旁风。老叔既不相信火车不来，也不相信火车过去了。火车每天都来，今天怎么会不来呢？火车也不会过去了，三十几个人，六十多只耳朵，还有几个小孩子，怎么会都听不见呢。反正火车不来，老叔就不宣布收工。打了若干年的头儿，老叔从来也不早收工，队长信任他。不宣布收工就都得继续干活。大家明显都没了好声气，说怪话，手底下摔摔打打，麦子割得稀里哗啦。我和几个小伙伴悄悄打赌，打赌的结果是，我们都相信老叔，火车就是还没来，老叔不会错。

麦收的活计多累人啊。最后人都饿得直不起腰了，脸都跟麦子一个色了，有些人丢下手里的镰刀赌气不干活了。老叔大概也很难坚持，古铜色的皮肤都变浅了。他看天，天是阴阳脸。没有太阳，太阳在云层里被厚厚地裹着，老叔看不见。老叔不甘心，冲着火车的方向谛听，火车还是没动静。在别人复杂的眼神中，老叔颓然挥了下手，收工了。

回家一看，都一点多了。别人都以为这群干活的集体出事了。

掏 扒

它一直隐身在储藏间的角落里，自从我的母亲进了城，家里再没有人烧火做饭，它就彻底赋闲了。

tāopá

看燕子

kànyànzi

“看燕子”是一种棋艺，只需每人两颗棋子。一个“口”字不关门儿，里面打个十字叉，门口画个圈儿做井，就是“看燕子”的棋盘。看燕子的棋艺简单，只要棋子不跳井，怎么走都行。待到两个子都无路可走，就分出输赢了。赢棋的人揪着输棋人的耳朵一同看天，什么时候天空有燕子出现，就可以玩下一盘了。有时天空半天也不飞来一只燕子，耳朵就那样持续被揪着，东南西北来回瞅，时间久了，耳朵被揪红了，揪耳朵的那条胳膊也累酸了。

田间地头的许多棋谱，不知道是谁创造的，也不知在民间流传了多少年。没有师傅也没有徒弟，谁都是无师自通。有一种“虎棋”很有意思，20个人，两只老虎，人频频设防，老虎步步紧逼，最后不是人把老虎困住了，就是老虎把人吃光。“虎棋”在田头玩，土坷垃当人，瓦片当虎。或是在家里的炕上玩，黄豆当人，蚕豆当虎。虎总比人个子大。还有一种“连棋”，大口套小口，一共三个口，角角相连，再连数条中线。落子时，像围棋一样你落一粒我落一粒，如果三个子落在了一条线上，便可以吃掉别人的一颗子，这颗子也许正是对方紧要的。地头歇工，或是在家歇阴雨天，经常看到有人捉对厮杀。棋子都可以信手拈来，棋盘又可以随意图画，真是觉得发明者了不起，一切都方便到家了。

下棋讲究棋逢对手，可棋艺差的人总愿意找高手下棋，小四就是其中一个。小四都十七岁了，身量却只有十二三岁的孩子高。为了能跟高手下盘“虎棋”，他总要替别人多干活。薅苗他紧着往前赶，好回头接别人。挖渠时推车里的土装得比他人都高。他的小脸总是赔着笑，歇工时，他早早画好棋盘找好棋子恭候别人入座。他还特意坐下风一方，把好的座位留给别人。可不知为什么，所有的人都不愿意跟他下棋，好像还不是与小四的棋艺差有关。他要央求好半天，才有人肯勉强坐在小四的对面。坐下了也下得言不由衷。不管输赢，小四都要挨别人一通骂，可小四不在乎，小四挨骂时脸上也是笑模悠悠的，眼神一闪一闪地打量别人，像是做了错事一样。

我那年刚高中毕业，心里怀了许多跟别人不一样的想法。小四脸上谦卑的笑总让我心里不舒服。我主动邀小四下棋，小四却看也不看我，他瞧不起我。我气坏了，追着小四说，我们下一盘看燕子，不管输赢，我都给你一只苹果。苹果是我从家里带来的，一直在兜里装着，眼下它就红艳艳地在我的手心里。那年月，手里有一只苹果是件了不起的事，买都没处去买，是我家山里的亲戚送的。也许是苹果起了作用，小四从路边找来了树枝做棋子。三下五除二，小四的棋子被我逼到了角落，小四输了。小四脸色很难看，他常输棋，脸色却从没这么难看过。这让我有点不落忍。他让我揪耳朵，我没揪。正是早春的天气，地还硬邦邦的，没开化。天上飞的只有灰突突的麻雀，哪里有什么燕子啊。小四后来用那只苹果跟别人换了一盘棋，小四都没怎么废话，苹果就被别人赚走了。

小四在苹果出手前狠咬了一口，结果挨了那人一嘴巴。

那些愉快和不愉快，就像发生在昨天一样。

……

女儿很小的时候，就跟姥姥学会了“虎棋”和“连棋”。那个时候女儿还没上幼儿园，她的棋艺着实让我惊喜了一番。棋盘画在一张硬纸片上，棋子装在茶缸里，都是各种豆子。女儿使白的，姥姥使黑的。我教会了她看燕子，女儿就着了迷，总缠着跟我下棋。可在屋顶下看不见燕子啊。女儿就趴在玻璃窗上往外瞅，喜鹊也算，麻雀也算，蝙蝠也算，会飞的都算。我跟女儿玩得热火朝天，心底却有块地方是凉的。这个时候我总是很容易地想起那个叫小四的人，和他脸上谦卑的笑。他和我同岁，如果也能活到今天，该不会再对下棋着迷了。

推碾子

tuīniǎnzi

碾子的功用，在很长一段岁月中，主导了一个七口之家的全部生活。整个一条街就一台碾子，说碾子主导了一条街人家的生活也不为过。队里分来的所有粮食，都要上碾盘碾轧以后才能下锅。白天大人去队里上工，孩子去学校上学，推碾子的事，都是起早贪黑。晚上在坊间点上油灯，油灯只能照亮碾盘和碾道的三分之一。另三分之二的地方，都黑如墨染。抱着碾棍走上一圈，人都晕晕乎乎。那样小的一个圆周，一个晚上不定要走多少圈。世界上没有比推碾子更乏味、更机械的工作了。有时候，人都能抱着碾棍睡着了。如果是驴拉碾子，还要给驴戴上捂眼，防止它偷吃碾盘上的粮食，也防止它眩晕。驴的捂眼像两枚大扣子，看着就像驴戴了眼镜一样，人们都戏称它为“驴先生”。其实也知道那个时候的驴有多不堪，只是驴受多大的磨难都不叫唤。文学作品中，有时候形容人的悲惨命运，就称之为“磨道里的驴”。拉碾子的驴，就是受苦受难的象征。

碾子：碾子完整地坐落在哪里，是为了当风景，给城里来的游人看新鲜。山里的碾子才有这种待遇，到了我们的平原洼区，碾坨子就只能坐屁股了。

中午母亲吩咐，晚上放学别的先不干，赶紧去占碾子。簸箕里装一把玉米粒儿，端着就往碾道跑。如果碰巧早到了一步，簸箕放到碾盘上，心底就安生了。回家尽可以找吃的，玩。一直等到大人回家，才一齐去推碾子。这个时候前来碾道排个儿的人家就多了。我家的簸箕后边，笤帚是一家，砖头是一家，箩床是一家。谁都知道自己排第几，谁都不会把自己越位往前排。那种秩序，亘古不变。偶尔打发孩子过来瞧一眼，推碾子的是谁家，碾下轧的粮食是什么，就能估算出还有多长时间轮到自己。轧玉米时间短，轧高粱就时间长。高粱面讲究用细箩筛，轧出的面像白面一样细，轧了筛，筛了再轧，往往要重复四五遍。

最难受的事，是冬天早起推碾子。如果晚上抢不到碾子，就只有转天起大早。去晚了如果再排不到，就有断顿儿的危险了。为了保证中午有饭吃，母亲三四点钟就喊我起床。一家七口人，我是最适合推碾子的年龄。弟弟小，父亲兄姐白天还要出工，母亲不忍惊扰他们。母亲白天也出工，可谁让她是家里的“火头军”呢，缸里有面没面，也只她有发言权。月光像纸一样白，霜雪毛茸茸地铺盖地面，人像寒蝉一样恨不得把自己缩进娘胎。母亲端着簸箕走在前边，“登登登”的脚步，震得地都是疼的。碾棚是队里出面搭的简易草屋，不避寒暑，黑咕隆咚。一圈一圈转下来，除了碾子发出的“吱扭”声，万籁俱寂。我甚至看不清母亲的脸，只是从碾子的转动中感受到她的力量。母亲是我们家里最有力量的人，从来不说累，从来不愁眉苦脸。穷困的日子像碾道一样长无尽头，我甚至都没听到过她发出叹息。

碾坨子。

母亲最乐意说那一年——那年，“吃食堂”才刚结束，家里第一次分了粮食，不多，只有一口袋。分粮食的消息肯定比风跑得还快，这一天家里来了三拨客人。那时节来的客人，都是在家饿得受不了，到亲戚家找口饭吃。第一个来的是老舅，母亲喜气洋洋地说，我们家分粮食了！走，推碾子去！母亲端了一簸箕玉米，英姿飒爽往前走。老舅小跑着跟在后面。老舅后来对我们说，他当年最大的愿望，就是能吃上一顿饱饭。母亲贴了一圈玉米饼子，老舅全吃了。老舅刚走，大姑又来了。大姑饿得推不动碾子，眼巴巴地倚墙站着，看着母亲推。大姑刚走，表叔又来了。母亲还是那句话，走，推碾子去！母亲现在学说当年的语气，眼睛还是亮的，声调还是高的，皱纹跳跃着，脸上非常有神采。有碾子可推，在母亲看来是幸福的事。碾子轧出来的东西香，母亲现在也这样认为。

加工厂取代碾子那一年，碾棚那块地方成了我家的宅基地。碾盘和碾砣无处安身，碰巧墙脚有个坑，父亲把它们请到了个坑里，埋在地底下了。那是正儿八经的花岗岩石碾，比一般的碾盘和碾砣都大。我在外面见到过的许多碾子，都比不上它。多少年以后，它们就是文物了。后人挖起它们，还能知道它们的名字么。

磨盘：两只磨盘合在一起才能把粮食磨成面。如今另一只磨盘不知去了哪里，它们分别不知多久了。这一只磨盘躺在邻居家门口，周围长了野草，身上有薄薄一层猪粪。

驴 架

家里已经许多年不养驴了，但仍不舍的丢掉这副驴架。它年复一年地“骑”在窗子上，俨然把窗子当成了驴脖子。

lújià

锔盆锔碗

jūpén jūwǎn

铜锤像钟摆一样在两面小锣之间左晃右晃，清脆的敲击声在锤与锣的碰撞中“哗泠泠”地响起来，庄户人就知道，锔盆锔碗的来了。磨刀人吹喇叭，卖香油敲梆子，各行有各行的规矩。可哪一行似乎都没有锔盆锔碗的走俏。有童谣为证：“锔盆锔碗锔大缸，大缸里面有姑娘。十几了，十三了，再过两年出嫁了……”哪个行当都没有专门传唱的儿歌，而且与姑娘出嫁有关。锔盆锔碗的行业给人的感觉，有点类似国计民生了。

还有一句歇后语，与锔盆锔碗的行当密切相关：没有金刚钻儿，别揽瓷器活。也从侧面说明这个行当的手艺了得。金刚钻是指锔盆锔碗专用的家什，由弓身、钻头和把手组成。把手处扣一个类似酒盅样的瓷器，锔活儿时，用掌心抵着，免得硌手。讲究的弓背是用葛藤做的，弦则是丝绵纺成的线绳。特别值得写一笔的是金刚钻的钻头，钻头可以是一枚铁钉，用钢锯锯开，把一粒金刚石锡焊上去，无论是锔盆锔碗还是锔大缸，都用它打孔。那粒金刚石只有小米粒大，大舅年轻时曾为别人从北京捎过两粒。当年掌柜的用锡纸包好，撇着京腔嘱咐大舅半路上别看，看丢了。这一路大舅都走（20世纪40年代，徒步）得很郁闷，他疑心捎金刚石的人与京城掌柜的有通通儿，都瞧不起人。几年以后大舅才明白掌柜的意思，不是金刚石怕看，是因为金刚石太小，掌柜的怕打开纸包时，人还没看见金刚石呢，金刚石就已经跑得不知去向。

金刚石落在地上可不是好玩的事，有个锔盆锔碗的在干活时丢了那粒金刚石，借了主家筛白面的细箩筛土，折腾了整整半天才找到那个宝贝。这是我春节给大舅拜年时，大舅亲口告诉我的。大舅还说，他就是因为他亲眼看到了锔盆锔碗的师傅坐在地上筛了半天土，才体会到北京那位掌柜的苦心。当时正是十冬腊月，滴水成冰。锔盆锔碗的师傅戴着毡帽头，鼻子都冻红了，汗珠却从帽缝里朝下挤。锔盆锔碗的师傅说，这粒金刚石是他们家所有家当中最值钱的，如果找不着，他们一家老小都只好喝西北风了。

缝补破盆烂碗的那个东西叫锔子。使用锔子也有讲究，缝补碗的锔子是铜的。缝补盆或缸的锔子是铁的。巧得很，我在老家的储藏间里找到了父亲年轻时使过的一把钻，是铁钻，而不是金刚钻。父亲是手巧的人，家里东西坏了，都是他自己学着修理。他自制的铁钻很将就，弓背是柳木的，弓弦是棉花线绳，钻头是一根钢钉。铁钻是他修补瓦盆用的。我问母亲：父亲有没有给家里锔过碗？母亲说那句老生常谈：没有金刚钻，干不了瓷器活。

一个锔在碗上的铜锔子能折合多少钱，不但没有人能说得清楚，甚至也很难猜度它的价值了。脱离了当时的那个时代背景，现代人的理论都成了乌托邦。那天我们就为了这个问题争论了很久，那个时候五分钱就可以买个碗，三个铜锔子价值会超过五分钱么？锔盆锔碗的行当也是养家糊口的，村里会这个手艺的人家日子一直过得滋润——问题是，怎么还会有人家为一只饭碗上几个铜锔子呢？答案在母亲那里找到了。母亲平心静气说，那个时候家里几口人就几只碗，不把摔破的碗锔好，就没法吃饭。 卖碗最近的地方是镇上，离村十几里，也不是你去了就保准有卖的。有一年农业社的一口大缸摔碎了，修没法修，补没法补。镇上县里都跑去看了，也没有卖的。最后队长做决定，派车把式到两百里地以外的唐山去买，三匹马拉一辆车跑了小三天，总算把缸买了回来。

如果那只缸能锔，甭管花多少钱，都不会超过跑这一趟唐山的人吃马喂。

庄稼人是这个计算法。

工 分

gōngfēn

工分工分，社员的命根儿。

劳动力还有一个称呼，叫“挣分的”。挣分的挣来的是口粮，是年底为数不多的分红，是一家老小对生活的所有指望。生产队分口粮是按人头分，分口粮以外的杂粮或农副产品有时会按劳力分，多劳多得。而年底分红，则铁定是按工分分。虽然工分挣得再多的人家到年底也就分百八十块钱，可与倒找队里几十块钱的人家相比，已经是天壤之别了。倒找钱的人家就因为工分少，孩子多，家里没有主要劳动力。那年月经常出现这样一个词——籴粮食。其实就是从黑市买高价粮。新华字典中“籴”与“买”字同解，可在现实生活中，“籴”字的背景却复杂和奥妙得多，因为它只属于过去那个粮食匮乏的年代。现代人也买粮，甭管城里还是乡下，都不会再有人说这个字，这个字在乡下人丰衣足食之后，就已经从人们的日常用语中彻底消失了。

好劳力一天挣十分。那个时候讲究男女同工同酬，一个生产队，总有几个女人与男人工分一样多。工分是大家评出来的，谓之“评分会”。每年的年假过去以后，生产队开始上工，第一件事就是开评分会。会计一个接一个地念名字，每念一个名字，队长就征求大家的意见，这个人给几分？那些公认的好劳力就不用说了，会计一个一个地画圈儿，他们都是毫无争议的十分。那些人也坦然，两只手抱着膝盖，眯着眼看天，一副事不关己的悠闲样。那些心里敲小鼓的人则是另一个样子，面色焦灼，眼神惶恐。她们是一些未婚姑娘或家庭妇女，力气小，身体孱弱。第一个喊出分值的人很关键，因为很多时候就是一锤定音。比如有人喊出六分五，如果没有人提出异议，这个六分五就要伴人一年的时间。同样是干一天活儿，有人挣十分，有人挣八分，有人却只能挣五分六分。评分会也很残酷，我亲眼看见有个媳妇被人叫出六分时晕过去了。大家七手八脚把她折腾过来，队长主动说，就给个七分吧。于是就给七分了。

工分是两套记录方法。社员手里有记工本，是浅蓝色的封皮，比六十四开本略小。封面有“记工本”三个字，下面是一姓名栏。里面的纸页上则都是小方格。社员每天早晨上工，第一件事就是把记工本交到会计手里，由会计在小方格里画个“撇”。记工本在社员自己手里，可以随时统计自己挣了多少工分。会计那里也有底账。会计的底账记在一张八仙桌面大小的厚纸上。上面是一排社员的名字，下面是密密麻麻的长方形小格，上工画“撇”，旷工画“叉”。如果哪天夜战加班了，会在一个小框里写上1.5或2，意味着这一天的工可以顶一天半或两天。会计是队里为数不多的识文断字的人，他每天唯一的任务就是趴在桌子上给人记工。早晨上工时来一个记一个。社员把记工本扔到桌子上，会计记完了再揣起来。会计的工作清闲是清闲，但也有麻烦。年底两套记分方法统计出来的若不一样，他的麻烦就大了。

秤：我家从来就没有谁做买卖，这杆秤在储藏间的屋顶上挂了若干年了。家里人很少用它，但走进杂乱的储藏间，抬头就能看得见。

庄稼活儿中最累的活儿是起圈。家家都养猪，养猪也挣工分。所以那个时候经常有人跟老光棍开玩笑，说我给你找个媳妇，叫“猪挣分”。按当时各队的规定，一般七十斤以下的猪每天挣三分，七十斤以上的猪每天挣五分。养母猪的人家挣分多，起圈也累，因为母猪能吃，圈里的粪厚，这样的猪圈就得挣十分的人去起，如果让挣五分的人去，两天都起不完。我们家曾经养过一头“不老猪”，母亲总盼它能长过七十斤，可它总也不长。到年底用秤一称，三个月它居然只长一斤，白吃了我们家许多饲料。我们很快把它卖了，又买了一头半大猪，请来兽医给它做绝育手术，兽医发现它居然怀孕了，不久就生下了七只小猪崽。下了小猪的母猪工分高，给了我们一个天大的惊喜。

我爷爷是好劳力，也是挣过十分的。到我记事时，爷爷的身体已经不行了，可他不愿意离开生产队，队里就照顾他，让他每天坐在队部里搓麻绳，每天给四分五。爷爷是队里工分最少的社员，他曾经说过，给两分他也去。给一分他也去。爷爷喜欢挣工分，不管挣多挣少，给工分爷爷就高兴。

爷爷一直挣到八十岁。

家用缸

这是我家储藏室的一角，大大小小的缸站了半间屋子，它们曾经都是盛粮食的。“家里有粮，心里不慌”。里面最大的那口缸是水泥抹成的，除此之外，父亲还抹过水泥柜、水泥箱。

jiāyònggāng

小喇叭

xiǎolǎba

与大队的高音喇叭形成反差的，是家家户户的小喇叭。小喇叭只有一只碗口大，是一种黑色的厚夹纸做成的，中间有一个圆芯片。一根细细的线从外面牵进来，接到扬声器上，喇叭里就传出来一个好听的女声。每天中午十一点半她准来。起初，村里人都不知道喇叭线的那一端连到县里一个叫广播站的地方，他们都觉得喇叭里的女声很神秘，对那种神秘有很多猜测。村里的一个老人说，喊广播的人是在一口大缸里，对着缸底喊，所以有回声，声音好听。他咬着长杆烟袋，翘着白胡子自说自话，居然没人能反驳她。人们不相信他的大缸学说，但也猜不透纸喇叭里怎么会发出声音。因为那里藏不了人。

喇叭里每天喊的内容其实都差不多。有时念一段报纸，有时说一些县里的事。小喇叭就装在我家堂屋的门框上，每天我们家吃中午饭，都是女广播员的播音时间。母亲总也弄不懂，为什么我们吃饭女播音员却不吃饭，一天两天则可，时间长了还不把胃饿坏了？还有人猜测女播音员的年龄和长相，还有人专门跑到县里，蹲在某个地方想见到女播音员。那个人当然是个小伙子，二十几岁。他说他只想知道女播音员是怎么把声音弄进电线里去的，但村里人不这样认为。村里人跟小伙子开玩笑，说他看上画里的人了。

家家户户的小喇叭，给20世纪六七十年代的乡村增添了不少生气和热闹。国际国内每有大事发生，村里人都是通过小喇叭获得信息。有时收工晚了，连跑带颠地往家赶，生怕把广播的时间错过了。我至今仍记得美国总统尼克松访华的消息曾让端着饭碗的父亲一怔，父亲在那一瞬间忘了吃饭，筷子夹了几粒高粱米，迟迟都没有送到嘴里。我不知道那件中国外交史上的大事给当时的父亲带来了怎样的感觉，但父亲在那一瞬间的神态定格在了我的记忆里。

后来，也不知道小喇叭装了多久，村里出现了第一个通讯员。当小喇叭里第一次传出村里某某某的名字，连小孩子都兴奋。那是一篇表扬稿，说的是某个老社员把从地里捡来的豆子放进生产队的粮仓里。再后来村里人就有了期盼，见到那个通讯员就说，小喇叭里咋还没有你的名字呢？通讯员当年四十几岁，脖子有点歪。他经常歪着脖子到处找做好事的人，可那样的人不是很好找。或者找到了，稿子也写了，小喇叭却没有播出来。村里人都和通讯员一样着急，每天小喇叭一响，不定有多少人竖着耳朵听动静。后来小喇叭又播了通讯员的一篇稿子，说村里谁谁偷砍了公家的一棵榆树，这是自私自利的表现。小喇叭把偷树人的名字传出来，把大家吓了一跳。偷东西的人固然是不对，可把人家的名字送到小喇叭里，就是通讯员的不对了。家丑不可外扬，村里人都这样认为。见到通讯员就说，你该写村里的好事，咋能把坏事也放到小广播里呢？通讯员特别难为情。

村里有个人是高中生，懂些无线电的常识。有一天，他把小喇叭的线上接了另一根线，居然就能跟邻居说上话，就像打电话一样。后来我们家买了一个半导体，每天晚上都有许多人到我们家里“听戏匣子”。人实在多得屋里装不下，那个高中生就在半导体上接出两根线，在邻家弄了个“分会场”。有一次听电影“地雷战”，听到半截上工时间到了，大家都以为收工以后电影还会接着播，像小喇叭里的小说连播一样。

只有那个高中生知道，“地雷战”肯定早播完了，半导体跟小喇叭不一样。

癔病

yìbìng

癔病是一种精神疾患，它的另一个学名叫歇斯底里，是由精神受到重大刺激引起的。但乡间不是这样的说法。乡间的很多说法，都是把复杂的问题简单化，或把原本简单的问题弄复杂。比如，旧时乡间多庙宇，除供奉菩萨、关公、土地爷之外，还有诸多神怪也享人间香火。地上跑的除了家禽、家畜，另一些常于草丛、瓦砾之中出没的动物都有传说。人类对未知的世界怀有敬畏感，所以偷鸡的黄鼠狼被称为黄仙，蛇被称为柳仙，狐狸被称为狐仙。还有另一些没有被称为"仙儿"的，同样让人觉得有道行，比如耗子、蛤蟆、猫头鹰，甚至刺猬、狗獾都能与人类发生密切关系。

癔病在乡亲们的口口相传中，就是直接与那些"仙儿"的作用有关。发病的人女人居多，现在回过头来想，那些女人大都因为婚姻不如意，错配了姻缘，导致心态失衡，抑郁成病。但乡亲们不这样说，哪个女人得了精神病，如果有人看见她走路连蹦带跳，就说那是被蛤蟆迷住了。如果说话阴阳怪气，就说被黄鼠狼迷住了。每个村庄几乎都能见到这样的病人，夏天还穿了大棉袄，头发柴禾垛一样蓬蓬着，蜡黄的脸，两只眼球像是能聚光。

村里有一个在外地工作的大龄女子也得了这种病，上不了班，就回老家来休养。据说她出门只能走横道，不能走竖道，走竖道人就疯得不行。村里人都说她是被蛇精迷住了，是一条修炼千年的大蛇，道行深，所以大龄女子疯得吃自己的粪便。后来大龄女子就那样疯得死掉了，过了许多年后我才听说，她在20世纪70年代给人当"第三者"，曾让人脱光了游街。

就像有买就有卖一样，乡间得了癔病的人，从没有人去精神病院。乡间自有对付癔病的人，那就是巫婆和神汉。神汉我只是从电影中看到过，巫婆却是实实在在地认识一个，还打过几年的交道。她来村里给人治病，就住在我的邻居家。当时她有八十多岁了，胖脸，白头发很少，在炕上盘腿一坐就是半天。她显摆自己的一些“事迹”，用现在的话说，就是能用意念搬运东西。比如有一户人家对她不恭敬，她就在人家举办婚礼的时候把他们准备的八桌饭菜都搬到了村外边，直到那家人向她告饶，她才告诉人家那些饭菜在哪里。她的许多这样的故事，都让我们深信不疑。每次她来，我们都跑过去听她讲“故事”，那些故事一直都向广阔和深远发展着，跟神话传说差不多。

她给人治病分两种方法，一种背人，一种不背人。背人的那种方法我也听知情人说过，要蒙上窗，点上香，烧些纸钱，然后在病人身上施魔法。嘴里念念有词，一会儿说人话，一会儿说鬼话，有时甚至冒出来京腔京韵，像唱大鼓一样。后来有了一些阅历，知道她的功夫是口技，可当时迷住了多少人啊！每次她给人治病，那户人家的院子里都挤满了人，虽说什么也看不到，但大家仍拥堵在那里。特别希望疯疯癫癫的那个病人从里面出来，就变成一个伶俐的女子。虽然这种情况一次也没发生过，但所有的人对这一点都深信不疑。

现在说一说她不背人的那种治病方法，是我亲眼得见的。有一回她给一个当时正在上海读大学的抑郁症患者看病。那个病人不吵不闹，但就是不跟任何人说话，眼珠只盯着一个地方，许久都不转动一下。巫婆从一个针线板上拿过一根一号针条，朝病人的心口窝猛然扎了下去。我当时就“哎呀”了一声，仿佛挨扎的是我自己。我有限的一点医学知识告诉我，那根针应该消毒，或者，应该换成细细长长的银针，而不是这种又粗又壮扎鞋底的针。后来巫婆又扎了几次，我已经不敢看了。我飞快地睃了那个病人一眼，那是一个面容姣好的女子，皮肤像纸一样白。显然她与那些得癔病的人不同，她知道自己在治病，很配合。挨扎期间一声不吭。我当时有点害怕她会被扎死，但不久她就站了起来，理理自己的衣裳，踉跄着走出门去。

那个年老的巫婆在我家住过一晚，盖了我的被子。转天我把被子晾晒到外面的铅丝上，细一打量，上面爬了不知多少虱子。从此那个巫婆在我眼里不存半点神秘感，一个每天让虱子吃的人，能有什么法术呢。

多数癔病患者在几年以后都能痊愈。我猜，是因为生活顺遂了，孩子大了，自己心上的伤口也慢慢平复了。但也有那么一两个，生活一直都没有顺遂，或者，自己心上的伤口一直也没有平复，到现在还疯着。有时候我和乡亲谈天儿，顺便问问疯子家里的事，大家争先恐后告诉我疯子家里的种种不幸。不管疯子的行为如何诡异，也不会再有人说她是什么东西迷的。那些“大仙儿”现在连踪影都不见，自己都性命难保，怕也顾不得迷人了。

乡亲们这样对我说。

线　轴

不同人家的线轴是不一样的。事实是你几乎找不到两家完全一模一样的东西，当然，菜园里长的菜除外。我家线轴上的线，还是父亲在世时缠的。父亲已经去世九年了。

xiànzhóu

打黄狼

dǎhuáng láng

乡间有句俗语：鬼也怕恶人。这句话的哲学意义用到“打黄狼”的人身上，是最恰当不过了。

有些人家在墙壁的神龛上给黄狼供着牌位，另一些人却想尽办法谋黄狼的一张皮。在20世纪70年代，一张黄狼皮就能卖到三五块，抵得上一个好劳力的月收入，而且还能拿到现钱。这样的诱惑，凡是能捕到黄狼的人都根本无法抵挡。

“黄狼”是乡间的叫法，“狼”字读一音。学名应该叫黄鼬，再通俗一点，就是黄鼠狼。“黄鼠狼给鸡拜年——没安好心。”这个歇后语地球人都知道，我们小时候还玩这种游戏，两只老母鸡护着小鸡，一个孩子扮成黄鼠狼，把扮成小鸡的孩子一个一个拉走。都知道黄鼠狼是坏东西，不会因为它的毛皮金贵、尾毛能做毛笔而改变对它的印象。其实黄狼还有它有趣的一面，它娶媳妇时讲排场，大概是跟人类学的。据说黄狼是极能模仿的，它遇到危险时的叫声就像婴儿在哭。我还见过那样一支黄鼠狼队伍，大小有三十几只，还有两只抬个驴篰子，里面坐着一只小黄狼。它们是从生产队的谷仓方向出来，往碾道方向去。黄狼各个神情怪异，煞有介事，都不怎么怕人。我回家说给大人听，大人告诉我，这就是黄狼子娶媳妇，坐在驴篰子里的黄狼就是新娘。

黄狼的可恨之处当然是与鸡有关。一只母鸡和它日后下的蛋，能值半个家当，可若遇见黄狼，连根鸡毛都剩不下，几斤重的母鸡，囫囵个儿地就能被黄狼叼走。还有些黄狼更遭恨，它会把一窝母鸡逐个咬死，然后只叼走其中一只。几十只黄狼如果在同一个夜晚突袭一座村庄，就跟一场灾难差不多。黄狼与黄狼也不同，有的胆大，有的胆小。同样是来拉鸡，有的看见窗上灯光亮了，早逃之夭夭了；有的却喜欢与人对峙，还朝人龇牙咧嘴。有一天夜里，我家院子里的鸡叫个不停。我跑出去看，见一只黄狼已经逃到了墙头上。它并不怕我，在墙头上跳来跳去，一会儿头朝东，一会儿头朝西，像演杂技一样，根本不把我放在眼里。母亲用一根棍子去捅它，它才跃身跑走了。

捕捉黄狼的手段也很多，相临的两座村庄都各有各的不同手法。比如，临村有人会做一种捕鼠器，像开合的两扇门一样，黄狼打此经过，两扇门会自动闭合，把黄狼夹住。还有利用秫秸拍子设置机关的。把秫秸拍子用木棍支起来，上面压上砖，木棍旁放诱饵，黄狼吃诱饵时稍一碰木棍，整个秫秸拍子就会砸下来。还有人利用烧水用的汆子（铁制，平时插在灶眼里烧开水用），在地上掏个洞，把汆子插进去。汆子足有两尺长，腰身与黄狼一般粗细，黄狼进去就出不来。

上述种种手段都还是业余水平，属于“有枣没枣打一竿子”。村里的一位二哥却是专业手段，每年都为打黄狼耗费许多精神。入秋，地里的苍耳熟了，二哥戴上手套捋苍耳。二哥把捋的几麻袋苍耳统统送到榨油坊，用榨出的油（主要还是为了食用，用香油炸蛤蟆最好，但人们舍不得）炸蛤蟆。蛤蟆炸得焦黄而脆，包到油纸包里待用。上冬时节，二哥在黄狼常出没的地方挖许多细细窄窄的洞，把炸好的蛤蟆放进去。黄狼对油炸蛤蟆情有独钟，前仆后继地朝洞里钻。二哥挖的洞都只有自己的手臂粗，圆圆溜溜，直上直下，两三尺深。黄狼的鼻子尖，油炸蛤蟆放得再隐蔽，黄狼也能找得到。一只油炸蛤蟆能“钓”好几条黄狼，黄狼钻进洞里后，根本没法吃食物，它脑袋朝下被卡在那里，就等着转天早晨二哥来收拾。

二哥是这一条街上荷包最鼓的人，他这一冬天最多能卖几十张黄狼皮。二哥还用黄狼皮给自己做了条披肩，他有肩周炎，怕风。村里人也眼红二哥，酸溜溜地说，黄狼本领大，早晚会找你的麻烦。二哥满不在乎，他说都信黄狼能迷人，让它迷我试试！黄狼果然没有奈何二哥，二哥现在五十多了，身板好，子孙满堂。他的媳妇，就是当年用卖黄狼皮的钱娶来的。我春节回家见了二哥，说起打黄狼，二哥嘬着牙花子说，现在的冬天没事干，难熬。他的表情很寂寞，看上去非常怀念那些打黄狼的岁月。

烧　窑

shāoyáo

烧窑恰似在笼屉里蒸馒头。馒头蒸熟了，砖瓦烧青了。

生产队那年月，几乎村村都有窑地。窑地包括一孔窑，一块巨大的晒坯场。或者，还有掏挖黄土留下的巨大土坑。窑都是土窑，下宽上窄，下面有个一人高的灶，一窑砖瓦要烧熟，都凭这个灶喷云吐雾。在窑地做工的都有些技术，和泥，扣砖坯，扣瓦，都不是随便什么人能干的。但那些活儿能学，一学就会。只是辛苦，怕吃苦的人干不了这一行。学也学不会的是烧窑，灶里的火烧三天三夜，这一窑砖瓦的成色如何，都凭烧窑的看火候。万一把窑烧夹生了，那可是作孽的事。夹生的砖瓦还没砖坯硬度好，让很多人的辛苦打水漂儿。

我小的时候跟姐姐到窑地里玩，对那些码放整整齐齐的砖坯印象深刻。砖坯都小巧，表面光滑，比毛茬茬的土坯好看得多。工人往窑里背砖坯，一次能背十多块。两只手在后面交握，砖坯一块一块往上码，从尾骨一直码到颈椎，整个后背都像弓一样弯着。窑里有人专门码砖坯，砖坯都摆“人”字形，彼此留出空当，这样砖坯容易被烧熟。灶里头两天是黑红的颜色，甭管火多旺，火焰的边沿都是烟熏的痕迹。灶里什么时候像黄金洞一样亮堂了，就意味着窑快要烧好了。

窑顶用土夯严实，专门有人挑水往里浸，此举被称为“闷”。砖坯被烧透以后，原本是通红的颜色，用水一闷，就成青的了。原来青砖比红砖还多一套工序，不知为什么远古和近代的人们都对青色钟情，从秦砖汉瓦开始，一直到20世纪80年代末，青色都是官方或民间建筑的主体色调。后来才有了一种紫砂瓦，赭红色，是普通青瓦的两三倍大。这已经不是民间土窑能够烧制的。但土窑开始出产红砖，在一片灰褐色的村落中，突然出现一栋红砖大瓦房，看上去显得特别抢眼。再后来水泥的青色或瓷砖的亮

平台：其实就是蒸食物的屉。也许就是因为与笼屉模样相差太远，乡间给它起了一个“平台”这样的名字。当然这两个字不是我的乡亲们嘴里发出的字音，但翻遍汉字，也只有它们还接近些。

色又取代了红砖的颜色，随着国家明令建筑工地不许使用黏土砖，一种更新型的生产于流水线的紫砂砖宣告了一个时代的结束，家乡曾经火红的那一座座砖瓦窑，现在都踪迹难寻了。

地震那年，我们家的房子震破了。为了能住上新房而又节省资金，父亲异想天开地要自己烧一窑砖瓦。父亲过去做过此类营生，所以对和泥、扣砖坯瓦坯都不陌生。每天晚上收工、放学，我们一家人就在窑地集齐儿，干这干那。砖坯整整齐齐晾晒了一大片，在阳光的照射下，光滑得像汪着水一样。我们把砖坯搬起来让它侧立通风，阴雨天把它码放整齐，用草帘苫上。晴天了再把它们一块一块搬到地上。整整一个春天的成果终于装窑了，父亲开始跃跃欲试，他终年看别人烧窑，觉得自己也能摸着些诀窍。但最终他还是请了烧窑师傅，全家人辛苦了整整一个春天，万一烧不好，就住不上新房了。烧窑师傅是邻村人，七十多了，脸上长着许多黑麻子。我几乎都没看见他笑过。他的一张脸终日紧绷着。窑都装好了，他发现没有煤。他问父亲烧窑的煤呢？父亲说，没有。父亲知道队里烧窑都使煤，但父亲不想使，造价高，不求人又买不来。父亲准备了许多高粱秆、玉米秸、原木劈柴，父亲想用这些东西烧窑。麻脸师傅脸更黑了，他说不通父亲买煤，就自己先找台阶，他说这些东西可以烧窑，但不能保证把砖瓦烧好。父亲这个时候什么都不能说，他怕烧窑师傅撂挑子。方圆几十里地好师傅也就那么几个，各有各的烧窑场地，把人请来不容易。

父亲相信烧窑师傅能把砖瓦烧好。村里有几户人家，用玉米骨头加柴油，也把砖瓦烧熟了。那些年柴油七分八一斤，家家都用它烧饭用。父亲也买了一些，以备不时之需。

三天以后，父亲往窑顶浸水，窑顶蒸汽弥漫，那些砖瓦集体发出了嘶鸣。出窑那天我们全家都去了，窑里热浪袭人，砖瓦热得烫手，但那些砖瓦都是我们理想的青湛的颜色，一下子就催生了我们对新生活的所有向往。

大镰刀

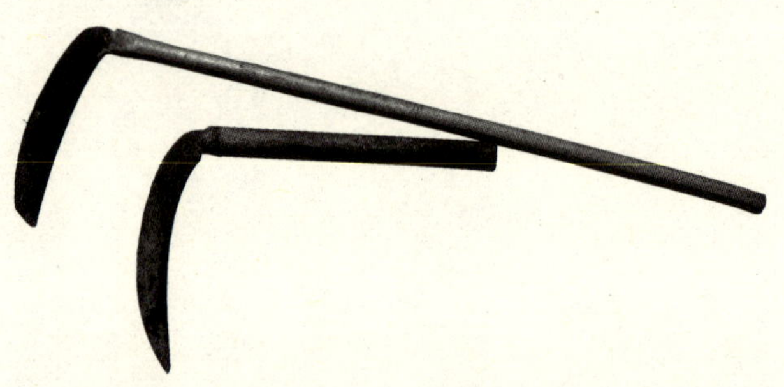

大小镰刀都似一弯月牙，在解构往昔繁重的劳动。我的手指上有许多镰刀割下的疤痕。小的时候夏天秋天没有哪天不割草，如今再拿起它们，却觉得手生了。

dàliándāo

采 菜

cǎicài

农家孩子从七八岁就认得许多种野菜。早春，野菜刚给大地打上补丁，我们成群结伙，就把那些“补丁”剜进篮子里。最早拱出地面的是“拍黄瓜”——小圆叶，细细的梗儿，组成五分硬币大的一个圆，像一把把没有柄的小雨伞，开在干燥的土地上。春天的土地再干旱，也不影响它作为最早的客人酬劳我们。采一棵放到手心里，用手使劲一拍，一股清新的黄瓜味散发出来，让人怎么闻都闻不够。要知道，那个时候可没有“反季节”一说，黄瓜种子都还在蒙着头睡大觉，那股好闻的黄瓜味，给了我们多少安慰啊！

然后便是二月兰，开紫丢丢的花，结椭圆形的小果实。我们都叫它“野茄子”，能吃。里面是细碎的籽儿，有一股清香味。猪也是有口福的，那些鲜嫩的野菜，在早春的季节吃到嘴里，不是幸福是什么！然后便是学名为小蓟的起起牙，还有曲曲菜、燕春苗、酸菜柳。起起牙长白毛刺，摸着扎手，却是一味中药，猪爱吃。曲曲菜味苦，却是所有食草动物的珍馐。燕春苗根和叶子一样鲜嫩，是一种“不老”菜。它像藤一样在地上爬行，开淡粉色的花，花与叶片的形状差不多。酸菜柳顶奇特，一根紫红色的茎直直地朝上长，叶子呈深绿色，揪两片叶子嚼在嘴里，酸倒牙。村里的一个小妹妹吃酸菜柳上瘾，她那时还小，不会采野菜。看见我们谁的筐里有，会直着眼睛在后面跟着。那些野菜的种种神奇，什么时候想起，都觉得心里好舒服。

到麦苗长到半尺高，凳儿菜就把垄沟挤满了。你想像不出土地里有多少凳儿菜的种子，比麦苗还多，稍不留神，凳儿菜就抽出一尺长的茎，开雪白的花，在麦苗头上招招摇摇，像浮上去的一层雪。水边有水灵棵、太阳花。车辙里有车前子。白薯地里有落落菜和人揪菜。落落菜有长叶和圆叶的，按照乡间的说法，圆叶的落落菜有毒，人吃了会浮肿。长叶的却可以凉拌、吃馅或熬着吃。多年以后，圆叶的落落菜被正名，城里的许多人都把路边的野菜采走了，回家包饺子吃。人揪菜却是好吃得无可争议，而且能长得像棵树一样，不断从枝杈里滋生出新的叶片，要不怎么叫人揪菜呢。过去猪爱吃，现在人也爱吃。街上常年有人卖一种玉米面的馅饼子，馅就是人揪菜做的。还有很多根本就叫不上名字的菜，可我们却知道哪些菜兔子爱吃，哪些菜羊爱吃。每晚放学，我们背筐提篮往土地的深处走，微风吹拂，满目翠绿。丫头小子都像行吟诗人一样。我们也会有许多诗意的举动，唱歌，跳舞，开朗诵会，讲故事，在麦田里翻跟头，腰练得柔软异常，几十年以后，自己还能感受到那样一份柔韧。

还有一些野菜，不知它们生来是干什么的，人不能吃，猪不能吃，羊和兔子也不能吃。它们自己把自己催生得肥肥大大，比如大药。叶片有一层白膜，下面藏着暗绿色，看着就阴险。大药经常像牛屎一样开成一大摊，专门长在惹人眼目的地方。可谁都不会理它。小弟弟、小妹妹刚学会采野菜，第一件事就是告诉他们，千万不能采大药，据说猪吃了大药以后瞎眼睛。这也许不是真的，可谁又肯冒这个险呢。

水渠在麦田里像蛇一样穿行，清亮的水打着漩涡流向远处。这是麦穗扬花时的那遍水，小麦的颗粒重能达到多少，这遍水很关键。看水的人扛着木锨在远处，水渠战线太长，他根本看不过来。我们采菜经常沿着渠边走，看到水渠开了口子，我们丢下草筐镰刀就去堵口子。草、土块、石头，都从远处搬了来，堵到出水处。若还是堵不住，就要有人坐到那里，用身体去堵了。水是生产队的，麦子都饥渴着，这都不是我们堵口子的主要原因。主要原因其实只有一个，上学要写作文。那个时候写作文就讲究写好人好事，你不做好事，就没得可写。所以我们每天都希望自己能捡到钱包。既然捡不到钱包，既然碰到了水渠开口子，哪有不堵的道理呢？

春天又来了。每年春天我都要采几回野菜，给自己和家人打牙祭。但与小时候采野菜心境大不相同了，最起码，没有那种行吟诗人的感觉了。

车把式

chēbǎshì

“车把式”是队里的老大。

队里最值钱的家当，当数那挂马车了。当然不单指车，还有拉车的那三匹马。老马驾辕，两匹二青子马拉套。车当然不止一挂，还有驴车，还有牛车。但驴车和牛车都只能干些零碎活，所以赶驴车和牛车的人都不能称“把式”，他们只能叫赶车的。赶马车的人就不同了。“一等人跑外交，恒大烟卷嘴里叼；二等人赶大车，小鞭儿一摇一块多……十等人上海河，小车一推没有辙，两季不去没法活。”这是20世纪70年代初民间流行的顺口溜，都是社员凑在一起编着玩的，属自娱自乐。车把式的地位甚至高过队长，因为每天除了挣工分，还有一块多的补助。过了几年，新的歌谣出现了，赶大车的在十等人当中下排到了第五，可惜具体内容已经记不清了，但车把式还是一个“上等”的职业，在生产队炙手可热。

大哥从十七岁跟车，有膀子力气，人又勤快，甭管装啥货物，他都让车把式歇着，他干。条件就是他要偶尔摸一摸鞭杆子。大哥天生就是喜欢大牲口的人，喜欢赶大车。两年以后，大哥如愿以偿当了车把式，大哥高兴，我也高兴。大哥第一次出车，是从北山往宝坻拉柿子，我知道马车会从一个十字路口过，就早早跑到那里等他，其实是想看看大哥赶车时的风采。一直等到晌午歪，大哥和他的三匹马拉着的车才跑过来，“得得得”的马蹄声由远而近，大哥跟着马车跑，他穿着蓝布大袄，敞着怀，就像电影里的人物一样。大哥告诉我，柿子是给采购股送的，一毛五一斤。这一胶皮车的柿子，上千斤。我问大哥咋不坐在车上，大哥说，他喜欢和马赛跑，马看着他跑，自己也跑得起劲儿。

大哥一年中多一半的时间都在外拉脚。那年月运输主要靠马车，把山里的石头、水果拉到平原。把平原的粮食和其他一些物资运到山里，有时会连续半个月不着家。交通局修路，大哥的车拉水泥石料。外贸局往码头走货，大哥拉核桃栗子。更多的时候，大哥从盘山往火车站拉沙子，每年都会拉很长时间。大哥给自己挣补助，也给生产队挣外快。社员年终分红的钱，有一部分就是大哥挣来的。

车把式对大牲口的感情，就跟对自己的孩子差不多。大哥是这样，其他车把式也是这样。不拉脚的日子，大车显眼地停在队部的场院里，驾辕的马和拉套的马在一个槽子里吃料。它们吃的草料也与别个不同——是精饲料，里面有豆饼。大哥上工走进队部，第一件事不是像别人那样，拿着记工本去记工分。他是先去牲口棚，逐个摸摸马的脸，捏捏它们的耳朵，或捂住它们的鼻子，让它们把热气喷到自己的手上。大哥的眼睛与马的眼睛偶尔会交流，你会发现它们的眼神中有很多情愫。

大、麦两秋，车把式在家里拉庄稼。车把式不出门的日子，简直就是社员的节日。队里的地都在大洼深处，离村庄十几里。除了极少数人有自行车，大部分人都是走着去走着回。有马车的日子就不一样了，不管有多少人，统统都挤到一辆车上，车帮、车辕上都坐着人。如果还是坐不下，还有人坐到了别人的腿上。不管车上坐了多少人，三匹马都能步调一致地往前跑。马捯腾着小碎步，蹄声清脆，马铃儿悠扬，车厢有节奏地颠簸，把一车人晃得心旷神怡。女人夸张地大声说笑，尖叫声能传到三里以外的地方。车把式也来劲儿，长鞭扬得高，甩得响，拉一车人毕竟与拉一车货物不同，带劲儿多了。偶尔还会趁人不注意来个急刹车，车上的人像是下河的饺子一样往下掉。掉下去的人又爬上车来，捶车把式的背，骂车把式的娘，车把式只是呵呵地笑，还不忘送上句“打是亲、骂是爱”之类的“至理名言”，把吃亏的事送给别人。

大哥从十九岁赶大车，一直干到生产队散队。如果有人问队里谁的人缘儿最好，百分之百的人都会投大哥的票。大哥有空就帮别人拉东拉西，给闺女送彩礼，给姑爷接丈母娘的事都干过。村里那样多的人家，大哥几乎在每户人家都吃过饭。那年月不讲报酬，你帮了我的忙，我管你一顿饭：一壶高粱酒，几只炒鸡蛋，往热炕头上一坐，吃着喝着说着，就什么情谊都有了。土地联产承包以后，大哥买了台拖拉机运送货物。大哥的观念更新了，钱也赚得多了，可对那辆马车却一直都很怀念。他说如果有可能，他还是愿意赶大车，马的两只眼睛一眨一眨地看着你，你会觉得它什么都懂。

帽 镜

帽镜是我奶奶的陪嫁，深紫色的框。原来是可以照人的，后来成了相片镜框。我女儿从小到大的许多照片都被摆放在那里。母亲经常趴过去看，就像奶奶做新娘时照镜子。

màojìng

捡麦穗

jiǎnmàisuì

我没上小学之前，就有不只一年捡麦穗的经历了。那时捡麦穗要到大洼深处，大洼离村庄十几里，宽阔得一眼望不到边，土地黑得冒油，是盛产小麦的地方。去那样远的地方，家里都不会放小孩子自己去，怕遇见“拍花”人。说来也奇怪，那个年月却流行这样一个说法，说“拍花”人有一种迷幻药，他从小孩子的身边过，小孩子就不由自主地跟他走，连家都不知道回。至于“拍花”人把小孩“拍”走做什么？谁都说不出所以然。但我们都惧怕“拍花”人，有时还臆想曾与“拍花”人擦肩而过，如果旁边不是有大人，就被“拍花”人拍走了。

早上临上工之前，妈妈把我领到老奶奶家。母亲对老奶奶说，今天您去捡麦穗不？把二丫带上。乡下的女孩子有名，但家里人都不叫，行几就叫几丫。待小琴妈把小琴送了来，我们一老二少三个人的队伍就可以出发了。老奶奶一路给我们讲鬼故事，讲狐狸精怎么迷人，讲死人不能晒太阳，太阳一照死人就能变成妖怪，所以人死总要蒙上脸。听得我们身上冷飕飕的。家里附近也有麦地，但那些地块不定被人篦了多少遍，干净得连麦秸都看不见。要想这一天能有收获，就走得越远越好。最好走到所有人都走不到的地方……

小琴只比我小三个月，这一天不定要哭多少遍。累了哭，麦芒扎了手也哭。小琴除了爱哭，还有力气。在洼里走，经常迎面会遇见水渠，我和小琴脱了鞋子就能趟过去，可奶奶不行，她的脚比粽子还小，在水里根本站不稳。过水渠的时候都是小琴背着奶奶，小琴人高马大，背上的奶奶轻得就像片荷叶一样。可奶奶在我的背上却能把我压趴下。难怪小琴长大以后能开大吊车，我却只能舞文弄墨。

大洼宽广得无边无涯，一棵树也没有。一片凉阴也没有。皮肉都被太阳烤焦了，我看见胳膊上好像冒出丝丝缕缕的白烟，我把鼻子凑上闻了闻，甚至能闻到焦糊味。我们早出晚归这一天，不带一滴水，不带一点干粮。我们自己不知道带，大人好像也把这事忘记了。奶奶的兜里有时会藏着一块饼，每次分给我和小琴指甲大一块。或者是一块糖，那糖都跟糖纸化到一起了，奶奶也不舍得都放到我们嘴里，而只分成许多小块。要是实在渴得受不了，奶奶指挥我们找桃核、杏核或干净的小石子，放在嘴里含着，也解渴。再不行就采一些野菜，吃得嘴唇和牙齿都绿森森的，像小魔鬼一样。

我们的排序永远是这样的。三个人都隔一丈远，顺着麦垄走。我在奶奶的左边，小琴在奶奶的右边。奶奶习惯偏向右边说话，所以小琴希望奶奶总看见她。我在这方面没什么特别要求，我有时会故意走远些，想点自己的事。自己的事其实是一些诗意的语言，偶尔在我的脑海里冒泡。比如，我觉得麦穗就是鱼，我们都走在水里。太阳就是抽水机，天黑下来，就是它把水全都抽走了。

捡的麦穗分把。一把拿不住了，我们就走到奶奶面前，让奶奶用麦秸捆起来。麦秸脆得一碰就折，奶奶要用口水洇，麦秸才能捆住麦把。捆成的麦把夹在腋下，多了就放到田垄上。麦穗和麦穗摞到一起，毛扎扎的，光芒四射，像一堆小太阳。奶奶的一堆，我的一堆，小琴的一堆。小琴有时嫌自己捡得少，还从奶奶的堆里拿一些。奶奶鼓励她多拿些，小琴的手伸过去却虚虚的，她一吐舌头，只拿过来一小把。小琴说，我多拿奶奶你哭不？奶奶说不哭，你们都是我孙女，谁拿我都不哭。小琴因为自己喜欢哭，也希望别人哭。不哭的时候她会为自己的哭感到不好意思。

太阳的热度弱下去，我们也该回家了。这时是我们一天中最愉快的时刻。从兜里拿出绳子双在地上，把麦把一颠一倒码起来，看上去很有规模。我和小琴抢着自己干，末了还是奶奶用她的小脚踩着麦子把绳子勒紧。路途远，麦捆勒得紧背起来才轻松。奶奶背着自己的，有时还要抱着我的或小琴的，让我们松松肩。沿路不断有人问这两个孩子是奶奶的什么人，奶奶都响亮地说：我孙女！

奶奶一辈子没生儿女，她如果有自己的嫡亲孙女，待她们也不过如此。

这年麦收我捡的麦子，妈妈都给我单放着，然后在场院的一角轧了。有一天吃晚饭的时候，妈妈高兴地对家里人说，知道二丫统共拣了多少麦子吗？十升，整一斗！那顿饭全家人都吃得兴高采烈。队里每人才分12斤麦子，我这一斗麦子，能派大用场。

刹 耙

邻家的刹耙在菜园的土坯墙前站立，这是钉耙的另一种叫法。邻家的嫂子从远处嫁了来，这大概是她家乡人对钉耙的称呼。

chàpá

玩打仗

wándǎzhàng

战斗故事在银幕上愈演愈烈的年代，村里的孩子也有了自己的假想敌。有一晚看《南征北战》，电影看完了，几个孩子凑到一起。他们经常与村南王庄的孩子玩打仗，却从没有跟村北李庄的孩子有过交锋——因为隔着河。那天孩子们议论的话题是：一条河就能阻隔我们？我们就不能像电影一样跨河作战？

转天放学，男孩子的头领孟小飞把一群人召集到大树下，做“战前动员”。孟小飞简要分析了形势，后滩的河水不深，但也足以没人。这就要求先遣队员会游泳，会在水中投镖。考虑到两河之间的运动战要持续很长时间，运送“子弹”的任务相当艰巨。孟小飞挨门挨户去找女同学，让他们看在电影《南征北战》的面子上帮帮他们，他们就是眼下的解放军，要北上打仗去了。一个女孩子心动了，就能带动其他人。于是村里到处都是“玩打仗去吧”的男声女声。大家急急火火地往村北的河滩上跑，下了河堤，女孩子自觉开始拣砖头瓦块，挎着篮子的装篮子，没挎篮子的装进衣服袖子，还有的用头上的围巾包着，一派紧张繁忙景象。这些“弹药”一小堆一小堆地被分别放在河边，河滩都是潮湿细密的泥沙，有砖头瓦块摆在那里，看上去硌生生的。

这边的孩子越聚越多，对岸的孩子就知道了是怎么回事。他们也紧急调遣人马，不消一刻钟，一条河两岸的兵力就旗鼓相当了。先是开台骂，那些骂人的话也讲究，要合辙押韵，骂出的声音才响亮，才能传送到河对岸去。比如，“谁说我我不说，某某某是他哥；谁骂我我不骂，某某某是他爸”。这个某某某，一定是个很大的人物，而且是那个时代的“坏人”。待到骂出一定的火候，河面上空才会砖头瓦块乱飞，进入到实质性的交战阶段。因为河面宽，那些进行攻击的“武器”大部分落到了水里，小部分虽勉强落到岸上，也很难碰到人。就是这样的往复虚掷，两岸的战斗队员乐此不疲。孟小飞一直是幕后指挥者，他是那个年代很少见的小矮胖子，一副将军派头。他吩咐一部分队员吸引敌人的火力，他带领另一些人从稍远的地方泅水过河，出其不意，使敌人腹部受敌。面对他们的从天而降，李庄的孩子慌了手脚，争先恐后往家跑。孟小飞等人在后面紧追，一直追入胡同口，挑衅地骂几句，才耀武扬威地从李庄撤退。

以后与李庄的战争不断升级。李庄的孩子首先使用弹弓，小石子带着风声从对岸“嗖嗖”射过来，虽说很少伤到人，但很有威慑力。这方的孩子则研究出了一种“火枪”，枪管是钢的或铁的，枪身则用自行车的链子瓣弯成的，模样有点像时下的链轨车。孩子们从家里偷来火柴，从火柴帽上收集火药，一根火柴的火药就能打出很大的响动。孟小飞是个爱琢磨的孩子，他总在想如何能把火枪的威力发挥到河对岸去。他让全班的同学给他提供火药，结果他在很短的时间里收集到了一大包。又一次与李庄开战，孟小飞等人在岸边一齐亮出了火枪。火枪中除了火药，还塞满了细沙。孟小飞下令几把火枪同时向对方扫射，结果很不尽如人意。对面那些孩子都伸着脖子看稀奇，火枪根本对他们不起作用。孟小飞的火枪没有响，他枪里的火药装得最多。他用砖头砸了砸，再瞄准对岸时，火药却连带着枪管一起飞了出去，只听“嗵”地一声，火球从水面上打着呼哨一掠而过，正击在对方一个孩子的脚踝上。踝骨当时就碎了，对岸哭声叫声乱成一团，把这边的孩子都吓跑了。

后来两岸的孩子再也没有玩打仗，战场转移到东边杨庄一带去了。有时这边的孩子挑衅叫骂，对岸那边却静悄悄的，这边的孩子都说，对岸的李庄人都让我们这边的火枪吓着了。事实也的确如此。因为河面一直没有渡船和桥，李庄在我们的心里一直很神秘。多年以后，李庄有一个姑娘嫁到了我们村，我们才知晓了一些事。李庄人没想到那些火枪只是孩子们自己做的，他们一直以为那些东西凶险得另有来路。他们警告自己的孩子不要再惹对岸的人，对岸连孩子都有“武器”。

孟小飞高中毕业以后就去当兵了，现在已经是大校军衔。有一次我们几个同学约好在网上聊聊天，说起小时候的事，孟小飞还惦记着那个被他打坏了脚踝的人，说也不知道有没有落残疾。大家都奇怪当年对李庄人怎么会有那么深的成见，走成对面都不认识人家，可就是能够把他们当敌人。

孟小飞感慨地说，玩打仗的日子，可真叫人怀念哪！

门了吊

门了吊是用来锁门的，但也只有这样的门适合用门了吊去锁。过去的婚姻讲究门当户对，门了吊也应该是门当户对的一部分。

ménlediào

赤脚医生

chìjiǎoyīshēng

大桂是山村里唯一的初中毕业生。那一年村里选派一个根红苗正的人做赤脚医生，就选了大桂。大桂到县里的医院培训了一个月，回来就是赤脚医生了。村里还有一位先生，行的也是医生的职责，却不叫“赤脚”。他是祖传的医术，因为成分高，大家就叫他“二先生”。先生在那年月不是好词，再加一个“二”字，二先生的称谓，就有些像特务了。

大桂每天背着药箱走街串户，其实没有几个人找她看病。大桂背着药箱在街上走，用现代人的观点看，有广告或做秀嫌疑。大桂会主动告诉别人她去某某家，但事实证明某某家并没有人生病。即便大桂知道谁家有人生病了，她主动上门去看，生病的人会自己藏起来。那段时间，大桂的境地就是这样尴尬，可她也坚守着。她在自己身上练针灸，把腿都扎肿了。或者到山上去采草药，熬成汤，东一家西一家地给人送，说是防暑降温。起初有人把那些草药给猫、狗喝，然后观察这些草药能不能要猫、狗的命。有一次，一只喝了草药的母鸡变成了公鸡，让村里的人哗然，虽然事后证明母鸡只是学会了打鸣，并没影响下蛋。但大桂的笑话闹下了，人们说闲话时打赌，就赌喝大桂的草药。大桂的草药能让人乱性，世界上都没有比这更恐怖的事情了。

药吊子：药吊子是用来熬中草药的，被村里人借来借去。乡俗中药吊子不能给人去送，而要等人来取。送意味着把疾病送给了别人。

两年以后，人们也开始信服大桂，因为大桂成功地扎好了一个癫痫病患者。

村里得癫痫病的人是一个小伙子，经常毫无征兆地摔在地上，浑身抽搐，嘴角淌白沫。那天正好大桂在场，她几根银针分别扎在患者太阳穴、人中和两耳上，患者的症状奇迹般地减轻了，发病的时间也比往日大大缩短了。这成了村里的一个传奇。更为传奇的是，一个月以后癫痫病患者溺水死了，而在死之前的一个月，他没再发病。所以村里人都说，大桂是一个会治癫痫病的人。如果癫痫病人不溺水死亡，他说不定也从此不会再犯了。

村里人信服一个人，就彻头彻尾地信，就杂乱无章地信。无论得牛皮癣还是生孩子，凡事都习惯找大桂。大桂也称自己能包治百病，家里的药锅“咕嘟咕嘟”总冒着热气，一股草药的气味在村中四处蔓延。过去这种味道经常从二先生家里冒出来，自从大桂这里红火，二先生那里就冷清了。他含着长杆烟袋经常在街拐角的石头上坐着，别人来了他走。别人走了他再来。

20世纪70年代中期，村里流行伤寒，大桂已经是一个手法娴熟的赤脚医生了。她每天来给患病的人打四针青霉素，手脚麻利得就像纳鞋底子一样。记得那年一条街上就有三个人得伤寒，全村有多少，就不知道了。不能不说大桂有本事，所有的伤寒病患者，都是大桂治好的（也许有其他原因，但人们只记住了大桂。）

大桂后来嫁了村里的一个电工，生了一双儿女。改革开放以后，大桂的生意红火了一阵子，她家最先住上了二层小楼。再后来大桂的行医资格被取消了，因为她一无学历，二没有接受过专门培训，属无证行医，乡医的队伍里她被除名了。她不得不从地上转移到了地下，偷偷摸摸地给人输液打针。某一天，邻家的一个婶子突然晕得厉害，家里人把大桂请了来，大桂诊断为“美尼尔”。婶子挂了一个星期的点滴，眩晕的症状基本消失了，家里人找大桂结账，大桂收了160元钱，这差不多是城里医院一天的消费，让婶子在城里工作的儿女们唏嘘不已。

炭火盆

tànhuǒpén

我对炭火盆的记忆，是从落子《铡美案》开始的。三姥姥嘴里咿咿呀呀地唱，袖肘支在盘起来的膝盖上，两只手张开捂在炭火盆的上边，上身整个伏过去，人都像练了缩骨功一样。我们去三姥姥家串门儿，目的也是想在炭火边上取暖。外边是一尺厚的雪，屋檐下的冰锥结了两尺长，就连太阳也好像没什么生气。三姥姥家炭盆里的炭火红扑扑的，如果再在炭火里埋几颗豆子，豆子炸响时满屋子的清香，能诱出我们的口水。天寒地冻的日子，除了三姥姥家，我们还能去哪里呢。

三姥姥就一只眼能看，她的另一只眼，据说就是被炭火盆弄瞎的。村里的人都这么说，三姥姥年轻的时候做过巫婆，与一只长虫精斗法，赢了长虫精。后来长虫精长道行了，某一天，就在她烤火的时候，那只炭火盆自己飞了起来，扣在了她的脑袋上。村里人说的是真是假，我们无从分辨。我们坐在三姥姥对面，经常幻想炭火盆能再一次飞起来。转眼就是一个冬天过去了，炭火盆一次也没有飞起来过，这让我们失望极了。大人们有的时候也是乱说话，一点也不考虑我们也许会认真的。

炭火盆是泥做的，壁很厚，很沉。再加上满满一盆炭火，我们挪动它时都很费力。长虫精只是一根肉棍，连手都没有，它如何能把炭火盆举起来呢？

可三姥姥自己也这么说。她说她和长虫精斗了一辈子法，长虫精到底也没能赢了她。三姥姥说这话时底气十足，一只眼球像图钉一样醒目，就像手下败将长虫精就在她面前一样。我们张口结舌说不出话来，觉得三姥姥跟别人不一样，她是传说中的人物。

乡间就是有许多奇怪的人和奇怪的事。三姥姥是顶奇怪的，我们去烤火，她用鸡毛掸子往外轰我们。我们不能说来烤火，而是说来听落子的，三姥姥少了一只眼的脸上才堆起笑，掀开柜盖抓来一把豆子撒在炕上，我们再一粒一粒地捉，然后埋进炭火里。三姥姥的落子我们听不懂，谁都听不懂。我觉得三姥姥的嘴里基本上没有戏文，就是咿咿呀呀的曲调，从牙缝儿里滋出来，哪里会让人听懂呢。三姥姥唱时，会有涎水顺着嘴角淌出来，滴在炭火盆里。炭火盆里“吱”地一声叫，又“吱”地一声叫，仿佛那涎水是活的，能喊疼。实际的原因当然是涎水被炭火烫着了，炭火烫了别人，自己却变成了灰，被“噗”地激起来，荡起一股小小的烟尘。

要许多年以后，我们才知道《铡美案》是一个有关秦香莲的故事。但烤炭火的年月不知道。三姥姥也给我们讲戏文里的内容，可她讲的永远是“铡人”那一场。铡草用的大铡刀高高扬起来，把被铡的人放上去，“扑哧”一声，人被铡成了两段。血像河水一样从人体里淌出来，把舞台都染红了。三姥姥快意地说，该死的陈世美！该死的陈世美！我们不关心陈世美该不该死，我们关心炭火里的豆子有没有爆出花。爆出花的豆子又香又脆，我们嚼时不敢太用力，怕惊醒梦中的三姥姥。她一旦发现我们嘴里的声音比她唱的戏文还大，她还是要往外轰我们。

炭火应该是硬木柴烧成的，也可以用玉米骨头。更多的人家，其实就是盛一盆灶灰。乡下的日子艰难，看看炭火盆里的炭灰就知道了。炭灰里只有零星的火星，如果里面有生柴，还要滚出烟来。火星灭了，炭火盆很快就冷了。冷了的炭火盆了无生气，像那些贫苦的日子。

我在下乡的时候认识了一个老

鸡毛掸子：鸡毛掸子的模样不好看，是因为每家每户都是自己做。除了手艺欠缺，还与宰杀的鸡有关。如果没有好的羽毛，再好的手艺都无法使它漂亮。

乡，三十年前他居然还在走街串巷卖炭火盆。炭火盆就是他父亲做的，每天都做四十个。做炭火盆的原料是好黄泥，像面粉一样提前和好醒着，然后扣在模具里。做好的泥盆放在背风处阴着，免得被风吹裂缝。太阳好的时候搬出来晾晒，晚上还要搬回屋里——一冻一化炭火盆就不结实了。老乡说，20世纪70年代他家的炭火盆生意特别好，一个炭火盆卖四毛，因为不用投入成本，这在他们家，当时是一笔很大的收入。

茶炊子

茶炊子是用来烧水的，火生在中间的烟囱里。这样的烧法，省时省力省火。烧开水的家什五花八门，发明茶炊子的人值得怀念。

cháchuīzi

热炕头

rèkàngtóu

有位朋友曾说过天津一带有名的小吃——饽饽熬小鱼，就是大锅做出来的才好。小鱼熬在锅底，周遭贴一圈玉米饼子，足够七八口人吃。手巧的人贴出的饼子自是不带手指印，但饼子好吃不好吃，先要看和面，其次看火候。其实，什么食物不是大锅做出来的才好吃呢。炒菜，烙饼，甚至煮饺子，烀白薯，这些家常饭你不尝不知道。柴草烧出来的东西真的与别个不同，有一种除了乡情以外的特殊味道。可大锅做出来的食物再好吃，也终将被小炒锅所取代。火炕没有了，灶台没有了，大锅也就不存在了。乡下到处都是柴火，却没人再愿意烧。乡亲们都抱怨煤气太贵，我问咋不烧大锅呢？乡亲说，没了炕，锅安在哪里呢？

现在，整个一条街，只有我们家门外有个柴火垛，也就是说，也只有我们家屋里还有一盘火炕。

我在出土的一个汉墓群中见到过汉代的灶台。灶坑里是草木灰，烟道穿墙而过，直通里面的火炕。也就是说，我们的祖先在千百年前就把灶台和火炕的功用研究透彻了，后人不过是一直在沿袭着使用。到我们这一代，火炕却要成文物了。我的女儿，居然一睡火炕就脸上长痘，说是对炕烟味过敏。火炕沦落成这样，当真也没有脸面再存在下去了。汉代墓葬的灶灰里还有栗子壳，祖先跟我们一样知道在灶里烧埋东西。大概还和我们一样，知道烧的东西比煮的东西好吃，比如，烤白薯。灶里旺着火，锅里煮着食物，炕上暖和和。这大概就是先人们的幸福生活。

我们家的火炕已经相当有名了，最起码在我们一条街上是这样。有人到我家来借东西，会顺手捎来一筐劈柴，或一筐玉米骨头。因为柴火在别人家里都没用了。在我的感觉中，火炕还有它的特殊用项。我连续好几天失眠，几粒安眠药都不起作用，身心俱疲地回到家，在热炕头上居然长睡不醒。我的腰不好，每年春天乍暖还寒的时候都痛，在热炕头上睡几天，不痛了。还别说炕头之所以热，是因了锅里蒸着煮着煎着炖着，热炕头还只是那些美味的副产品。每次回家，妈都把热炕头让出来，把我的铺盖焐过去，妈还说，你那么喜欢热炕头，要不，在楼房里面搭一个？

我到一个山区采访时，发现那里的炕都不够尺寸，都只一张床大小。上面蒙上床单，与床别无二致。搭炕用的材料有的用石棉瓦，有的用砖。烧起来容易热，可也容易凉。严格地说，这已经是对土炕的又一种改良，而这种改良除了美观和让人省很多力气，与原始意义上的火炕已相去甚远。因为炕已经不是那个热法，是骤冷骤热的热法，丢了传统土炕那种温热的绵厚与悠长，是得不偿失的一件事。

生产队每年春天的脱坯运动是一个声势浩大的工程。坯场在村西的水塘边，和的泥像巨大的一滩牛屎，四五个青壮年高高挽起裤腿，赤着脚在泥里踩来踩去，以使其更加柔韧。土坯干透以后垛起来，由车把式一家一家地送。每家春天都要搭炕，新搭的炕好烧。当然这是次要的，主要的是队里还等着回收旧土坯，用作肥料。炕烟熏过的土坯肥地力，收那些土坯是有工分的。

我读小学的某一年，曾任学雷锋小组的副组长。有天晚上出去找好事做，砸了一户人家新拆下来的炕坯，我们把一铺炕的土坯都砸成了核桃大小的块儿，心满意足地回了家。结果夜里下了场大雨，生产队长找到我家里，说我们把活干瞎了。通常情况下，土坯运到地里才能砸，像这样遭一场大雨，肥力就减了大半。

我家盘炕的土坯已经用了十几年了，由于炕洞堵塞，烧火时经常浓烟滚滚，像熏“大眼贼”（田鼠）一样。现在连脱土坯的家什都很难找到了。我担心，能睡热炕头的日子，屈指可数了。

跳房子

tiàofángzi

“跳房子”是学名，新华字典解释为儿童游戏。“在地上画几个方格，一只脚着地，沿地面踢瓦片，依次序经过各格，也叫跳间。”字典解释起来多简单啊，要真正玩起来，也相当复杂。房子怎样跳，跟什么人跳，都有很多说法。如果不是下乡时偶然触动了某根神经，我把跳房子的事，都彻底忘了。

小学校设在了一座大庙里。不大的一个院落，长着几棵古树。每天下课铃一响，我们都比风还快地跑出去占地方。用粉笔画好了大格子，却没人跟你玩。这是心痛的事吧？还有比这更心痛的，别人占用你的房格子，却把你排除在外。我那个时候个子小，单腿跳怎么也跳不远，人家就不愿意跟你玩。那些大个子跳的远的人走到哪里都受欢迎，为此我小的时候有一个志向，一定要把腿长得长长的，无限长。最好一步就能从房子的这头跳到那头，让所有的人目瞪口呆。

字典上说“沿地面踢瓦片”，那是小儿科的玩法，我们不踢瓦片，踢布包。所以“跳房子”又简称为“踢包”。布包是六块正方形的布缝成的，四块做筒，两块做底、盖，把它们连缀到一起，留一道缝，把毛茬翻进去，里面装满谷糠，或者玉米，或者高粱，再把口缝好，就是一个好看的布包模样了。如果家里大人实在舍不得粮食，还可以装沙子或旧棉花。布包都是大人缝的，多是用旧布，新布舍不得。旧布缝成的包几天就踢坏了，再求大人缝，不仅遭训斥，还很难有收效。于是求人不如求己。偷偷在包袱里找几块新布，自己动剪子，然后穿针引线。布剪不方，包就缝不周正，又是粗针大马线，不是这里漏了就是那里漏了。看似简单的伙计，做好了也不容易。

经过许多次实验，我用最好的布，缝了一个最漂亮的包。那六块布，有五块是条绒，一块红的，四块黑的。那年月，最好的布就是条绒布，妈买回来做鞋面子用的。红条绒布给我做，黑条绒布是给父亲和哥哥做的。我剪时，都是用的大布块，“咔嚓”一剪下去，布就断成了两块。有些布块没剪方正，便弃了再剪。我缝出了历史上第一个好看的包，而且比平常的大上一倍。妈发现条绒布被我剪碎以后的事，我不记得了，但肯定有故事。因为这在当时的我们家，可以算大事件。可我却记得我的漂亮布包的命运。下课了，我的布包成了最引人注目的东西，为了能踢几脚布包，很多人争着跟我玩。再下课，布包奇迹般地到了大个子脚下，而且她还说布包就是她的。我说布包是我的，她说你叫它，看它答应你吗？那么多玩过我布包的人都不给我作证，我八岁的时候，就知道了什么叫“欲哭无泪”。

“房子”有各种各样的跳法，姥姥家离我们家有十五里地，他们那里的玩法就与我们不同，叫法也不一样。这就跟方言一样，隔一条河，水这边跟水那边的发言吐字准会有区别。那个夏日的假期，我学会了跳各种各样的“房子”，人累得又黑又瘦。要开学了，还赖在姥姥家不愿意走。姥姥家很好的“跳房子”的环境，给我童年的记忆留下了温馨的印象。

山里的一座小学校的门口用粉笔画着白格子。我知道这也是我小时候“跳房子”用的专用图案。我蹲下研究半天，却没弄明白这房子是怎么个跳法。我往回倒数年龄，知道“跳房子”的年代离我已经很远了。可我还是有点悲伤，年代稍微远一些，就是遗忘的理由么？显然我应该记住几种“房子”的跳法，而不是记住那个把我的布包据为己有的大个子。

可情况恰好相反，这才是我悲伤的真正原因。

饭瓢儿

fànpiáor

一只成年的葫芦从中间用锯一剖两半，就是瓢。

瓢分大瓢和二瓢，大瓢没有柄，容积可以顶半个瓮。二瓢后来演绎成了骂人的话，其实它是乡下人使起来最顺手的家什。它长长的柄，被剖开后形成凹槽，舀水、盛粥——韧性好，分量轻，晒也晒得，泡也泡得。如果不摔不碰，一只瓢可以使很多年。往年代久远处推断，瓢与人类生活该是息息相关的。没有铁制、铝制、陶瓷器皿的时候，瓢也许是祖先的生活必需品。到了20世纪六七十年代，乡下家家的水缸里、灶台上都有水瓢和饭瓢，仍是生活必需品。那瓢都是古旧的颜色，里面是一层毛茸茸的气孔。盛水水觉得清亮，盛粥粥觉得香。瓢内的气孔有过滤的功效，还泛有淡淡的青草味。不知为什么，以后的人家情愿用塑料制品取代，即使在乡下，瓢也踪迹难寻了。

有一句俗话是这样说的：地动山摇，花子撂瓢。说的是有地震的年月是好年景，雨水多，粮食丰收，连要饭人都把瓢撂下，能吃上饱饭了。一句农谚当然可以解释成多层意思，可要饭人的家当是瓢，当确凿无疑了。也就是说，瓢曾经是底层人谋生、活命的专用工具，单凭这一点，

大水瓢：躺在锅台上的饭瓢，也没有了当年的使命。邻家嫂子把它从旮旯里拿出来，用水洗了洗。饭瓢满面灰尘，它大概做梦也想不到，未来的某一天会因为灰尘而无脸见人。

瓢的历史作用，就不容忽视。

我小的时候，家家的水缸都有半人高，能盛四五担水。瓢永远在水面上漂浮着。口渴了，爬到任何一家的缸沿上，随手可取。盛水的瓢与盛粥的瓢可能不是同一个瓢，可大家把它们统称为饭瓢儿，这一点，大概也与民以食为天有关。瓢的浮力有多大，不做实验根本想不到。瓢不像其他容器那样盛满水会沉底。瓢盛满水之后，左摇右晃，把多余的水晃出去，自己仍可稳稳地在水面上停泊，一副傲岸的样子。让人觉出，瓢虽出生在底层，却仍有自己的风骨。

有个民间故事，不知在多大区域内流传，是有关孟姜女的。我爷爷说，过去有姓孟和姓姜的两家是邻居，墙上结了一个大葫芦。孟家人说是孟家的，姜家人说是姜家的。两家最后商定，葫芦熟了以后一家一半。转眼葫芦成熟了，剖开一看，里面是个小姑娘，小姑娘脸儿白白的，就像嫩葫芦肉儿一样。两家都没有儿女，孟家想要，姜家也想要。最后两家又商定，小姑娘就算两家的女儿，起名孟姜女。后来孟姜女出落成了漂亮女青年，前来提亲的人络绎不绝，孟姜女早早做了他人妇，才有后来的千里寻夫，哭倒长城八百里。

我小的时候很迷信这个传说，经常把葫芦偷偷切开，看里面是不是有个拇指大的小姑娘。小姑娘当然是没有的，我切开的都是小葫芦，老的我切不动。小葫芦里面是白生生的瓤儿，白生生的籽，把葫芦心填得满而又满。私心里，我也觉得小姑娘不会长在葫芦里，可总觉得会有万一，而且特别怕我一刀下去切掉小姑娘的胳膊腿，把小姑娘切成残疾。那种感觉让我心惊胆战，切葫芦如切身家性命一般。没有哪种植物像葫芦那样爱结果实，一层一层地结，大的大，小的小，把人看得眼花缭乱。我切的葫芦都偷偷扔到猪圈里，所以家里人谁都没有发现。可能就是因为它如此能繁育，才与普通人的生活贴得这样紧密，即便是传说，葫芦里切出来的也是个邻家小姑娘，而不是王子或公主。

我去一个旅游专业村采访，发现那里家家墙上爬满了葫芦藤。大大小小的葫芦像小炮弹一样，把一面墙都排满了。他们种葫芦瓢纯粹是为了观赏，让城里人看新鲜。不吃，也不一剖两半当饭瓢儿。那些隔年的葫芦都在院子里乱丢着，我问他们怎么不当饭瓢用，他们说，怕城里人看着不卫生。“现在条件好了，谁还用它啊！”乡亲们不屑地说。

我真是想发出一个倡议，甭管城里还是乡下，大家都用葫芦剖成的饭瓢吧。那才是绿色环保无公害产品，它不像黄瓜或扁豆秧，被害虫欺负得体无完肤，若不打农药，连一片叶子都很难剩下。葫芦却一点这样的担心也没有，它天大的一个功能，就是把所有的害虫都能拒之门外，什么样的害虫都不能侵扰它。随便在哪儿丢一颗种子，它都长得生机勃勃。人类是喜欢新陈代谢的族种，可我们丢掉的也不都是坏东西。

氽　子

cuānzi

外地的一个朋友随我到老家做客，妈妈烧火时在灶眼插上氽子，朋友惊呼：烟囱是那样的使法吗？差点把我家的人笑死。从本质上说，烟囱和氽子同属一类物品，都是白洋铁制，筒形，一粗一细。但作用各不相同。天底下的人都知道烟囱是怎么回事，但知道氽子是烧开水用的人，就不多了。

我一直以为使用氽子的区域应该是一个很小的范围内，大概只是在我的家乡那一带流传。我在有些文章中使用氽子作道具，都被编辑删掉了。我便想氽子大概属于地域方言，外人不懂。所以截止到目前，无论是在我的文章或其他人的文章内，氽子一直都没被书面语言使用过，最起码我这样认为。可氽子的作用，实在不可低估。在一个相当长的历史时期，氽子与农家的生活息息相关，甚至提升了庄稼人的生活质量。一氽子水烧开后，正好灌满一暖瓶，不多不少。我的母亲前几天赶大集，还花三块五买了一个新氽子。除了冬天生炉子可以用水壶烧水，余下的一年三季，庄稼人喝开水都是氽子烧的。

写下这个题目，才知道新华字典对氽子有解释。这让我对氽子的使用范围有了新的估计。字典上说，氽子是烧水用的薄铁筒，细长形，可以插入炉子火口中，使水开得快。这是否就是我写的那种氽子呢？我认为还不是。先说氽子的形状，不单是细长形，上面还有脖儿，与身体成钝角，上面有提梁。字典上说的那种氽子大概是直上直下的。氽子也不宜直接插到火口上，这也许是灶与炉子的区别。庄户人烧饭时才在灶口旁边的灶眼里插氽子，既免得氽子碍手碍脚，又能集中火力烧饭，烧水只是副产品。

镇上的铁匠铺里生产氽子，它们统统被挂在一串铅丝上，一顺弓着脊背，像挂着一排活物。好铁匠打出的氽子终身不漏，但也要使用的人会保

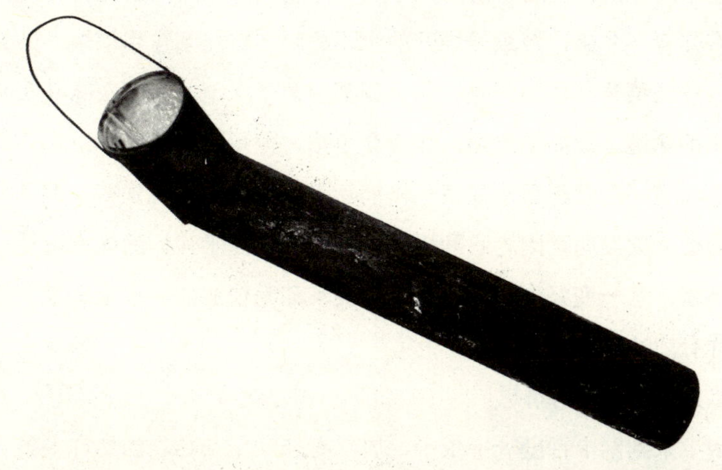

汆子可以称得上古老了，它挂在我家屋后的墙上许多年了。夏天使冷灶的时候还偶尔用它烧一壶水。现在认识汆子并准确叫出它名字的人，已经越来越少了。

养。汆子不用时，要挂在通风阴凉处，控出里面最后一滴水。汆子的天敌就是腐蚀或生锈，其次是在灶眼的砖壁上每日摩擦。会过的人家在汆子脖上或底部外包一层铁皮，就像给汆子穿了铠甲一样。如果不是整条汆子都烂掉，谁家都不会舍得买新的，而是到镇上请焊洋铁壶的人修修补补，来回十多里地，有时就为汆子赶一趟大集。有人问：赶集买啥？答：啥也不买，焊汆子！

我回老家总是抢着烧火，即便是大热天，我也喜欢看火焰在灶里腾挪，像有个小妖精在跳舞。可汆子里的水开了我立马就跳一边去，妈赶过来用烧火棍挑提梁，平着往外一抻，汆子就从灶眼中出来了。先匍下身去吹两口灰，然后用另一只手的指甲托举起汆身，肘部朝上一扬，就可以往暖瓶里倒水了。我小的时候被汆子里的水烫过，记忆犹深，所以现在它咕嘟咕嘟一冒泡，我就紧张。有时候张牙舞爪也能把水倒进暖瓶里，手却会被热气熏得生疼。其实就是提梁稍稍一歪，手背就会躲开汆子口，热气就熏不着。可因为紧张，会把那一点技巧忘得无影无踪。手背热辣辣地湿，忍着。好在把水倒完也就十秒八秒，如果时间长，还真受不了。

汆子烧开的水有股淡淡的柴草灰味，初到乡下的人会觉得难以下咽。当年有知青下乡来，嫌汆子烧开的水不好喝，自己亲自用锅烧，结果更不好喝。汤汤菜菜都凭锅来煮，怎么刷都会留下味道。柴草灰味其实是烟火熏出来的味道，灶如果燎焰，味道会更浓，但那不意味着不卫生。如果习惯了那味道，会觉得那水像茶一样能让人上瘾。我一直觉得，汆子是先人了不起的一大发明，因为它利用有限的资源改变了人们的饮水习惯，把生水变熟了。这一变好生了得，就像人类从茹毛饮血的年代走出来一样，也许同样有划时代的意义呢。

当然这只是我的猜想。

闲下来到网上百度一下汆子，居然有1520个条目。当然许多条目与名词“汆子”相去甚远。但老舍先生的《龙须沟》里有准确的叙述。有意思的是洛南县有换汆子的风俗，与男婚女嫁有关：男女双方经介绍相识，都认为对方就是自己意中人。于是，男方在红娘的陪同下，提一汆子酒，用红头绳系紧汆子脖子，来到女方家。吃过饭要走前，女方家长便倒干汆子里的酒，给里面灌上净水，把准备好的香艾和葱放入汆子里，解去原来系的红头绳，用自家的红头绳再系住汆脖，让男方提走。这样，终身大事就算定了。

提酒意为“天长地久”。灌水是“白头偕老”之意。放香艾和葱意为“相亲相爱”。至于用红头绳系汆脖，则表示两人的喜事已被月下老人拴住了。

炕 席

kàngxí

尽管在我国的其他一些地方，有用高粱秆编席子的风俗，我猜想那个地方一定不长苇子。我觉得苇片是编席子的最好原材料，编出的席子细腻光滑，色泽金黄，夏天光着脊梁躺上去，两个字：凉爽。炕席花印在皮肉上，像印象派的美术作品。每天生产队的钟声一响，大街小巷都是身背印象派美术作品睡眼惺忪的社员。家家炕上都铺席子，席子是苇片编的，苇子却是野生的。凡是有池塘的地方都有苇子，因为是从根部分蘖，苇子总是越生越多，我觉得“密不透风”这个词，只有形容苇塘才恰如其分。

如果说造物主伟大神奇，能让池塘里生出苇子，就是他最伟大神奇的地方。

每年秋粮收仓以后，生产队就人喊马嘶地去苇塘割苇子。家乡有一条古河道，叫辽运河。河两岸的苇子都没人高。水边还生产鸡头米和菱角，割上一天苇子，还能另有收获。苇子先用刀劈开，用水浸透，然后再用碾砣轧扁实，然后再去掉瓤子，高质量的苇皮就这样制成了。那时候家家都编席子，街头巷尾都是苇皮的边角下料，家家都传出来刺啦刺啦劈苇子的声音。手快的人每天织一领席子，手慢的三天都未必织得完，那种竞争一点也不亚于当下。织好的席子交到生产队，再由生产队交到镇上或县里，最终的归宿是新疆。当我们听说这些席子要远赴新疆，新疆“牙克西”，知道我们有多激动吗？我们不止一次想钻进席筒里，跟着马车一起到新疆逛逛。我们就以为马车拉着席子一路就往新疆去了，我们还猜马车在路上能走多久，最终的结论是，如果马不停蹄，最少得走三天三夜。

我最终也不知道那些席子是如何运抵新疆的。

后来我和女儿说起这件事，女儿乐得喷饭。她指着地图说，你们傻呀，新疆的路多远啊。

说起席子，就不能不说二娘。二娘的娘家就住在辽运河岸边，她打做姑娘的时候就开始编席子，嫁到我们村，到了五十几岁，那编席子的手艺，既是炉火纯青也是天下无敌。偏偏二娘做别的庄稼活都稀松马虎，一到编席子的季节，人就精神得像上了发条，几天几夜不合眼都不困。队里分的苇子根本就不够用，二娘自己拉着车到处去踅摸苇子，有时一气要走出去三四十里。二娘家的院墙外面，苇子总是高高地码成一垛，要比别人多不知多少倍。看二娘编席子是一种享受。二娘的手很小，一点也不糙。就看见苇片在她手里上下翻飞，席子一寸一寸往前长，可若想跟她偷学手艺，却无论如何看不清楚。谁都当二娘有诀窍，二娘的诀窍又秘不示人，这就让别人有了想法。到结算分红时，二娘的钱比别人分得多，别人对二娘就不是想法，而是嫉妒了。那个冬天滴水成冰，队里开二娘的批判会，因为她娘家成分高。批判会开半截，二娘出溜到了台子底下，打起了呼噜。队长说，谁都不许管她，就让她在那里睡。人们悄然都走了，二娘一直睡到深夜，直到家里人出来找，二娘才拍打一下屁股上的土，回家。

二娘家的院子里就有碾砣，二娘轧完了自己的苇子，也有别人扛着苇子捆来借用。我们就愿意帮助人家推碾砣，人家美滋滋地在屋檐底下的台阶上坐着，我们把身子绷成一条直线，两只脚蹬在远处，用力。二娘的苇子却从不让我们轧，她说我们轧出来的不匀实，让我们很不服气。同样都是一个碾砣，还能把苇子轧出两样来吗？有一次，碾砣把一个孩子的脚趾骨轧断了，才让我们觉出了碾砣的危险，也觉出了二娘的不信任其实是一种爱护。后来我们慢慢把兴趣转移到了别的方面，二娘和二娘的席子，逐渐在我们的视野中消失了。

天空中飞翔的大雁是“人”字形，最早发明编席子的人也许受到了大雁飞翔的启发，我猜。席子也都是“人”字形的花，“人”和“人”之间又相互交叉和提携，就变成了一张完整的席子。一张席子在炕上一铺很多年，皮屑和灰尘都从炕席缝里漏下去了，炕烟从席缝里冒出来，把原本金黄色的席子，熏成了古旧的颜色。但“人”与“人”之间的结构和模式都不会改变，只是相叠的地方会新些。一张完整的席子，是一个家庭的体面。有时边角会有些破损，用布把破损的地方包起来，用针线把它们和席子连缀在一处，席子就又完整无缺了。

砸　锅

zágūō

现代汉语中，“砸锅”是一个用处很宽泛的词语。事情没办好，砸锅了。戏没演好，演砸了，也是砸锅的意思。有时会纳闷，当初创造词语的人为什么会选择砸锅而不是砸别的，锅是一个家庭重要的生活物品。烟囱冒烟，证明灶里有火。灶里有火，证明锅是热的。锅是热的，就不是冷锅冷灶，就有一家人的希冀和指望。中国人有挨饿的历史，所以锅在国人的心目中，地位显要。也许就是这个原因，才会产生砸锅这样的词语。民以食为天，锅比天还大。

天气热了，妈请人在院子里垒了一个高灶，把新买的锅装上去，就可以烧火煮饭了。妈买的这只铁锅，花了三十六块钱。妈慨叹说，当初买这样的锅只需五块钱，现在钱真是毛了，不经花了。妈说的五块钱的年月，是20世纪70年代，有一次我家为买一只锅，朝左邻右舍借钱。乡村有一条不成文的规矩，干别的事情借钱，许可人家没有。若是为了买锅借钱，就是借人家一角一分，也不能让借钱者空手而归。这跟见死不救是一个道理，你可能很有理由，但在生死攸关面前，你所有的理由都不是理由。

每天放学，走进堂屋的第一件事就是吸吸鼻子，闻闻从锅里散发出来的气味。那个时候的鼻子比狗鼻子都灵，有一点油腥，或做了稍微像样些的饭，鼻子就让人心花怒放。冬天蒸汽会把堂屋灌满，人在里面穿行，像腾云驾雾一样。其实锅里的饭菜也未必可口，烀白薯，或锅底熬白菜，周遭贴一圈棒子面饼子，取名“一锅掀”（意为饭菜可同时熟）。那时的冬天，经常就是这两样饭。可那种蒸腾的气氛，先是暖了心，而后暖了胃。现在饭店也有经营这种“一锅掀”的生意，锅不是那样的锅，饭菜都做不舒展。灶也不是那样的灶，少了烟火气。味道和感觉，都杳如黄鹤了。

锅与人的生命息息相关。

我们小时候，每年都有砸锅的事情发生。村里有霸王一样的人物，他家的孩子被人欺负了，他家的树被别人家的羊啃皮了，他家的母鸡去别人家的鸡窝里下蛋他却没有把鸡蛋找回来，他都有可能去砸别人吃饭的家什，也就是锅。敢去砸锅的人不是寻常人，就像打人不打脸，砸锅是要被人记死仇的，疙瘩一辈子都解不开。砸锅也是大人吓唬孩子的一种方式，但主要是嘴上说说，实际上去实施的并不多。比如，一个孩子欺负另一个孩子，被欺负孩子的家长说，你要再敢欺负我们，我就把你家的锅砸喽！这话很奏效，欺负人的孩子再硬气，也是怕被砸锅的。锅砸了就吃不上饭，还要挨家长的拳脚。孩子都算得开这笔账。

哥哥十二岁的时候在村西放羊，与另一个放羊的二群发生了口角。二群大哥哥两岁，个子比哥哥高一大截。两人发生肢体接触时，二群把哥哥的头打破了，哥哥的头顿时流出血来，从肩膀一直滴答到胸脯上。哥哥打不过二群，便发誓要砸二群家的锅。二群看见血，马上逃之夭夭了。一群孩子围在哥哥的周围，都鼓励他去砸二群家的锅。于是哥哥拣了一块砖头夹在腋下，在一群人的簇拥中，浩浩荡荡朝村东二群家去了。哥哥当时的样子很吓人，不时用袖子抹脸，脑袋成了血葫芦。哥哥怒气冲冲走进了二群的家，谁都期望哥哥把砖头高高举起来，狠命朝锅中一砸，把锅砸个大窟窿，让二群家吃不上饭。哥哥也把砖头举了起来，可就是在这一刹那，哥哥手软了。他把砖头出溜到了锅里，锅纹丝不动，他转身走了。

这件事简直成了笑柄，大家都说哥哥是不会砸锅的人。经常砸人家锅的人遭嫉恨，可像哥哥这样，还别说外人，在我家就不知道受了多少抱怨。哥哥幼小的心灵在那个时候承受了不少压力，他很长时间变得默言寡语。许多年后，我们偶然提起当年砸锅的事，问哥哥当年为什么不敢下手，哥哥的回答出乎我们的意料，他说他忽然发现那锅是新的，还没怎么使过。要真把那么新的锅砸漏了，怪可惜。哥哥笑着说，可当年许多人都觉得他废物，不会，或不敢砸二群家的锅。别人这样说家里人也这样说，他当时死的心情都有。把家人都吓了一跳，我问哥哥当年是怎样走出困境的。哥哥说，熬着呗，慢慢大家都忘了，他也忘了。

砸锅的事，派生到其他行业和领域，已经有了形而上的成分在里边。话又说回来，砸锅在乡下也早就成为历史。假如有人真想砸人家的锅，都未必找得到。不像过去一口大锅就在堂屋显眼处坐落，而且是举家唯一的一口锅，被砸的时候，具有轰动效应。

讲古记

jiǎnggǔji

“说古记，道古记，南边来个老母鸡。下了十八个蛋，孵了十九个鸡……”这则童谣妇孺皆知，广泛的程度根本无法形容。童谣是奶奶用来哄孙子的，你这样唱他也这样唱，可没人探究童谣的内容是什么意思。后来我发现，这里是个脑筋急转弯。十八个蛋，为什么孵出十九个鸡呢？哦，是连老母鸡一起算上。我把我的研究成果讲给老叔听，老叔却说不是那么回事。他说童谣里的内容是说讲古记的人都是瞎掰，天上一脚地上一脚，有影儿没影儿的事都敢胡说八道，十八个蛋孵出十九个鸡，是说讲古记的嘴上无德，什么都敢说。我刚要点头称是，忽然想起老叔也是曾经讲古记的人，他是我们生产队有名的古记大王。他之所以这样说，有自嘲的成分。

“讲古记”其实就是讲故事。但严格地说，好像又与讲故事不完全相同。什么事情到了乡间，就像鸡蛋住进腌坛子，不变个味才怪。我好好找了找它们之间的区别，故事大多来自书本，古记则多是来自民间传说。民间传说的故事少才子佳人，多妖魔鬼怪：狐狸精、长虫精、耗子精，应有尽有。所以小孩子听古记是要做噩梦的。我记得一个最著名的古记是人如何变成妖怪的，那个妖怪的名称叫顸（hān）木。据说人死以后不能晒太阳，晒了太阳就变成顸木，而且会吃人。故事中的顸木是男性，所以专门吃女人，当时村里几家都死了三十多岁的小媳妇，整个村庄惶恐不安。后来找了许多人与妖怪斗法，都输了。后来有个小小子做了个梦，梦见有个仙人点化他，说把变成顸木的死人放到火里烧，那死人就不会作怪了。许多故事就是这样一个蓝本，有善恶，但无主题，亦无意义。这样的故事在乡村到处流传，有的甚至流传了几百年。

乡村的色调总是灰的。尤其是冬天的乡村，那样漫长的夜，如豆的一点灯火，寒风从墙缝里钻进来，骨头都是凉的。在那样的夜晚诞生的或传诵的故事，注定都是带些寒意，而那些寒意也很有诱惑力。每晚粥喝不利落，就往生产队的饲养场跑，不但能省下家里的灯油，还能听来一耳朵稀奇古怪。讲古记的老叔就是一个很受欢迎的人，他识些字，看得懂书，他把传说与书上的故事嫁接，就衍生了新的故事。下地干活，老叔要在中间一垄，好让前后左右的人都听得见。

小时候听到的那些古记都忘记了。我认真地去想，能想起来的真是少而又少。弟弟小我三岁，我清楚地记得每晚我都要讲古记把他哄睡，然后我再自己去玩。哄着了小弟我会非常有成就感，第一个告诉母亲，第二个告诉姐姐。很有一段时间，小弟不听古记根本就睡不着觉。我专讲那些吓人的古记，小弟爱听。小弟大大的眼睛望着屋顶，一点都不害怕。反而是我自己有点毛骨悚然，走夜路总觉得身后有什么东西跟着，不敢回头看，但又不敢不看。还做梦梦见了自己变成了狐狸精，狐狸精都是曼妙的女子，聪明、智慧。想来那个时候我对曼妙的女子是有想法的。我把有关狐狸精的梦加工一下讲给小弟听，小弟照样听得有滋有味。有一段时间，我就那样边编边给小弟讲，讲些什么都忘了，但那黑洞洞的屋子和有些鬼蜮的氛围，闭眼一想就在眼前。

有个老奶奶信佛，在她家的套间里有个秘密的佛堂，供奉着观世音。我和几个伙伴好几次都想把那个佛堂给毁了，把封建迷信那一套扔进历史的垃圾堆，可总也下不去手。老奶奶没有儿女，没事我们就坐在她家的大炕上，听她讲古记。她的古记都与观世音有关。我们明明知道那是骗人的，还是很爱听。有一次，我撞见了她正在给观世音磕头。我见不得那一套，想拽她起来，她却把我摁在蒲团上，说观世音就在这屋里，让我赶紧许个愿。观世音到底把我吓跑了，当时我看见她家高高的屋顶上有片亮光闪了闪，是谁在外面晃镜子，可我以为是观世音现形了。

那些古记流传下来也许是糟粕，可有的时候想起来，还是觉得很怀念。

开裆裤

kāidāngkù

我有理由相信，发明开裆裤的一定是乡下某个手巧的妇人。开裆裤是为了方“便”，而最能方“便”的地方，是乡下的房前屋后，或炕上地下。乡下炕是土炕，地是土地，对“方而便之”有无法言说的好处。土地对肥料有一种奇怪的接受力，除了改变土壤构成的需要，对肥料本身而言，也有一种包容和改变。我不知道这样的表述有没有接近我所要表达的意思，打个比方。一块水泥地板和一块土地，被孩子尿了同样一泡尿，结果会如何呢？结果肯定是不一样的。土地很快就会把尿液吸收，然后就是装作一副若无其事的样子。如果碰巧那里有一粒种子，还能催生种子发芽并茁壮成长。水泥地上除了画幅地图，还有挥之不去的气味，如果恰是阴冷潮湿的天气，那地图和气味不知要存活多久。如果水泥地和土地可以代表城市和乡村的话，对接受方“便”的程度而言，该是不言而喻的。

这大概就是我对这个问题的想法。

如果做一个假设，开裆裤是晚于裤子出现的（其实一定是这样），那么猜测它有如下诞生的理由：乡村的孩子很小就能脱离父母的视线，会走路就会串门子，他们自己“方便”的机会多。乡村的孩子衣衫短缺，更换的难度更大。诸如此类。某个母亲在情急之下突发灵感，把裤子剪开一条缝儿，于是开裆裤诞生了。事情一定是这样。诞生的年代无考，许是在孔子之前，许是在孔子之后。之所以用孔子做参照，是因为我和一个乡邻探讨这个问题时他随口说出来的。他年纪已经很大了，只读过很少一点书。他说孔子也是穿过开裆裤的人，一直穿到七岁。这个话题简直令我兴奋。我问他是听谁说的，潜意识中，我觉得这如果是个传说也好。可他说是自己猜的。他说孔子也是人，是人就该穿过开裆裤。说了这话，他就举着羊鞭去放羊了。当时正是朝霞满天的时候，他走在霞光的金辉里，我觉得他就像哲人一样。

之所以想到写这个题目，与我对开裆裤的看法有关。无论是在城市还是乡村，它一点也看不出快要消失的样子。商店里形形色色的婴儿衣裤，无一例外都是开裆的。可我一点也不以为这个发明有多好。我觉得这关乎一个孩子的尊严。无论男孩还是女孩，尊严都不该与暴露无关。尤其是给婴儿在大庭广众面前把尿，真的是颜面扫地的一件事。有一次在火车站，我听见一个女孩对妈妈说，但愿我小时候没穿过开裆裤，丑死了。她的旁边就是一个旁若无人把尿的女人，女孩的话把尿的女人听见了，但她无动于衷。女孩的话却触动了我，我当时好好看了看孩子裤子的位置，假若不是开裆的，即便把尿，也是可以遮羞的。我想大人也没有权利随意暴露孩子的私处，不要以为他（她）们小，就可以置他（她）们的尊严于不顾。

有一件事情刺激了我。我住的北面有一条干线铁路，每天有拉砂石料的两趟火车通过。这里没有盖住宅楼之前，我们经常沿着铁路沿线散步。铁路两侧有许多观赏树木，入秋时节叶子红红绿绿，煞是好看。自从这里成了建筑工地，就少有人走动了。有一次我无意中走到了那里，才发现一公里长的铁路都成了露天公厕，其实真正的公厕离铁路不足50米，可居然有那样多的人愿意以那样一种方式“方便”，让我闭上眼睛，随时都能想到那一公里的恶臭扑鼻。

国人喜欢“方便”的习惯我甚至觉得与穿开裆裤时的意识有关，区别只是知道长大以后要避一避人。我们总不能在自己的意识中建立一种铁的秩序，比如等红灯，只要路口无人，心就蠢蠢欲动。乡村的小孩子，至少在学龄之前是可以随意大小便的，所以家家的院子里放着一把铁锨，锄“便”用。养狗，给孩子舔屁股。我对开裆裤的好处总是视而不见，它给人提供的那点便利，我很有些看不上眼。

姑姑鞋

gūguxié

在车上，同行的一位村里的大哥刚看了我的一组稿子，说我写的远远不多，不够。他说你写的只是你经过见过的，还有你没经过见过的，在你记事之前就已经失传了。比如“姑姑鞋”。我先确认了这三个字的毫无差错，然后才承认大哥说的真对。我不是不想写，是很多素材采访都采访不到，只能碰。就像今天大哥遇到我，想起了“姑姑鞋”的事，如果是我上门采访，大哥还不一定一下子就想得起来。

在我们家乡一带的方言中，从没有两个字被重叠使用的。比如我们叫爸，叫妈，而不是叫爸爸、妈妈。小孩子起名字也是这样，名字都是单字，叫什么后面都加个头字。比如，燕头，珍头，等等。重叠的名字透着洋气，所以不入主流，你若起那样一个名字，人家会说你酸。大约是20世纪80年代中后期，随着生活的日益开化，才有孩子起重字名。所以“姑姑鞋”的称呼首先使我有兴趣，我没想到在我们这块土地上也有这样洋气的叫法，而且是对鞋子的称呼。我还觉得，“姑姑鞋”比皮鞋布鞋凉鞋胶皮鞋的称呼好听多了。

我在村里的一位婶子家找到了一双“姑姑鞋”，是她婆婆留下来的，胡乱装在一个纸盒子里。“姑姑鞋”只有一只手掌大，帮高，头尖，底软，像是一双小脚姑姑鞋。“姑姑鞋”其实就是鞋子的模型，旧时候没出嫁的闺女学女红做的。据那位年近七十的婶子说，过去她家有许多“姑姑鞋”，都是婆婆出嫁时从娘家带来的。婆婆女红好，做了半柜头子“姑姑鞋”，经常给人炫耀。后来丢的丢扔的扔，留下了这一双，是想给后人做个榜样。哪里想到做鞋这样的事情也会传不下去，婶子的孙女也到了学女红的年龄，看见“姑姑鞋”就像看见了怪物。

这样说来姐姐也是做过“姑姑鞋”的，只是鞋子像脚一样大小，能穿。我奇怪过去的年月物资匮乏，还有多余的布缝那种只能看不能穿的“姑姑鞋”。难怪“姑姑鞋”这样的称呼早夭，说不定就是因为与它造成了浪费有关。我记得姐姐的第一双鞋子就是给我做的，黑灯芯绒面，方口，脚面上横一道襻，一端有个“曰”字形的鞋划子。虽也帮是帮底是底，但两只鞋子放在一起，都是直脚而非认脚，穿哪只脚上都行。当时我已经上了初中，很多同学对我的鞋子感到好奇，问我是不是脚有毛病。我的脚怎么会有毛病呢？充其量鞋子有点毛病。鞋子虽然有毛病，但能穿，而且穿上也不硌脚。鞋子的功能大抵如此。那双鞋子我穿了好久，直到穿烂，才换了新鞋子。只要不硌脚的鞋子都是好鞋子。我当年就是这样认为。

这样的鞋子其实也是“姑姑鞋”，只是乡间没有人这样叫。因为没有人这样叫，所以我才不知道，姐姐也不知道。姐姐初中毕业，和她年龄相仿的人，大都没上过学。我还记得她们在油灯底下做针线的情景。她们缝制的那些东西，也不都能做成型。帮大了底小了，鞋子缝到一半，说什么也绱不圆，只好弃之不用。她们都是未婚姑娘，连婆家都还没有。鞋子缝得好自然喜出望外，缝不好也不气馁，找旧布打夹纸，再缝。姑姑鞋只存在于那位大哥一茬人的记忆中。大哥今年不到六十岁。

后来姐姐又做了数不清的鞋子，其中给老舅做得最多，因为老舅是单身。有时一气儿就做两双，单一双，棉一双。有方口，松紧口，还有气眼鞋。姥姥家的舅妈们都夸姐姐的手工好，做出的鞋子像买的一样周正。那个时候我已经迷信商场出售的鞋子，后面带一点跟儿，鞋面也不再是灯芯绒的，而是针织品，柔软轻便。

我差一点也做成一双“姑姑鞋”呢。我高中毕业那年的暑假，到生产队参加劳动。我特别希望自己变成队里的那些劳动妇女，她们不能干的，我能干。她们能干的，我都能干。我让妈给我粘鞋底，每天都早早到上工的地方抢占地方，像别人一样刺啦刺啦地纳鞋底。鞋底一般都是四层夹纸粘的，齐牙牙。底子钉到一半，我就发现总跑偏，四层夹纸争先恐后往外挤，快要形成台阶了。再加上针脚大大小小极不均匀，底子被我扎得像烂泥塘一样。嫌丢人，那双鞋底被我藏得不知去向，而且以后再没勇气做针线。我想，如果我像婶子的婆婆那样做半柜仓“姑姑鞋”，鞋底就不会钉成那样，我也会成为女红高手。而婶子的婆婆若是把鞋底钉成我做的那样，说不定会让婆家休回去。

谁让咱赶上了好时候呢。

盘 缠

pánchan

“盘缠”准确的含义是路费，可路费的形式五花八门。富人出门远游带黄金白银，穷人的盘缠则可能只是几个饽饽或面饼。20世纪30年代闹饥荒，奶奶拖儿带女到北京去找爷爷，家里实在拿不起盘缠，只得到娘家去求助。娘家父母早亡，只有哥嫂。哥哥撩起衣襟大概想掏几文钱，却被嫂子挡住了。嫂子说，家里也遭饥荒呢，没钱，有仨萝卜。你们娘仨一人一个，省着些吃，能吃到北京。

北京离我们家乡100公里。那一年，父亲八岁，姑姑十岁。那年月没有交通工具，就靠两只脚板。三天以后，他们走到北京时，奶奶的兜里还揣着半个萝卜，那是应急的。

盘缠经过岁月的打磨和分解，又派生出其他含义。这是我写这篇小文的主要动因。夏天的午后经常去河里洗澡，该上学了，顿觉腹内空空。回家吃些中午的剩饭剩菜，这也是盘缠。大人是顶烦孩子盘缠，嫌浪费粮食。午睡的时候出去淘，大人本来就火着，再淘空了肚子，大人不烦才怪。退一步说，如果是自己家的孩子盘缠，还有情可原。门外墙根底下也许还等着一溜人，像小燕一样张着嘴，等着喂。我印象里，那个时候吃的最多的是豌豆饼。现在想一想，豌豆饼多香啊，像饼干一样，只是不如饼干脆、甜。豌豆饼噎人，要是一口吃急了，脖子抻长老半天，都未必咽得下。我们没有谁爱吃豌豆饼，但从河里游水回来就不一样了，肚子瘪成了大坑，看见板凳都想咬一口。饼就在碗橱里，想拿到却不容易。妈听见我们回来，摇着芭蕉扇在堂屋门口坐着。午饭她通常多做一些，晚上可以省些事，被我们叼了嘴，她的损失是双重的。所以她宁可不睡觉也要看着我们。到别人家里也是这样，记得有一次，该二平回家找吃的，她妈举着烧火棍追打她，骂她傻，把家里的东西给别人吃。烧火棍远没落到二平身上，二平就开始鬼哭狼嚎。我们在墙脚哧哧地笑，知道二平这是在演戏，戏演足了，二平她妈就不管她了。

那个时候的女孩子，也没有多少性别意识。像男孩子一样，淘起气来花样百出。就说这盘缠，我们就动了不知多少心思。剩饭剩菜原本放在碗橱里，妈看着嫌烦，就在堂屋的顶棚上挂了一个钩，把装剩饭剩菜的篮子吊了上去。这样的好处是，不仅孩子够不着，老猫也够不着。当时我们家养了只老猫，仗着自己有几岁年纪，也偷馋偷得厉害。妈把篮子挂到屋顶上，安心回屋睡觉。老猫没奈何，仰着脸冲篮子“喵喵”叫，小黄眼珠上一眼下一眼测试高度，身子耸了几耸，做窜跳状——到底还是灰了心，拖着尾巴走了。我们就不一样了，没有什么事能难倒我们。踩着筐，登着凳，或者一个人骑到另一个人的脖颈上，就可以把篮子摘下来，把食物取到手，再把篮子挂上去，篮子看上去纹丝没动，其实里面已空空如也。虽说晚上免不了遭顿骂，可那是晚上的事。那么遥远的事，不会有谁放在心上。

那只老猫后来掉进了井里。它在井沿上空扑麻雀，把自己扑进去了。我们比老猫聪明多了，没有东西可盘缠的时候，我们就到园子里的树上去摘青桃青杏。里面的核用手揉一揉，还可以孵成“小鸡”。有时也被人家追得鸡飞狗跳，但总不会有生命之忧。

只是此盘缠会是从彼盘缠那里演变来的吗？我有些拿不准。查阅了很多资料，访问了很多人，有人说是，有人说不是。盘缠不应该与吃有关，望字生意，是一目了然的。可中国汉字的峰回路转有时也是防不胜防，一个“白”字，在古意中据说就有一万多解，我们现在所认知的，不过九牛一毛。

乡间的很多词语来得智慧，这我在前边的一些文章里曾经谈过。有些词语注定会在历史的长河里湮没，连影子都不会留下。一同湮没的还有那些方言土语。现在的中学生，就很少用方言土语讲话，他们嫌难听。说真的，我们也觉得家乡话不好听，自觉不自觉中，都愿意说普通话。但这不影响我们热爱家乡的传统文化，那些曾经在我们的生活中出现过的东西，我们怀念它。

上马子

shàngmǎzi

连字典上也没有相应的解释，那一定是我们这一方的土语了。三十岁以上的人，大概还都记得“上马子”是怎么回事。一个长方形的口袋，中间部位开口，两端各成一个袋子，分大小两种。大的可以搭在肩上，小的可以挂在腰带上——这不是褡裢吗？翻开现代汉语字典，果然解释得一丝不差。这才明白有些物品在我们这一带名声很响，其他地方却没有，比如汆子。有些物品其他地方也有，但人家换了一种称呼，比如“上马子”。褡裢比上马子从字面上看的确文雅了许多，但我认为远没有上马子来得生动准确。

最早的被称作褡裢的上马子，其实是长途贩运的人发明的——当然这是乡间的说法。我的本家爷爷望九的人了，读过几年私塾，喜欢说文解字。他说出的话，我们都当真理听。上马子驮在马背上，一边盛水和食物，一边盛散碎银两。马鞍就坐在上马子上，人在上面骑着，两条腿自然而然贴在口袋上，神仙也偷不走上马子里面的内容。大约是到了目的地，上马子便移到了人的肩膀上。人走到哪里，上马子就跟到哪里——这就给上马子离开马背打下了基础。后来上马子被移植到家常生活中，成了一个历史时期内人们赶集上店、走亲访友重要的随身物品。如同现代女人肩上的包，如果把两个包连在一起，搭在肩上，其实也是上马子。

早期的上马子，都是蓝的或黑的，是那个时期染料特有的颜色。有个网友在网上给我留言，让我专门写写染布。我觉得北方染布工艺简单，不怎么值得写。就是把锅里的水烧热，把染料倒进去，搅拌，然后再把布放进去，揉搓。染出来的布也是阴一块阳一块，不像南方能把布染出花来，竟然还有蜡染这样杰出的工艺，让天下的女人迷恋。普遍使用上马子的年代，布是家里的纺车拉出的线织的，棉花是家里的田中长出来的。开始缝出的上马子当然是棉花白，稍稍讲究的人家，才会把上马子染成靛青或靛蓝。再讲究些的人家，会把上马子大小缝出几套，以适合不同的年龄不同身份的人使用。

走村串巷的货郎，上马子是用来装货物的。前边是花红脂粉，后边是针头线脑。我爷爷从十九岁第一次当货郎，走的是兴隆那一线。积下几个小钱，上马子就变成了“一担挑”。拨浪鼓还是那个旧的，“不楞不楞”一响，大闺女小媳妇就开始坐不住炕。上马子换成了小的，挂在裤腰带上，装钱。外边还挂一条汗巾子，遮着。后来我爷爷还闯过关东，沿路边买边卖。那是兵荒马乱的年月，有一次他的背上生了碗口大的疮，货物都遗失了，可他捂紧了上马子里的钱，有钱就有饭吃，就能寻医问药，这才拣回来一条命。

村里有个关于石娘笑话，还是我小时候听说的。石娘有一堆儿子，都被人招了养老女婿，因为家里实在太穷，连耗子都养不起。石娘和石爷这一辈子，石娘吃肉，石爷喝酒。有个卖麻花的肩上扛着上马子，每次走到石娘家门口，便一声接一声地吆喝，不把石娘喊出来不罢休。左邻右舍都听石娘院子里的动静，说上马子又来了，石娘又该坐不住炕了。石娘也知道有人在看她的笑话，可石娘稳不住自己，卖麻花的一声接一声地吆喝，石娘的魂就被一丝一缕地叫走了。家里没有钱，石娘就用粮食跟人家换。每到青黄不接的时候，石娘家里就揭不开锅，一家人四处撒目找吃的，看见石头都想咬一口。后来石娘去世了很多年以后，人们笑话嘴馋的人，还这样说：上马子来了。

有一段时间，上马子与我的生活密切相关。我偶然发现送信的老吴后车座上放着上马子，里面插着许多报纸和信件。我那时住在村里，往来稿件都在老吴的上马子里。说来惭愧，那时的稿件，多半是怎么出去的，又怎么回来了。老吴和老吴的上马子，既盛着我的希望，也盛着我的难堪。有一次，我的一首处女作小诗发表了，人家就给了一块钱稿费。广播喇叭里当好事嚷得全村人都知道，让我去大队领稿费，我没去。后来还是老吴把稿费送到了我家里，按规定，他收了五分钱手续费。真正到我手里的只有九毛五分钱。我羞愧得不敢抬头看老吴，可人家老吴说，这九毛五买二斤油饼有富余，够全家人结结实实吃一顿。说得我喜笑颜开。

那时的油饼是四毛五一斤。

打夹纸

dǎjiāzhi

穿过家人做的布鞋的人，大概对一双鞋子的工艺操作流程不陌生，而且地域与地域之间的差别并不大。我是通过看影视作品得出这一结论的。比如，纳鞋底。影视剧里经常有女主人公纳鞋底的镜头，不管是现代题材（描写改革开放前的内容），还是革命历史题材（描写战争年月的故事），这样的镜头都不在少数。鞋底在有些地方又称“千层底”，我一直弄不清楚这是一个什么概念，千层指的是什么。当然我也想到这也许是一个泛概念，也许跟我领会的纳出来的鞋底根本是两码事。

甭管鞋底和鞋帮，都要有硬度。鞋底硬了耐磨，鞋帮硬了挂得住脚。最早的鞋形都是方口或圆口，或“V”字形倒过来，俗成“老头乐”。如果鞋帮只是单层布，就显得瘪塌塌，一是与鞋底不配套，二是脚趾头很容易从鞋子里面钻出来。那时候做鞋都恨不得把鞋做成铁的，一年一年永远穿不坏。如何能把鞋做得结实，大概是一件挖空心思的事。

鞋子的硬度好，就与打夹纸有关。

打夹纸不知道是哪一个祖先女人（祖先不一定是男的）发明的。先把一些废旧布头[乡下俗成“铺着（zhe）”]码放整齐，用水喷湿，然后用马勺打糨糊。打糨糊也有讲究，白面黏度好，打出的夹纸并不好使，用针扎上去是涩的。就算不涩其实也不舍得再加白面，分的那几斤白面，都打不了几板夹纸。糨糊一般都用棒子（玉米）面、高粱面、杂面（豆面），各用三分之一搅和在一起，打出的夹纸是脆的，纳底子时省好些力气。糨糊不能太糨，太糨抹不开。不能有疙瘩，疙瘩硬起来可不得了，能把针条崩断。一切准备就绪，就把门板摘下来，平放好。先把一层糨糊抹上去，贴上去一层毛头纸，然后再抹糨糊，然后再一层一层把布铺上去。一般铺到第四层，一板夹纸就算打好了，涂上最后一层糨糊，搬到阳光底下去晒。

越晒夹纸越锃光瓦亮，晒干晒透时，硬若生铁。比对鞋样剪下来，周遭沿上白布边，就是鞋底的形状了。五六层夹纸粘在一起，再用线绳纳起来，就是完美的一双鞋底了。

鞋帮只需一层夹纸，夹纸外面包上灯芯绒，就有模有样了。门板那样大的一块夹纸，大概能做两双鞋。大人的鞋和孩子的鞋不一样，男人的鞋和女人的鞋也不一样。就以鞋底为例，男人的鞋底如果用六层夹纸，女人则用五层，小孩子最多用三层、四层。物资匮乏的年代，什么都得精打细算，日子在哪里打个褶皱，生活就无法圆满。

打夹纸的布，越旧越好。旧布柔软，伏贴。当然最好是纯棉的。打夹纸的年代，乡下人身上的夏单冬棉都是百分之百的纯棉制品，穿破了，就被断成块，成了打夹纸的“铺着”，然后成了鞋帮、鞋底。缺“铺着”的时候，连旧鞋的鞋面也要拆下来，洗净晾干。后来有了的卡、的确良，布的表面光滑，不起褶皱，让人穿起来欢欣鼓舞，可却不是打夹纸的好材料。也就十几年的时间，纯棉衣物几乎从我们的日常生活中消失了。好在那段时间人们也无须再打夹纸，家做的布鞋成了“土”的符号。我的第一双机制布鞋是托别人从200里地以外的地方捎来的。绿针织面，柔软、轻便，带一点跟儿。村里要好的姐妹排着队来我家看鞋，也就看出当时人的心态。家做的鞋子再好，不时兴了。大家更愿意跟着潮流走。潮流是一个有诱惑力的东西，不管对不对，不管好不好，谁都想赶一赶。

鞋子还曾经是定情物。如果哪个大姑娘在黑灯影里做鞋子，唯恐别人看见，那一定是给情郎做的，我们这里称作对象。我们队里有七八个大姑娘，有时候她们坐在一起做鞋子，研究心得。没定婆家的人，入不了她们的圈。最早的松紧口鞋就是先从她们手中流传开的。这几乎是一场革命。如果说方口、圆口、倒“V”字形的鞋子透着老派，松紧口鞋就是透着年轻。她们给情郎做，也给自己做。结婚那天要“装箱”，单鞋棉鞋都要做几双，放到箱子里，被送彩礼的人抬到婆家，敞开箱盖，好让婆家的人看看新娘的手艺。队里没结婚的小伙子，如果哪天穿了新鞋，脸上憋不住地想笑，脚抬得高高的连路都不会走，那鞋一准是对象做的。地头歇工时，鞋子会被队里的姑娘扒下来，举在空中研究个透。嘴上说看别人的手艺，心里却在比对自己的手艺。虽然那个人与自己毫不相干，也愿意从鞋子上找出瑕疵。

踩 垛

cǎiduò

四婶是队里“踩垛”踩得最好的人。四婶是女的，但没人拿她当女人看。身量也不是很高，但很壮，手大脚大。整个麦捆子喂进机器屁股里，从探出去的嘴里边吐出来便是花秸和脱光了衣裳的麦粒。麦粒堆在那里不出数，几百亩地的麦子脱出的麦粒顶多堆成像山那样的一堆。可脱出来的花秸你知道能有多少吗？花秸不同于麦秸，麦秸是不入机器之前的叫法，杆儿是圆的，有叶儿。被机器碾上一遍就不一样了，轧扁实了，光溜了，可也暄蓬了。扎扎乎乎堆在那儿，一会就起了一座山。如果不及时把花秸垛成垛，一会儿就会把场院堆满。所以场头这个时候就会招呼四婶：四娘们儿，该你踩蛋了！四婶回骂场头，嘴上一点也不软。他们逗起来没老没少没辈分，动动嘴那是轻的。有时候场头说话太出格，四婶丢个眼色，几个女人一拥而上，把场头的衣裤扒净是常有的事。

踩垛也是技术活，而且不同于一般的技术活，稍有差池，把垛踩倒了，半天的活就白干了。也有人不服气，自告奋勇站在花秸垛的底座中心，挥舞着叉子干得煞有介事，还没起半层楼高，人就晕的不行了。花秸弹性好，人站在上面像凉粉一样颤。两只脚只能抬起放下，不能左右移动，否则也许会把花秸垛踩翻。再看垛了半截的花秸垛，人就脸红得要不得，像草鸡窝一样，连一点形儿也没有。谁想踩蛋就能踩蛋？你长（鸡）冠子了么？场头嘟囔着，光着脊梁贴着花秸垛蹲下去，等着四婶踩他，他是要用肩膀把四婶送上去。花秸垛看上去不高，可爬上去不容易，花秸一团一团地往下掉，人如果死气白赖往上爬，非把花秸垛爬成平地不可。四婶自然知道自己的分量，不肯轻易往场头的肩上踩，踩上去也不肯轻易让他把自己举起来。其他的女人和四婶一起喊号子用劲，惹得场头没好气地说：“托个老娘们竟像托起座山一样。”

四婶三下五除二就把上面的花秸铺摆匀称了。她这里挑挑，那里挑挑，看上去一点都不用力，蜻蜓点水一样。可花秸垛在四婶的调教下一尺一尺升高，像大灯笼一样有形有款，且瓷实得撕都撕不动。花秸垛柔软地像棉花团，没了她的腿，四婶露着上身半横拿着木叉高高在上，从下面看上去，就像戏里的人物。花秸垛像灯笼一样，中间是鼓的，再往上就要收顶了。要一点一点收，收出橄榄形，花秸垛才漂亮好看。上面罩上苫布，四周都是坡度，才不至于漏雨。场院上垛满了这样的灯笼垛，有十几二十几个。路过的人都说，这是谁踩的垛，能把花秸垛踩成这样，得多大的本事！

四婶还会被别的场院借走。别的场院借四婶去踩垛，也会打发个人来给四婶顶工。可以想像得出，四婶在别人的场院也是一呼百应神气十足。来顶工的人却惨了。一个村里住着，谁跟谁都认识，但认识跟熟悉是两码事。彼此熟悉的人都是鱼，认识的那个就是鱼群里的虾，不管怎么努力，都变不成鱼的同类。顶工的那个人像受难一样忍受煎熬，不是挨欺负，而是受冷落。甚至连受冷落也不是，别人说话你答不上言儿，别人笑翻了你不知所以，都是你自己的事，不关乎别人。好在四婶也就出去三五天，人回来脸上都是神采。而那个人则像遭遇大赦一样惶惶然，都不知道如何打招呼说再见。四婶回来会带来礼物，几根冰棍，或一捧瓜子。女人们手底下无论做着什么活计，都扔下叉子扫帚扑向四婶，剩下场头一个人站在太阳底下，连骂带卷地喊女人回去干活，明明知道没有人听他的，也要过过嘴瘾。

有一年，场院里布满了四婶垛的花秸垛，忽然着了一把火。那些花秸垛大灯笼转眼就成了一蓬炭火，通红通红，像熟透的柿子。炭火逐渐转黑了，就像支撑灯笼的骨架轰然坍塌了，顿时灰飞烟灭，天空像飞上去一片褐色蝴蝶，把太阳都给遮住了。因为粮食没受损失，大家虽心有余悸，可也觉得有惊无险。没提防，四婶忽然冲过去，一屁股坐在花秸垛旁，号啕起来。场院那么多的人，只有四婶一个人哭，哭声很凄惶。人们拉也拉不起，劝也劝不住，有人戏谑说，火里又没烧着你家孩子，哭个啥。不料四婶用手一指，说那些花秸垛都是自己的孩子，把大伙都笑翻了。后来四婶就落了话把儿——把花秸垛当孩子，在人们的嘴边流传了很多年。

盖 顶

这块盖顶是集市上买来的，也不知是谁的手艺。想来一定是白发苍苍之人，戴着老花眼镜“系”成的。它戳在锅台上的样子，与许多年前没区别。只是那个时候的锅台上没有这样亮的瓷砖。

gàidìng

写下这两个字，连自己都觉得有些陌生。“盖顶”是这样的写法吗？先说它的功用，给缸给盆给锅做盖儿，做盖儿就要顶在上面，可不就是这两个字。甭管锅盖盆盖缸盖，我们家乡一律称它们“盖顶”。盖顶有木头的、铁的、铝的，当然还有后来不锈钢的，还有说不清什么金属材料制成的，它们都是从秫秸盖顶演变来的。因为在我们小时候，家家锅上盆上缸上顶着的都是秫秸盖顶，连个差样儿的都没有。

盖顶是高粱穗子下的那一段莛秆缉（qī）成的。在我们家乡，做盖顶用针用线却不说“缝”，而是说“缉（qī）”。那种高粱秸秆可不能烧火用，它是那个年代能进入流通领域的“商品”，浑身是宝。它能长三四米高，红穗子，碾出的米是黏的，磨成面可以做黏火烧。穗子长得很散，但鸟不弹（吃）。每颗高粱粒上，都有触角样的两根须，鸟吃扎嘴。成熟时红着脸耷拉着头，像喝醉了的汉子。秫秸长得那样长，肯定要派大用场。收割后的庄稼都在街头随意码放，大秫秸却要靠墙单摆竖开站好，透风、采光。干透了整整齐齐捆起来，拉到市场上去卖。大秫秸可以吊新房的顶棚，用起来非常爽手。密密实实地在屋顶铺排平整，用麻绳勒好，外面抹上泥和白灰，新屋子就这样落成了。

盖顶都是在我奶奶的膝盖上诞生的。她先把莛秆选好，粗细长短一致，色泽金黄没有虫眼儿。有骨节的地方用小刀一点一点地修理光滑。然后便一根一根地放在腿上，用线绳串起来。莛秆横一根竖一根，十字交花向两边伸展。针只能扎在莛秆的底部三分之一的地方，扎少了不行，线绳会从莛秆里面粘出来。扎多了线绳会在表面浮着，不美观。莛秆长些，盖顶就做大些。反之就做小些。大的盖顶盖锅，盖缸。小的盖顶只有碗口大，盖鸡蛋坛子或盛米和面的瓮。假如烀一锅白薯，白薯熟了以后，盖顶吸收了足够的水汽，沉得一手拿不动。但干起来也很容易，因为莛秆瓤儿甚至能“呼吸”，轻易就能把水汽“吐”出去。印象中，盖顶总在锅台上戳着，从没特意晾晒过。

每到秋末的日子，奶奶就整日在炕头上盘腿坐着，缉盖顶。缉完我家的，再缉别人家的。那些人家只把莛秆抱了来，放到我家炕上，说上几句恭维的话，人就不见踪影。那些恭维的话，不外乎称赞奶奶盖顶缉得好，自愧不如之类，让奶奶很受用。其实父母都知道，很有些人自己的手艺不比奶奶的差，她们只是来占奶奶的便宜。但这样的话奶奶不爱听。奶奶说，自己年龄大了，除了这点手艺，也干不动别的了。既然能帮着别人多缉几块盖顶，别人就可以多干些别的活，有啥不好呢？我那样小的年龄，都知道父母的话跟奶奶的话不在一条道上，可奶奶听不懂。奶奶把盖顶缉完，还要一家一家给人送。奶奶收到了足够的褒奖，多皱的脸上，会冒出光来。

一般的盖顶是圆的，但也有方的。盖顶除了做“盖儿”这一功用外，最常见的另一种功用，就是把包好的饺子一圈一圈摆上去。锅里的水烧开后，饺子顺着耩秆的方向往水里出溜，一点也不带粘的。现在乡间还在应用这种功能，但盖顶已是遗留物，都是十几年前奶奶那辈人做的。现在这种高粱已经很少有人种了，因为不高产，也因为人们吊顶棚不再使用那种高粱秆，它的作用大不如从前了。

奶奶做出的盖顶，简直就是艺术品。甭管大的还是小的，周遭用刀切得溜圆，表面平整光滑，连个针脚都看不见。姐姐她们绣花的手，也做不好盖顶。耩秆比小手指还细，每一针都不能扎歪，针脚藏起来缝，姐姐她们都做不到。姐姐和她的伙伴们也缉出了盖顶，但秘不示人，即使妈妈不嫌她们做得丑，她们自己也不好意思往外拿。还别说缝得怎样，光是那一圈刀功，看着容易。实际操作起来，也难度很大，难怪姐姐她们自己都说，盖顶的边沿切得像狗啃的一样。

我在十年里搬了两次家，后一次搬家把旧的东西都留在了老房子里，但我带过来两块盖顶。那还是我从村庄里里带出来的，是“念想儿”。十几年过去了，它们也似新的，不褪色，不变形。按说秸秆是容易糟朽的东西，可它们的生命如此长久，想起来也令人感动。

梢门

shāomen

“梢门”两个字都读轻音，也是门的一种，它的位置一般都与院墙连在一体，护院子用。“草阁临芜地，柴扉永不关。”“年深荒草径，老恐失柴扉。”杜甫的诗中多次出现“柴扉”这两个字，我怀疑，梢门这样的称呼，唐代也许就有。只是书面语言与现实生活有距离，柴扉只能入诗，而梢门则是家常用语。

不管古代还是现代，被叫做柴扉的门都不会是厅房门或卧室门。“关门”这样的用语中“门”的含义，千百年来不会有变化。所以我认为，新华字典中把“扉”字解释成门扇的定义不准确。事实是，柴扉不是门，只是当门用而已。门的使命不是独立完成的，需门框、门墩承载其重量，固定其位置，才能使其开合自由如意。柴扉则随意和灵便得多。几块木板绑到一起，是柴扉。几棵树枝插在一起，也是柴扉。更常见的是高粱和玉米秸秆用麻绳或铁丝捆在一起，居然也是高高大大的柴扉的样子。柴扉不挡贼，甚至挡不住猫儿狗儿。柴扉其实只是一个形式，提醒人非请莫入，有些防君子不防小人的意思。

这恰是古人的处世之道。

村里几百户人家，早先只有三户人家有门楼，门楼上有瓦，称作瓦门楼。庄户人家的房子都有院子，有院子才能有门楼。但有院子的人家未必盖得起门楼。住的房子都是草房，哪里有砖瓦盖门楼呢。所以那三户人家，是村里的富裕户，儿子十二三岁就能使上媳妇。大多数人家，圈住院子的就是柴火棍儿或柳树枝儿，留给自己出入的地方，就是一块梢门。别小看这一道梢门，它也是规整一所宅院的一道护身符，其功能及意义一点也不比深宅大院的厚门板差。

我家的菜园里面有一口井，井水很甜。一条街的人都到那口井里挑水吃。梢门每天开开关关不定多少次，时间不长，就散了架。父亲用麻绳或铁丝把梢门拧紧实，又不时插些树枝进去，梢门勉强履行着义务。就因为这道梢门，父亲母亲为了许多难。谁哪天忘了带梢门一把，一群鸡鸭进去，好好的菜秧子，能被鹐得一棵不剩。母亲赌气去找人理论，可谁会承认是自己的过错呢。没有人承担过错，母亲就越发生气。梢门旁边有一棵门柱，上面栓根麻绳，梢门掩上时，梢门上的麻绳与柱子上的麻绳系在一起，就意味着里面没有人。因为赌气的缘故，母亲把那里挂了一把锁——是长圆形的铁棍锁，是坏的，根本不用钥匙，一揪就开。可锁头挂在那里，母亲一整天心神不宁。她到队里干活时，告诉别人她在菜园的梢门上挂了锁，锁是坏的，一揪就开。没有人表示有异议。可一连三天，人们都绕道另一条街上去挑苦水吃，母亲就慌了，赶紧摘了锁头，换上了麻绳。人们重又到我家菜园去挑水，还是有人忘记带上梢门一把，附近觅食的鸡鸭喜气洋洋地照吃不误。因为有过前车之鉴，母亲也不敢再有动作了，几棵菜于我家是大紧，可再大紧的菜也抵不上邻里之间的关系。

有一次，父亲给我找来了毛笔和红纸，让我写“请随手关梢门”这几个字。我当时是小学三年级。刚开始读红楼，却没写过毛笔字。我家屋后就住着一个老先生，毛笔字写得好，父亲不去叫他写而是让我写，显见得是对我期望过高。我连毛笔都没拿过，这几个字，差点愁死我。而且我不知道梢门的“梢”是哪个字，问父亲，父亲望着屋顶想了半天，他也不知道。我查字典查不到，问别人也没人知道。我问父亲就写“随手关门”行不行。父亲斩钉截铁说，不行，说那是梢门，不是门，我们不能把梢门说成门。后来上学学到了柴扉这两个字，我一下子就喜欢上了。梢门原来还有正儿八经的名字，你不上学，哪里会知道呢。

揹笆篱

bēibāle

十几岁的学生，或者二十几岁的大姑娘小伙子，除了睡觉和吃饭，除了上学或上工，余下的时间，背上都会揹着笆篱筐子，那筐子像是长在背上了一样。春夏秋冬，一年四季，拣柴、割草、挑菜，哪一样都少不得用筐装。筐是自己编的，条子是从大堤上割来的紫穗槐，是灌木，养多少年都不会成材。集镇上卖的筐，大小、模样，都差不多。看上去秀气、挺括、结实。庄户人却不舍得花钱买，他们情愿在阴雨天休假的时候自己编。于是编出的筐五花八门，多大多小的都有，多粗多细的都有。圆不圆、扁不扁，模样多丑的都有。可再丑的筐也能把地里的柴草揹回家。庄户人凡事都讲究实际，不要样儿。

真正筐的颜色，我认为应该是镇上卖的那种，灰黑色。那是山上的荆条颜色。有一句俗语形容搞写作的人：吃荆条拉笆篱——肚儿编。可见荆条是编筐的正宗材料。平原上没有荆条，才用紫穗槐代替。可紫穗槐远没有荆条柔韧、纤细，所以编出的筐又粗又笨。这与手艺无关——我现在才想明白这一点。

揹筐时，靠近后背的地方，用布条或柔韧的草缠成垫儿，两只肩襻则是废弃的鞋帮。我家的筐摞起来，能有院墙那样高。父亲一只，母亲一只，哥哥姐姐各一只，当然还有我的。我从十一二岁开始揹的笆篱筐子，是家里最小的一只，可相对我的身高来说，还是未免太大。走起路来它总拍打屁股，里面装上半筐草，人就像被衬得要往后仰去。背上揹着筐，不管筐里内容多少，邻居都会夸你，说你懂事，能帮大人干活。其实有时候我们虽然揹着笆篱筐子出去，并不正经做事。在大堤上玩够了牌，或在麦垄里翻够了跟头，才胡乱割些草，回家交差。

我哥哥糊弄父母的方法更绝，现在说起来，也把我们笑得肚子痛。夏天的中午，母亲让他去河里捞荇菜，喂鸡鸭用。荇菜喂的鸡鸭，脸是红的，下的蛋蛋黄也是红的。那是一种自然红，像早上升起来的太阳一样水亮。母亲给哥哥定的任务，是一中午捞满一筐荇菜。哥哥十五六岁，正是贪玩的年纪。他在水里玩够了，也到上学的时间了。捞的荇菜还不够一筐底，这样回家准挨批。哥哥灵机一动，把筐底朝上，倒过来揹，荇菜顶在筐底上，从远处看，都冒出尖来了。哥哥果真把母亲骗过了，隔着十几米远，母亲跟人家夸她的大儿子能干，待看出破绽，哥哥早就跑得无影无踪了。

我上初中时，学校组织学生去洼里打草。学生每揹一筐草回来，老师都抬着大秤约，然后记录在案。我无论怎样努力，一筐都只能揹三四十斤。而我们班的大个子同学，一筐竟然能揹到六十斤甚至八十斤。真把我羡慕死了。我觉得人家就跟大力士一样，一点都不怎么费力气，就把一天的定额完成了。我费九牛二虎之力，每天都要差那么三四十斤。每天都挨老师的批评，让我很灰心。同时也对这个名叫笆篱筐子的玩意儿恨之入骨，觉得连它都欺负人。高中毕业那年，我和小茹一同去参加劳动，第一天就揹着笆篱筐子去劈棒子（玉米）。刚劈上半垄，小茹给累哭了，回家了。我抱着深入生活的心态咬牙坚持着，可怎么也跟不上别人的脚步。后来我就看出了门道，筐在身上揹着，劈下一只棒子随手朝后一扔——扔进筐里是十拿九稳的，稍微用点心，就不会把棒子扔到筐外边——可那些社员身后的地上，到处都是横七竖八的玉米棒子，砸得棒子秸秆东倒西歪。这个时候，傻子也能看出他们是故意的。难怪我的筐一会儿就满，胶皮车在车道里跟着人走，可揹着一筐棒子过去，倒进车里，再揹着空筐回来，多走一趟，就多耽误许多工夫。我揹过去两筐，我的邻居一筐都还没装满，可她照样走在我的前头。私下有个要好的姐姐对我说，干活计要长眼睛，窍门多着呢。

我从1979年出版的《民间音乐》上，看到一首家乡的民歌“揹笆篱”。歌中这样写道：“揹起笆篱上了山，上山下山不一般。揹进揹出，是为了养活咱。”歌词中没提到男人揹的是什么，可既然是进山，除了揹柴，就是揹果子。揹在男人背上的筐子盛着女人的希望，这一点，我没想到。

饹豆床

gédòuchuáng

天气热了，母亲把储藏间里饹豆床拿出来，用清水洗净，用抹布擦干，放在太阳底下晾晒。家里的孩子一听要吃饹豆汤，都跳起脚来欢呼。饹豆汤像捞面一样，熟了以后要在井拔凉水里浸一遍两遍，汤条像蚯蚓一样凉飕飕的，拌上卤或炸酱，吃到嘴里，爽心爽肺。

饹豆床是木条钉成的一个“井”字型，中间部分镶上去一块铁片，铁片用钉子打眼儿。豆面、玉米面和在一起，掺少量榆树皮，醒十几分钟，就可以放到饹豆床上擦了。榆树皮起一种黏合作用，擦出的汤条光滑、细腻、柔韧，味道好。饹豆床像桥梁一样搭在锅中央，锅台一般都很矮，人弯腰匍匐着才能够得着。擦饹豆汤是个力气活，要用一只手掌不间断地使劲，把面团从钉子眼儿中挤轧下去。另一只手也不能闲着，要用漏勺偶尔推一下锅，免得汤条粘连。母亲做饹豆汤时，经常汗水淋漓地像刚从水里出来时一样。天气热，锅里的水汽蒸，再加上灶里的火烤，吃一顿饹豆汤可是不容易。

再看饹豆床下面，好看极了。汤条曲曲弯弯地像排兵布阵的士兵一样，争先恐后地往翻开的水里跳。汤条大约到两公分长，就自动断掉了。汤条像雨线一样不间断，齐刷刷，却又犹如鱼儿跃水，涟漪成片。饹豆汤属于粗粮细作，我问过母亲，如果用白面，是不是更好吃些？母亲说，白面在饹豆床上根本擦不下去，白面粘，擦下去也不成型。白面只能在案板上用擀面杖擀，白面擀出的面条是“小姐”，饹豆床擦出的饹豆汤是“丫环”。

母亲这样界定粗粮和细粮，让我觉得新鲜。这个时代当然是崇尚粗粮的时代，撇开心理上的一种趋同感，我还是觉得饹豆汤比面条好吃。而且这也是我女儿认同的一种结果。小孩子原本不喜欢吃粗粮，觉得粗粮就是喂猪的。可对于饹豆汤，她喜欢的程度一点都不亚于我。我由此得出一个

应该是村里最后一只饹豆床了。邻家大哥在那里擦饹豆汤，锅里没水，灶里没柴，邻家大哥的行为就是“秀”一下了。

结论，国人对粗粮细作的追求中，饹豆汤是一个丰硕成果。只是它没有从地域走向全国，没能被更多的人享用，让我引以为憾。

饹豆汤用料简单，工艺却相当复杂。主料玉米面和豆面就不用说了，辅料榆树皮却是一种艰难的制作过程。榆树皮分表、里两层，里面的生长层是用来做辅料的。从树体上剥下来，晾干，碾轧，用细箩担（筛），箩下的像面一样细的榆树皮，才是正经的辅料。所以你也就知道了，吃一次饹豆汤远不是想像的那么容易，要从许多天前就开始着手准备。当然这是对别人而言，母亲是把日子算得精细的人，她总是在方便的时候把榆树皮准备好，对于她来说，做一次饹豆汤就容易多了。

我小的时候，很多人都到我家来借饹豆床。别人家不是没有，是不好使。我还记得一个腿脚不好的女人，把一只脚放到我家台阶上，气喘吁吁地叫我母亲大婶子，说来借饹豆床。母亲急忙把饹豆床从后院拿过来，递到她手里。我家门前的台阶高，她蹬上来不容易。她拿到饹豆床并不急着走，表白说自家的饹豆床孔太大，擦下的汤条都有筷子粗。是家里的笨人做下的活计，做啥不像啥，哪像您家的大叔，手巧。母亲搀着她走出院子，嘱咐她不要往回送，什么时候我家使，再去拿。

我好好地研究了一下我家的饹豆床，一排十五个孔，八排。细密均匀，孔的表面光滑，像气眼凿上去的。我问母亲这张饹豆床的来历，我看它不像手工作品。它真是父亲做的吗？母亲说，是父亲做的。父亲把一块铁片放到地上，用尺子比好，用钉子一个一个地凿眼儿。说来也奇怪，那间距比机器制作的都精准。当年我就对那张饹豆床印象深刻，觉得发明它的人是奇思妙想。许多年以后，我们回家偶尔还能吃上一顿饹豆汤，那感觉，真是觉得有上帝在恩赐一样。

有一次，家人去超市买了些小食品，回来我打开一看，居然是一兜饹豆汤样的东西。我很惊奇，追问它的名字，家人却说不上来。后来我去超市留意了一下，还真的是饹豆汤，除了原材料不详，却也是饹豆床擦出来的，只是名字不是我熟悉的。饹豆汤从乡间走到城市来了，理应有更好的包装。

跟脚儿

gēnjiǎor

我从一个老先生的文章里看到了“跟脚儿”这个词。现在乡村已经很少有人这样说了，小时候那么喜欢跟脚儿的我，都忘干净了。跟脚儿的小孩子是大人屁股后头的那根尾巴，愿意带得带着，不愿意带也得带着。否则小孩子就掼着你的脚印走，你走到哪里，他跟到那里。小孩子喜欢看稀奇，所以陌生的地方都喜欢去。逛庙会、赶大集、走亲访友，不但能看稀奇，还能有好吃的东西。所以小孩子没有不喜欢跟脚儿的。大人前边走，小孩子哭叽叽地在后头跟着。大人走，他也走。大人停，他也停。大人威吓地往回走几步，小孩子就倒退几步。大人再走，小孩子影子似的又跟上来了。大人终于被粘得没办法，猛地回身一拽小孩子的胳膊，这是妥协的标志。小孩子跟脚儿就算跟成了。虽然泪珠还在脸上挂着，可脸上已经有了灿烂的笑容。也有跟不成的时候，跟出去半里地，还叫大人撵回来，颜面尽失。小孩子擦着路边往回走，边走边哭，哭得旁若无人。这样的情景似曾相识，谁没跟过别人，谁又没被人跟过呢？

记得清楚的当然是自己跟脚儿的经历。晚上邻村放电影，哥哥姐姐都各有自己的圈子，吃过晚饭在街上聚齐，然后像风一样呼啸而去。我们想尽办法跟脚儿，他们也想尽办法甩掉我们。假装蹲茅房，然后窜墙而过。或者跟我们捉迷藏，彼此联系都用暗语，聚齐的地方明明说的是东街，实际上却是西街。害得我们在东街傻傻地等。实在被我们跟得无路可走，他们会假装不去，然后再趁我们不注意逃之夭夭。其实现在想一想，哥哥姐姐不让我们跟脚儿实在是有他们的道理。路远，我们走路跟不上趟。到了别人的地盘，一般都不会有好位置，我们个子小，去了也看不见。凡此种种，可以找出若干原因。可不能跟脚儿仍然是我们心中最大的遗憾。

不知那年是几岁，因为跟不成脚儿，我饭也不吃，又哭又叫。父亲让我闹得没辙，用自行车驮着我去了邻村。依稀记得当时放映的电影是《沙家浜》，我站在后车架上仍然看不清屏幕。我从车架上跳下来，钻进人群，一会儿就和父亲失去了联系。整个放映电影的一个多小时期间，父亲一直在找我，而我一直在人缝里钻来钻去，寻找可以看到银幕的地方。整个电影放完了，我除了演员鞋上的红绒球，甚至连一张完整的脸都没看见。人群四散开去，我才发现自己成了孤独一人。我没哭，而是抱着挂电影银幕的竹竿子不放。潜意识中，我觉得抱住竹竿子就会有人管我，而不会把我一个人丢在漆黑的夜色里。

我女儿七八岁的时候，也喜欢跟脚儿，当然那个时候已经没有跟脚儿的概念了。我去北戴河开会带上了她，把她喜欢的不得了，泡在海水里，五个小时都不肯上来。回来我要去云南，把她送到了姥姥家，她晚上给我打电话，哭着喊着要回来，还说妈妈我最后看你一眼，就看一眼。说得我六神无主，心都是凉的。电话被母亲抢过去了，告诉我没事，放心吧。可我怎么可能放心呢，我们家乡有那样的传统，小孩子偶然说的话，能预知祸福。那个晚上我一夜都没怎么睡，总是猜度那句话里暗含的玄机，害怕女儿的话一语成谶。

在云南的十几天，甭管坐汽车还是坐飞机，每完成一段路程，我都会在心底长舒一口气。直到飞机在首都机场平安降落，我才把心中的忐忑告诉同行的人。事后我问女儿，当初为什么要说最后看妈妈一眼。女儿说，我就想你把我接回来，跟着你，坐飞机。把我笑出了眼泪。我说坐飞机并不是多困难的事，你想坐随时都可以坐。女儿说，我现在就想去云南看大象，你说可以吗？

对，跟脚儿的概念现在已经无法准确地体现了，我猜。跟脚儿诞生的年代，应该很少有交通工具。人们到哪里都是徒步，所以才会有跟脚儿之说。现在人们除了散步是没有多少机会步行的，而散步对小孩子又全无诱惑，你请他跟，他都未必想跟。所以跟脚儿这样一种概念和行为消失的如此彻底，就不足为奇了。

过庙

guòmiào

20世纪80年代初，我们家乡一带还有“过庙”的习俗。每年的阴历三月二十三和四月十八，是家家户户都热闹的日子。杀鸡宰鸭，请出嫁的闺女和没过门儿的儿媳妇来家里过庙。过庙与庙会有关。庙会与寺庙有关。有寺庙的地方才会有庙会，也才会有过庙这样一种团圆、喜庆的节日。旧时代稍大些的村庄几乎都有庙，供奉龙王、关羽、观音、土地、药王等等，虽也未见能保一方平安，但给一方百姓添了许多热闹，这是事实。

赶庙会的事，大抵都是在解放前了。母亲说，那时的庙会其实是女人的庙会。女人平时大门不出二门不迈，庙会这一天，则可以打扮得鲜亮鲜亮的，听戏、看杂耍、买花红脂粉、许愿烧香。午间如果不愿意回家，还可以在庙会上打尖。女人无论赶庙会赶到多晚，都不会有人笑话。这是庙会与其他日子的不同之处，平时的大小节日，女人除了围着锅台转，根本不可能有其他想法。所以庙会是女人的节日，如果不是母亲说出来，我做梦都不会想到。

女人今年许了愿，明年就要去还愿，这为明年赶庙会又找到了好借口。女人许愿的时候，肚子也许还是瘪的，来年还愿，怀里已经抱了小儿郎了。所以女人赶庙会也不是白赶，最起码在其他人眼里，有正当理由。

母亲对庙会印象最深的是粪堆那样大的一堆螃蟹没人买。螃蟹个个都有碗口大，里面还掺杂着一两只鳖。母亲和同去的伙伴谁都不知道螃蟹也能吃，远远看上去，螃蟹张牙舞爪，要多吓人有多吓人。早上去时，看见那些螃蟹在那里爬，到了午后，螃蟹就被人踩烂了。卖螃蟹的人也卖鱼，鱼论斤卖，螃蟹论堆卖。母亲说，只有村里的秀才买过两只螃蟹，回去做下酒菜。那是个与众不同的人，大冬天去河里洗脸。村里人对秀才很不以为然，说秀才是吃“虫”的人。他们管螃蟹就叫“虫”，虽然名字知道，可人们还是觉得螃蟹与虫就是一类，因为爪儿都不少。

到我记事时，已是20世纪70年代中期。村里的大庙变成了小学校，依稀记得廊柱都是大红的颜色，屋脊飞翘，门楣上有团团荷花。花岗岩的石阶很高，与院子形成了很高的落差。我们初上学时没有课桌椅，都是从墙头上拆下砖来自己搭，上面铺一块牛皮纸，就是课桌的桌面。庙里的塑像早就没了踪影，村里的老人说，庙里塑的药王，很灵验。四乡八村的人都到这里上香，即使是打仗的年月，庙会人也不少。后来庙会不时兴了，因为庙里的神像被拆除了，就单只剩下庙了。后来庙也被拆除了，就单只剩下赶庙会的日子了。过庙的习俗大约就是这样一个起源，过庙过的红红火火的年月，我们甚至不知道庙是怎么回事，不知道那天何以有鸡鸭鱼肉吃。

在过去的许多年里，中秋节和国庆节都不是吸引庄稼人的节日。因为那个时候正是农忙，秋收秋种的季节也是抢收抢种，谁都休想四平八稳。即使有嫁出去的闺女回娘家，也不是为了回家过节，而是为了给娘家帮些忙。反而是三月庙四月庙是难得的清闲时光。小麦正是灌浆时节，浇了水，施了肥，如果不起天灾，就可以坐在炕头等收成。槐树花雪一样白，村庄里到处香气馥郁，人都显得精气神十足。社员照例要去下地干活，但那活干得很是心不在焉。太阳还离正午很远，心就蠢蠢欲动，饭菜的香气在臆想中飘进鼻孔，能招来许多口水。地里的社员星罗棋布，这块地的人瞟着那块地，那块地的人又瞅着这块地，只要有人张罗收工，不用打头的发话，扛起锄头就走。在许多人的心目中，过庙是仅次于过年的重要节日。

最近几年，庙会又在一些地方兴起。舞龙灯、踩高跷、跑旱船，严格地说，这不是庙会，是民间花会。民间花会是庙会的重要组成部分，但到底与传统意义上的庙会相去甚远。过庙的习俗也踪影难寻。回想许多年前云淡风轻、合家欢聚的三月庙四月庙，那份诗意的美好，特别让人怀念。

打 尖

dǎjiān

新华字典中解释“打尖”为旅途中休息下来吃些东西（2002年增补本），显然这是指城市人口而言。过去的乡村，队里的社员很少有机会人在旅途，即便到外边走亲戚，顶多也就请半天一天的假。所以，字典中对打尖的解释显然没有把乡村计算在内。可乡下打尖的机会远比字典中的解释丰富得多。洼地离村庄远，社员到远处干活一去就是一天。中午队里派人去送饭，甭管饭菜多好，也叫打尖。乡村对打尖的理解，是相对正餐而言，是不能正襟危坐，是餐前的填补空腹。饭菜可以打尖，一根黄瓜一把花生也是打尖。

打尖的含义还可以分解成若干层含义。困难时期，奶奶为了省下一口饭，总声称自己饭前打过尖了。奶奶的纸箱盒里放着话本，她每天都手捧着话本咿咿呀呀地唱。饿得下不了地，她就围坐在棉絮里，唱。她不识几个字，唱词都是从头到尾往下囫，居然也能把一本书囫下来。从婶婶家门口儿过的人，都奇怪奶奶咋会有那样大的气力一人就能唱一台戏。她老人家去世时，肚子里只有棉花团，人轻得像能飘起来一样。叔叔顿足捶胸说，怎么就相信了你打尖了呢。奶奶假装打尖，换来了叔叔家的病孩子身强体壮。几十年以后，叔叔还对那个孩子说，你的性命是奶奶假装打尖换来的。

哥哥为了攒够自己的学费，到城里的一家砖厂去背砖，身上仅有一毛五分钱，却舍不得给自己买碗面。回来的路上，饿得实在受不了，哥哥把自行车停靠在树上，从裤兜里摸出一张卷子填进了嘴里。那是张政治卷子，哥哥得了93分。许多年后，哥哥还记得政治卷子上的某一道题是有关生产力和生产关系的。在那张卷子上，还有朱姓老师判得红颜色的勾叉。哥哥说，当时饿得实在受不了，那股油墨味闻起来也是香的，纸团吞咽下去虽然艰难，可从果腹的角度而言，还是不错的选择呢。

相对于盘缠(指吃零食)而言，打尖在饭前，盘缠是在饭后。小学生早起没吃饭，课下买些吃的是打尖。七婶子家里盖新房，上梁要赶早。木匠师傅耳朵上别着半根铅笔，蓝布小围裙在腰间一系，偶尔喝口茶水，吃口点心，——点心是房主买来给木匠师傅打尖的，放在大瓷茶盘里，油纸包着，惹得旁边的小孩子眼馋得舔嘴唇——这样的打尖，是资格和身份的象征。你只要看一眼木匠师傅喝茶水、吃点心的怡然心态，你会觉得这是天底下最幸福的打尖。邻居来串门儿，正赶上人家在吃饭，主人会招呼：打打尖吗？下地回来晚了，刚一进村，就有人打着饱嗝从堂屋里踱出步来，问，刚回来？到我家打打尖吧。甚至两个陌生人通过寒暄成了朋友，分别时也会这样说：什么时候从咱家门口儿过，别客气，进去喝口水，打打尖！

姑姑回娘家，路过一块香瓜地。她本来想跟看瓜人找口水喝，看瓜人看她风尘仆仆、饥肠辘辘，摘了几个香瓜给她，说打打尖吧。姑姑若干年后还感念看瓜人，说这一辈子，就没吃到过比那几个香瓜更好吃的瓜。姑姑有一次突然问我，你是文化人，书读得多，那个“尖”字 ，到底是什么意思？把我问得很茫然。因为我确实不知道那个字是什么意思。打尖这样一个概念，不管字典中的解释，还是现实生活中的应用，内容和形式都别无二致，可具体到一个“尖”字，就显得奥妙无穷。字典中给了“尖”字八种解释，没有一种与食物有关，所以无论想像力如何丰富，也想不透打尖如何能与嘴巴联系在一起，而且能被应用得如此广泛。

我的一个采访对象曾讲了一个极端的例子。他四岁那年，陪母亲外出寻找做地下党的父亲。正是溽热的天气，青纱帐长了起来。母亲牵着他的手横穿大洼去另一个村庄，在大洼深处，母亲中暑昏倒了，前不着村后不着店，他也不懂得如何救助，就陪在母亲身边，母亲什么时候去世的都不知道。三天以后，一辆马车从这里路过，才把奄奄一息的他救起。我问这三天他是怎么过的，他说开始就是趴在母亲身上哭。后来哭不动了，就吃了把地里的野草。要不是吃那把野草打尖，他也许早就没命了。

打尖与生命如此贴近，也让人唏嘘不已。

鸡蛋头

jīdàntóu

有一种农具叫“碌碡”，石头做成，圆柱形，用来轧谷物、平场地。“鸡蛋头”的功用与碌碡差不多，只是体积和模样像鸡蛋一样小巧，故名。拉动碌碡的是驴，人拉不动。拉鸡蛋头的是人，若用驴拉，鸡蛋头会因为轻飘而在垄沟里翻跟头。各种农具的使用方法不同，作用和功效也不一样。有一句歇后语是这样说的：碌碡打墙——实打实。碌碡是笨家伙，能把土地轧死。有些种子要把盖土轧瓷实了才好发芽，比如小麦。有些种子则恰好相反，轧瓷实了不容易出苗，比如谷子。

所以也就知道了，轧小麦用碌碡，轧谷子用鸡蛋头。

如果再比较，碌碡和鸡蛋头的材质也不一样，碌碡一般是花岗岩的，鸡蛋头则是那种被称作石灰岩的石头，青白的颜色，看上去更像一枚鸡蛋。

队里的鸡蛋头，没事的时候，就在角落里闲置。雨天淋雨，雪天披雪。鸡蛋头两边的中心位置有铁轴，被一个铁框连接，铁框的中间部位拴上绳索，人拉鸡蛋头的时候，像纤夫拉纤一样。春天该下地播种了，鸡蛋头从角落里被拽出来，跟在人的后头，咯吱咯吱，像在跟拉它的人说话。拉鸡蛋头的一般都是年轻人，如果运气好，鸡蛋头能跟一段马车。如果运气不好，一路拉着去再拉着回，肩和手会都被绳子磨出沟来。

队里拉鸡蛋头的人，差不多就是固定的。有力气是第一位的，还有一点心照不宣，都是干活稀松平常的小青年。好劳力挣十分，拉鸡蛋头的那位，可能连八分都挣不上。队里的小良子就是拉鸡蛋头的专业户，他年龄小，身量也小，可力气不小，经常把鸡蛋头拉得跟飞起来一般，好在地头歇着。队长见了批评说，鸡蛋头走得那样快，哩里歪斜，轧过的地方仿佛没轧一样，让他返工。小良子不服气，再轧时，半天也走不完一垄，比

有朋友说，知道鸡蛋，知道头，却不知道什么叫鸡蛋头。准确地描绘出鸡蛋头的样子不容易，如今乡间已经很少见到了。

碌碡滚子和鸡蛋头：把两个同样是石头材质的碌碡和鸡蛋头放在一起，就是这个样子。事实是它们原本就是这个样子待在我家的墙根底下，都成两位一体了。

蜗牛都慢。人家地都种完了，他还好大一片没轧。队长有办法对付他，让他明天再来。小良子也不言声。转天不等上工，早早就把鸡蛋头拉到了地里。队长中午来检查时，见小良子躺在树阴底下，脸上盖着麻叶，正在呼呼大睡。鸡蛋头躺在垄沟里，身上不挂新土，还是早上来时的模样。

队长奈何不了小良子，不能开除他，不能不给他工分。都是当庄的乡亲，谁都不能跟谁结死仇。还不能不让小良子拉鸡蛋头，因为，没有比拉鸡蛋头再糟糕的活计了。没有人愿意拉它，大家都认为那不是个正经活计。

队长其实知道，地里的活计，都能投机取巧。你不能要求每一个社员都像劳动模范一样。有一首歌谣是这样说的：干活磨洋工，拉屎三点钟，一天拉三遍，天黑就收工。也不知道是讽刺，还是经验介绍。用各种手法磨洋工，所有的社员都无师自通。那天，我跟大凤提起拉鸡蛋头的事，大凤笑得嘎嘎的。她说她也拉过鸡蛋头，跟伙伴一起，到大洼深处。走到地头时，太阳老高了，把人晒得冒油。第一次脱离了别人的视线，大凤和她的伙伴无比轻松。她们坐在地头商量办法，怎么才能不干活又不让队长看出来。后来两个人商定，都只轧地头。队长来检查，一般都不往地中间走。大凤说的那个伙伴，我也认识。平时总干累活，还受人欺负。她和大凤轧完了一边的地头，再去另一边。大凤拉着鸡蛋头，顺着垄沟走。另一个人则是恨恨的，提着鸡蛋头走。她说宁可自己受累，也不给生产队多轧地，谁让它给自己那么少的工分！大凤就是因为想起这一点才笑起没完。她说，鸡蛋头多重啊，那可是石头，死沉死沉。可怎么劝都劝不动那人。那人走走停停，地头（这里是指地的长度）足有500米，她就那样连拖带抱地把鸡蛋头运了过去，累出一脑袋白毛汗。我问，收成呢？大凤愣了一下，问我什么收成。我说，那块地种的不是谷子就是高粱，长的怎么样？大凤这才听明白，说谁记得收成的事。那块地种的是高粱，雀（qiǎo）儿吃剩下算落的，年年都是这样。

我也就明白了生产队的粮食为什么总也打不多。

碌 碡

这只碌碡的表面坑坑洼洼，但当初它被使用时一定是圆润光滑的。不知经过了岁月怎样的侵袭，它才成了现在这个模样。

liùzhou

搬　工

bāngōng

我知道，“搬工”这两个字，是帮工的误读。我们家乡有这样的传统，能把好好的字，读走了音。比如，把上学读成上学（xiáo）。读走了音的字，我在侯宝林先生的相声里也听到过，他也把学生说成学（xiáo）生。可见方言有的时候并不只是一方之言。可搬工与帮工之间的字音转换，大概是北京方言里没有的。往深里追究，家乡的方言搬工与书面语言帮工还有质的区别，这一点，多少有些出人意料。

父亲是村里有名的泥瓦匠，村里那样多的房屋，没有哪家他没搁过手。尤其是地震那年，父亲不单在村里搬工，还到外村搬工，最多时，一两个月都不着家。父亲手底下的活计，快，出彩儿，远近闻名，来请父亲搬工的人，都要排队。父亲在世的时候，经常自豪地谈起这个话题。哪家的墙是他砌的，哪家屋顶的瓦是他盖的。多少年过去了，墙还站得周正，屋顶还不用修缮。可母亲会质问，你搬工搬出什么好儿来了？母亲的意思是，你一年有大半年的时间在外搬工，不是合算的事，没有什么值得炫耀。母亲不是反对父亲搬工，是反对父亲在搬工这件事情上的糊涂想法。母亲一直把父亲搬工当作没奈何的事，因为那个年月，搬工除了管几顿饭，队里既不给记工分，又没有散碎银两收入，这对需要养家糊口的人来说，并不是件轻松的事。

可父亲造出的房子，我以为是件杰出的建筑作品。别人家什么样我不知道，我们家的房子，从诸多细节上体现了父亲的匠心独具。墙围子用墨汁画上朵朵梅花。屋脊上绘出云字纹。地面在和水泥时掺些石子，居然能磨出漂亮的水磨石。废旧砖头本来毫无用处，可都被父亲磨圆棱角，在通往水缸的地方砌出小甬路。而且，父亲还经常有创造性的发挥，在瓦顶上修烟囱，烟囱就像艺术品一样，家家都装饰得与众不同……我想，就是因为在搬工这件事情上能体现出父亲的价值，父亲才不计得失，乐此不疲。可很多人都不理解父亲，因为年终统计工分时，父亲有时还没女人挣的工分多。

村里的二力想搬工都想出毛病了。二力有力气，就是手脚笨。同样一件活，别人三五分钟能干完，他大概需要十几分钟。二力还能吃，按照村里人的说法，他不知饥饱，只要有饭，他就吃起没完。现在想一想，二力的这种状况，分明是平时吃不饱饭造成的。可那时村里人就认为他有毛病，是不知饥饱的毛病。在粮食短缺的年代，谁愿意请这样的人做帮工呢。每每队里有谁出去搬工，二力都羡慕地看人家。二力也央求别人让他去搬工，人家轻慢地看他两眼，连头也懒得摇。

有一段时间，二力每天饭后就来我家，坐在我家小坐柜上，我家焐被了他才走。母亲最先看出门道，说二力无事不登三宝殿。果然，二力在经过许多天的煎熬后终于提出想跟父亲一起去搬工。父亲爽快地答应了，还说让二力做徒弟。二力显然没想到，高兴地像捡了金元宝一样。虽然事后父亲受了许多埋怨，那些主家都想请父亲，但都不想让父亲带着二力。可父亲立场坚定，态度鲜明，说二力是徒弟，哪有师傅不带徒弟的道理？这样二力就跟定了父亲。二力后来手脚也利索了许多，有时父亲搬工搬不过来，竟然也有人单独请二力了。

我在村庄里转了一圈，慨叹搬工真的成消失的乡村词语了。本家嫂子包了十几亩地种玉米。那天我从大堤上下来，路过她家院子，见我的高中同学坐在嫂子家的院子里剥玉米。毕业二十年，我一直都没见过她。我惊奇地说，你来这里搬工了？同学笑眯眯地说，都来好几天了。转过脸去，嫂子小声对我说，这可不是搬工，一天要给她20块钱呢。这话一下子点醒了我，拉近了我与过去那个年代的距离，也找到了搬工的真谛。在人们的记忆里，直到今天搬工仍然是一个温馨的字眼。

字典上说，帮工是指受雇他人，而帮忙是指在别人有困难的时候提供帮助。我们家乡的词语搬工，意思其实更接近帮忙。

土 牛

tǔniú

河堤弯弯曲曲绵延几十里，在靠一侧的地方，每隔几步远，就有一堆土，像长方形面包一样。日子久了，经过风吹雨淋，“面包”越来越瓷实，瘦了，小了。再被青草覆盖，就更不起眼了。但每年夏天河水汹涌的时候，“土牛”就要被加宽加厚，作水来土囤之用。村里的老人还记得1958年的大水，对着村庄的那段堤坝被冲开了大口子，房屋都飘了起来，牛羊都被水流冲走了。鱼在院子里活蹦乱跳，洪水下去时，螃蟹顺着墙根乱爬，找不到回家的路。村庄也由此改了名字，过去叫程子区，不知哪位识文断字的先生被那场大水所触动，顺嘴改名程子口，并沿用至今。

那条过去叫周河的河流，发生过许多有趣的故事。小时候，每每一听到汽笛声，全村的人扶老携幼都往河堤上赶，去看路经此地的汽船。周河是一条古河道，狭窄得均匀，水面宽不过五十米。所以偶尔经过的汽船也是小汽船，走起来慢慢腾腾。河流都是弯道，气喘吁吁跑上堤坝，也许只能看见汽船屁股后头的那股烟。可看到的人还是很满足，并可以当作叙谈的资本。水面上还经常有打渔人和在船头站成一排的鱼鹰，乡亲们对打渔人和鱼鹰同样感兴趣，总千方百计与打渔人招呼，问人家吃饭了没有，在哪里睡觉。家里有几间房、几口人。问鱼鹰能捉到多少鱼，会不会下蛋等等，那份好奇溢于言表。

山洪下来时，汽船和渔船鱼鹰都不见踪影。大堤昼夜有人巡视，不许走车走马。给土牛“长肉”的工作也同时展开。一家分几个土牛，从远处取土，把瘪塌塌的土牛，培植得像面包刚出烤炉一样。对于有劳动力的人家，这点活计当然不在话下，他们手提肩扛，或者用车推，只消半天工夫，土牛就像吹了气一样长大了，新鲜了，身上拍满了铁锨印子，看上去又齐整又结实。因为父亲和哥哥都在外务工，家里的这些活计就落在了我和弟弟身上。我读初中，弟弟刚读小学，我们两人加在一起都抵不上半个劳动力。土越挖越远，越挖越深。开始我们是用筐抬，土筐有了重量，总在地皮上磕磕绊绊。还偶尔刮着我了，蹭着他了。后来肩膀实在受不了，我们又改作用筐背。顺便说一下，同样是柳条编的筐，模样不一样，作用和功能也不一样。抬土的筐像盘子。用两根绳子兜底，绳子上插杠子，就可以上肩了。背土的筐则是那种粪筐，筐底像铲子，上面是一个T字梁，梁上安一根烤弯了的木棍做肩襻。背着不重，可作为运土工具，量就太小了。

我和弟弟从午后一直干到天大黑，也就干了多一半的活。左右邻舍都收工了，长长的大堤上，只剩下了我们姐弟俩。我们一筹莫展的时候，姐姐忽然从天而降。她带着小外甥住娘家，知道我和弟弟在堆土牛，就一路找来了。姐姐带来了邻家的推土车，姐姐握柄，我拉纤，时间不长，土牛就被我们堆好了。我们的土牛还是和别人家的不一样，即使是姐姐，也没能让土牛有棱有角，也许是因为天黑了。即使土牛没棱没角，但看上去和别人的一样大，我们也很开心，和姐姐有说有笑地回家了。

那些年，我们年年堆土牛，但土牛一次也没有派上用场过。也就是说，除了老人记忆中1958年的那场洪水，再没有洪水泛滥过。雨后的土牛会有暄土翻上来，我们去堤上割草，会找到甲鱼下的蛋。那些甲鱼蛋，圆圆的，晶莹剔透，拿回家腌到鸡蛋坛子里，小孩吃多了拉不出大便。有时候，甲鱼蛋多得吓人，几窝居然能装满一个草帽头，让人惊诧不已。草丛中，大甲鱼也许并未走远，回头忧伤地看着这些兴高采烈的掠夺者。它是没有奈何的，如果碰巧它也被人们发现，人们会连同它的忧伤一起掠夺走，它就更没奈何了。

长长的堤坝还在，但已经很多年不堆土牛了。那些原先的土牛，早已被各种各样的车轱辘碾得不知去向。因为河里总也蓄不上水，河床都近乎干涸了。两岸人从小练就的游泳本领，也难派上用场。水面上浮了一层水草，忧伤成了一条河流的表情，倒退到1958年，谁会想得到呢。

风 箱

fēngxiāng

“耗子钻风箱两头受气。”那个时候，队长连喜总是这样形容自己的处境。上级让推广一种叫“东陵白”的玉米，可社员们都知道，那种玉米很难吃，贴饼子总像是不熟，粘粘的一股怪味。吃一顿饭，牙齿都让玉米面糊满了。社员们说连喜，耗子钻风箱也是钻你们家的风箱，受气也是受你们家的气。连喜无可奈何地笑，他知道社员这是在奚落他，也是在奚落他父亲。因为连喜的父亲是木匠，经常装病在家偷偷打风箱。

那一年，队里种了许多东陵白玉米，连喜的父亲打了许多风箱。那些风箱就摆在院子里，模样古怪得像装袖珍娃娃的小柜子一样。把手像牛角一样两头削尖，中间还有一个凹槽，多么小的手，握上去也不费力气。队长连喜的父亲是一个爱说大话的人，很讨孩子们喜欢。他经常在锯木头的空隙显摆他的经历。他年轻时在远处做过矿工，据说煤矿离花果山很近，有一天他下晚班路过那里，就看见了孙猴子。他说孙悟空是石头做的模样，但还是能七十二变，转眼就把自己变没了。连喜的父亲讲这些时，一群孩子小燕似地探头看着他。他可不是讲笑话，说的非常一本正经。就有孩子把连环画《西游记》拿了来，让连喜的父亲看孙悟空的模样，连喜的父亲斩钉截铁说，像，像。孙悟空就是这个样子。不光孙悟空，天上地下的诸多神仙连喜的父亲都遇到过。有孩子问连喜的父亲见没见过鬼。连喜的父亲收起脸上的笑，他说他见过鬼。若不是那天他身上背着个风箱，鬼就跟他回家了。他说他打的风箱辟邪，鬼看见了风箱，就像人看见了鬼一样。

就有孩子回家央告父母买连喜父亲的风箱。这样晚上出来，就不害怕了。

相信连喜父亲的日子，是生命中最美好的日子。

只要是做午饭的时候走进任何一家堂屋，一准都有呼哒哒拉风箱的声音。风箱吹旺灶里的一团火，锅里热气就蒸腾了。锅里蒸煮了什么食物，都能让热气泄密。同样是玉米饼子，若是那种白玉米面，空气中就会是一种甜香气。东陵白就不同了，颜色黄得过分不说，散发的味道都是粘糊糊涩了吧唧。谁闻了那股味道都撅嘴，边吃边骂队长连喜坏心肝。家长甚至不让孩子去看连喜的父亲打风箱，说那人满嘴跑火车，跟他会学坏。可孩子哪会顾及这些，放了学就往连喜家的院子跑，不仅听连喜父亲满嘴跑火车，还帮他干活，把那些小木块码放得整整齐齐，他们在自己家里干活可不那么卖力气。

连喜父亲打风箱的手艺远近闻名，常有人跑十里八里地到他家来买风箱。连喜表面上并不赞成他父亲搞副业，经常在社员会上批评他，说他不务正业。可大人们说，连喜这样做是因为心大，为的是堵别人的嘴。家里打一斤酱油也让孩子去跟爷爷要钱，他反对就不会是这样的做法。

乡下的女孩子，七八岁时已经开始拉风箱了。看见母亲坐在蒲团上前扑后仰地拉风箱，手痒难耐。轮到自己拉，却一点也拉不出那种顺畅的节奏和感觉。灶里的火不旺，就频繁地填柴，用烧火棍乱捅。烧火棍着了，就到水里蘸一蘸，在地上碾一碾。结果烧火棍越烧越短，却不见锅里的水开。这个时候挨顿骂是常有的事，母亲抢过烧火棍，伏下身去，把柴挑起来，另一只手缓缓去拉动风箱，风箱里的风细细慢慢地往灶里吹，火腾地就旺了。干什么事情都讲究窍门儿，使蛮力气未必就有好效果，这是我拉风箱时的突出体会。

风箱的原理，别人都说很简单，可我一直都没弄清楚。别人越想说清楚，我就越糊涂。我在解读这些工业原理时总显得很弱智。但风箱吹旺的火，毛茸茸的，是我喜欢的形态。

不知从什么时候起，风箱就在村里绝迹了。我留意到，村里人后来砌灶，都不再留风箱孔。其实那个时候家家都还用土灶，烟囱里依然炊烟袅袅。我甚至有些疑惑：风箱难道是可有可无的奢侈品？我把疑惑讲给姐姐听，姐姐说，那个时候整日蒸饽饽，烀白薯，柴不够烧，灶里经常烧烟煤，不用风箱根本就不着。还有一个原因，就是那时人口多，每户少的六七口，多的甚至二十来口人，都在一只锅里煮饭吃。用风箱把火吹旺，可以大大缩短做饭时间。

加工厂

jiāgōngchǎng

20世纪70年代初，一根细细的电线从空中逶迤穿插，伸进村庄的角角落落，电灯在乡亲们的千呼万唤中突然亮了，各家各户窗纸上的光晕均匀了，寂寞的乡村添了许多温暖。孩子们在灯下写作业，再不担心油烟熏黑了鼻孔，灯光下的一切都显得清晰明亮，不似点油灯时到处都是暗影，风把火苗吹得腾挪忽闪，周围的一切都显得鬼气森森。

有了电，村里就有了加工厂。抱着碾棍推碾子、推磨的日子就该结束了，这于乡村该是一个革命化的进程。很难想像乡村的日子曾经是碾盘碾过来的，石磨磨过来的。那些个人家，那些个五谷杂粮，碾盘和石磨承载着全村人的饭碗。最难轧的是小麦，皮厚，轧扁了容易，轧出面来却难，不定用细箩筛上多少遍，才够全家人吃上一顿饼。所以我记得家里好好的小麦曾经熬粥吃，就如同眼下的麦片一样，可在当时这是没奈何的事。

加工厂设在大队部的院子里，机器一天到晚轰轰隆隆。可也不是所有的粮食都能用机器碾。新粮食刚下来，还湿着。或者粮食太少，不值得用机器加工。其实还有更实际的理由，加工厂要收费用，即使三毛五毛，庄稼人也要好好合计。兜里的角角分分都是用鸡蛋换来的，油盐酱醋都还指望着。所以，有了加工厂以后的很长一段时间，村里的许多户人家仍以不吃加工厂碾压的粮食为荣。加工厂最吸引人的是那台磅秤，大姑娘小媳妇没事就上去称称斤两。那个时候去称斤两可不是为了瘦身，而是看增没增体重。谁要是长了两斤，大家都跟着兴高采烈。

春花姑姑是村里第一批到加工厂上班的人。她个子小，但有力气。百十斤重的面口袋，她一抡就能扛到肩膀上。每天中午，我们都看见春花姑姑像个白头翁一样从加工厂下班。她不但头发是白的，眉毛和睫毛也是白的。但春花姑姑很神气，跟人说话底气十足。那一头一身的面粉也让人觉得好看，还有那一套劳动布的衣裤，春花姑姑都像个工人了。虽说她也在生产队记工分，可在加工厂工作风吹不着雨打不着，春花姑姑仍是个让人羡慕的人。

我的印象中，加工厂有三台机器。磨玉米面的机器是糙箩，磨白面的机器是细箩。还有一台机器给谷类或高粱脱壳，让我们觉得很神奇。想想看，给谷类或高粱脱壳多不容易啊，它们小小的身子原本被衣服包裹得严严的，从机器的漏斗里灌进去，出来就是红红白白的米了。那个时候都觉得机器碾出来的米香，是因为不用费力气。抱着碾棍推碾子是很多人都厌烦的事，两尺宽的碾道，要走成百上千圈儿，连驴走起来都晕头转向，何况人呢。

春花姑姑是在加工厂工作时间最久的人，所以她白毛仙姑的形象让许多人印象深刻。在加工厂工作的都是未婚姑娘，因为每天晚上都要加班。过上一两年，就有姑娘出嫁了，便有新人顶了上来。可春花姑姑一直在那里干，她是加工厂最忙碌的人。手熟，人又勤快，又有眼力见儿，有人扛着口袋来，春花姑姑总要上去接一接人家。所以村里人都觉得春花是加工厂不可缺少的人，要是哪天去加工看不见她，都觉得不习惯。

谁都把春花姑姑应该嫁人的事忘了。别人忘了，春花自己也不急，春花若是自己着急，给别人提个醒儿，或许也能有媒人找上门来。后来我们都长大了，村里都有人兴办自己的米面加工厂了，春花才把自己嫁出去，那年春花都三十六了。村里很多人都给春花姑姑随了礼，说春花姑姑嫁得不好，进门就给人家当后妈。要是往前数十年，春花想嫁啥样的男人还不随便挑。但也有刻薄的人说春花是迷恋加工厂风吹不着雨打不着的日子，若是早早嫁了人，她上哪去找这么体面的事做呢。

现在村里人提起当年的加工厂，还必提春花姑姑。有人计算加工厂是哪年解散的，就有人很快接茬儿说，春花出嫁那年。

彩礼

cǎi lǐ

村里有个姑娘要结婚了，我问她婆家给了多少彩礼，她居然反问我：彩礼都指什么？她说婆家给了她两万块钱，还有一辆摩托车和金银首饰，折价八千多。我说这就是“彩礼”啊。她嘻嘻地笑，说现在早就没有这样的说法了。我问她现在怎么说，姑娘说，给钱啊。媒人问你要多少钱，你想要多少钱只管跟媒人说数儿。成就成，不成拉倒。

这些情况其实我也是知道的，可听姑娘带着口气说出来，还是觉得有些突兀。

西周时确立并为历朝所沿袭的“六礼”婚姻制度，是彩礼习俗的来源。“六礼”，即纳采、问名、纳吉、纳征、请期、亲迎。六礼中的“纳征”是送聘财，就相当于现在所讲的“彩礼”。也许就是因为彩礼自身有足够的魅力，才会在历史长河中发扬光大，许多繁文缛节都在男婚女嫁的过程中被省略了，彩礼却日益呈现出强势姿态，上演的剧目有声有色，可也许与爱情无关。

要彩礼这样的称谓现在也落伍了，在我的家乡，它甚至只成了书面语言。虽然内容翻了不知多少倍，可好像都不是彩礼所能涵盖了。旧时的彩礼，是有些韵味的。两斗小米，一头毛驴，或者两方绸缎，几尺粗麻，都能做新娘的身价。大户人家的讲究自不待说，要金有金，要银有银。柴门小户人家，嫁女如同卸担子，是为了去张嘴，只要有夫家肯收留，情愿早早地把人嫁出去，说得好听些，是为了给女儿找个饭碗。所以中国俗语中，有“好汉子没好妻，赖汉子娶花枝”一说，我猜，这肯定诞生于包办年代。 穷人嫁女，有时候不是择婿，而是看夫家有没有半条驴腿。

母亲十六岁结婚，彩礼是一件旗袍和一套新被褥。旗袍穿了，被褥盖了，三天以后才知道，旗袍是和邻家借的，被褥则是从出嫁的姑姑家抱来的，都要还给人家。母亲背着借来的被褥回门住娘家，让奶奶担心得整宿睡不好觉。母亲背着被褥回来，奶奶将被褥掸开，依次捏被褥的四个角，看里面的棉花有没有被姥姥抽走，让她对姑姑的婆婆不好交代。这是我辈做梦都想不到的担心，初听哈哈大笑，细一琢磨，却心酸得让人落泪。

彩礼的事，父亲一直觉得对不起母亲。以后父亲挣了些钱，当真给母亲买了件旗袍，母亲却没怎么穿过，就丢得不知去向。劳动人家的女人，整日田间地里、灶上灶下，旗袍委实让人穿着不方便，母亲现在提起那件旗袍，还记得水葱的颜色，上面开着粉色的荷花。父亲买给她时，当时便说是补给她的彩礼。母亲却对彩礼之事毫无用心，那样一件尊贵的旗袍被她丢得有始无终，现在想起来，也觉得不可思议。

彩礼的形式与内容大行其道的日子，我觉得是20世纪80年代初期。表姐定了婆家，跟人家要了八套衣服，把我们惊讶得嘴巴都合不起来。那八套衣服的面料依次得是：毛哔叽、涤纶、条绒、华达呢、的确良、的卡……广播里经常播送相声《要彩礼》，号召大家要移风易俗，新事新办。广播里说是说，别人的彩礼该怎么要还怎么要。那个时候正是改革开放初期，大家刚有了温饱，对“穷”字有种骨子里的惧怕，表姐的那八套衣服，就是把自己的整个后半生都安排进去了。哪里知道那些面料很快就不时兴了，用表姐的话说，做抹布都不好用。后来彩礼的内容出现了“三转一响”，村里有个人在供销社做事，去求他买自行车、缝纫机的人排成了队。

彩礼以数字（折合现金）的方式出现，让我觉得礼则礼矣，少了“彩”。这个彩可能是色彩，也可能是动态的一种流程，少了丰富，也少了韵味。联想古往今来彩礼演绎了多少悲欢离合的故事，便觉得彩礼不单是物化的一种单据，也具备了人性化的意义。

干 亲

gānqīn

我去一个深山村采访，听说了件有趣的事。村北有棵千年古松，在康熙年间就已经是御封松树王了。20世纪五六十年代，村里的许多孩子都认古松做干妈。认了不能白认，逢年过节要在树洞里塞几块点心。八月十五塞月饼，五月五甚至塞几个粽子。收秋了，塞几个玉米、谷穗，或者一捧花生两把豆荚，总之都是心意，都是供奉。如今古松的那些干儿女有的已经年过半百，说起往事，口气平淡得已经波澜不惊了。

于是我想起了自己也是有干亲的人。我小时身体孱弱，三天两头让赤脚医生打针。母亲说，为了孩子好活，认个干妈吧。干妈是一个美丽的女人，我至今还记得她梳两根小辫，在肩上垂着。还记得她的鞋边雪白雪白，还记得她四方脸的颧骨上有两朵红云。我八岁那年，干妈得心脏病死了，因为离我家不远，我还挤在看热闹的人群里看别人哭。那个时候我对死亡没有太多的认识，就像我女儿三岁时对死亡的认识一样，人死了只不过是埋坟。

现在想一想，那个时候的干妈可不在少数。别人给自己家的孩子当，自己也给别人家的孩子当。家家都穷，认了干妈也没什么讲究，叫一声就行了。孩子愿意叫，因为多个妈，新鲜。和众多孩子一起玩，干妈路过时喊一声，孩子就会觉得非常有面子。那时的干妈也没有什么义务和责任，甚至连个仪式都没有。就是大人当面说清楚，我孩子认你做干妈，干儿干女就算当成了。顶多请顿饭，或者正月初一第一个去拜个早年。

乡间朴素的一面从这一点能看出端倪。我好好想了想儿时的伙伴，他们认干妈都是因为像我一样身体不好，或者家里人丁不旺，认下干妈保太平。这个习俗的由来无处可考，但干妈能保佑什么，也没有人细追究。有的女人久不怀孕，生下孩子的第一件事，除了给起个猫儿狗儿的贱名，就是给孩子认干妈，这个干妈须是身强体壮，多子多女。干妈不但吃喜蛋，还要做“猪鞋”，还要参与“抓周”。孩子大一些，健康平安了，这种“干亲”的关系自然就解除了。

几乎没有哪个干爹干妈能长久做下去。孩子到了十二三岁的年纪，再叫干爹干妈已经觉得难为情了。我和伙伴们就认真探讨过这个问题，得出的结论是，给人做干儿干女是一件没出息的事。那个时候我正上初中，大量的阅读中，我发现中外文学名著里所有认干爹干妈的人几乎都动机不纯，都不是正面形象。他们要么趋炎附势，狐假虎威；要么卑躬屈膝，一副奴相。这让我对“干亲”一说有了深深的敌意。母亲让我给干爹去拜年，我哪里肯去，母亲发了一通脾气，最后不了了之。

某一天我去朋友那里取些资料，朋友正接一个电话。原来是下属企业的一个年轻职工要认朋友做干爹。朋友在机关管人事，这种攀附的目的几乎不言自明。电话通了很长时间，朋友始终笑呵呵地与对方说话，但没有答应对方的请求。朋友的样子看上去很享受，仿佛有人认他干亲是件有颜面的事。我问他会不会“认”下这门干亲，他挥了挥手说，再说。我用开玩笑的口吻说，要警惕糖衣炮弹啊。朋友也开玩笑，说又没有阶级敌人，糖衣炮弹打过来，我收下就是了。

因为工作关系，我去了文章开头提到的那个深山村，带人专门去看康熙御封的松树王。我惊奇地发现，那棵松树王是雄性而非雌性，那样多的孩子认它做干妈，可惜它屹立千年却不会说话，否则它的干儿女们该是另外的称呼。它躯干笔直，却粗壮得要四个人张开手臂才能合搂起来，树体在下端像人的两条腿抿在一处，形成了一个凹槽。那凹槽就成了天然的“供桌”，里面居然还有干瘪的瓜果和点心。我向周围的乡亲打听，莫非现在还有人认它当干妈？乡亲们告诉我，现在哪里会有人信这个。村里有一个七十多岁的老人，小时候认了松树做干妈，只有他还惦记着，每年还来看一看，否则来的都是旁不相干的人。

松树旁竖着一个木牌，上写“市级文物保护单位”。

猪胰子

zhūyízi

长条板凳腿上有个横撑，一根细细的麻绳拴在上面，麻绳上吊一个圆溜溜鸡蛋大的白色固体，这就是“猪胰子”。脸盆一般都放在板凳底下，洗手洗脸都在猪胰子上抹一抹，然后在手上或脸上搓一搓。猪胰子从打腊月底挂在那里，一家人可以使上一年。待猪胰子消耗得像只枣核大，队里就又该杀猪了，母亲又要开始做新的猪胰子了。

古时候的埃及，就有人发现用草木灰和一些羊脂混合以后得到的一种东西，能够去污，这大概是最早的肥皂了。古时候的法国（那时叫高卢）人用草木灰水和山羊油做成一种粗肥皂，有点像我们今天理发馆里用的洗发水。稍后一些时候，人们将猪油拌和天然碱，反复揉搓挤压，得到跟今天的肥皂差不多的“猪胰子皂”。

20世纪70年代末，家里已经使上了肥皂和香皂，母亲做猪胰子的热情丝毫不减。因为猪胰子舒手，手上有老灰、冻伤、或者裂了口子，那一定要用猪胰子洗，它具有消肿止痛、消炎灭菌、去油除污的功效。这话一点也不夸张。我休假回家，跟村里的老人谈起猪胰子，他们都很肯定猪胰子的药用疗效。

每年过了腊月二十三——小年，队里圈养的猪日子就不好过了。它们哼哼着用头撞墙，小眼睛机警地察言观色，短尾巴不安地偶尔挽个花——这一切都改变不了它们的命运。杀猪人从头天晚上就开始磨刀，马灯挂在屋檐下，浊黄的光晕铺排在磨刀石上，被磨刀人有节奏地撕来扯去。我们小燕一样围在他周围，看着他奇怪地用指肚儿去试刀锋。我们吸一口凉气，杀猪人的指肚儿却毫无伤损。杀猪的日子是我们的节日，午餐总会比往日油水多些。母亲和另外一些女社员则候在现场，她们需要从杀猪人的手里得到块猪胰脏。队里最多杀两口猪，等着要猪胰脏的人何止十个八个。都在一个队里打头碰脸，杀猪人不会让任何人白等。于是怎么把猪胰脏分均匀简直是个学问，当母亲把巴掌大小的一块猪胰脏拿回家，她脸上会有藏不住的笑容。

母亲把猪胰脏放到案板上，先摘掉上面挂着的油，再用刀把胰脏切碎，然后用锤子敲打成浆。我在网上寻求猪胰子的配方，一个网友留言说，他的家乡是用锤子把火碱敲碎研细，然后放到铁锅里炒。把黄色的粉末炒成黑色后，再用细筛子筛，然后捣进猪胰子里，使之浑然一体。这样做出的猪胰子是黑色的，而且黑猪胰子是个品牌，因为这个地区有个生猪屠宰场，可以大量供应原材料，所以县上的一些单位甚至用猪胰子来发劳保用品，而且一发就是三十年。母亲做的猪胰子则是雪白的颜色，这当然得益于家里用的食用碱，母亲用擀面杖将其擀碎，捶打进猪胰脏里，待捣得均匀，就放一根细细的麻绳在中间，把捶打好的东西攥紧，团成团，一块油光水滑的猪胰子就算做成了。

我对猪胰子印象深刻，还缘于家里的一只猫。猪胰子初做成时，猫会从炕上跃身跳下，像发现猎物一样直扑过去。猫围着猪胰子转来转去，换着角度闻，总觉得是可以下口的东西。它用两只前爪抱住猪胰子，小心地张开口去啃。可猪胰子是悬在半空的，总也不能老老实实地让猫尝滋味。猪胰子像秋千一样荡来荡去，甚至击到猫的鼻梁上，把猫急得抓耳挠腮。我们发现了这个有趣的现象，就把猪胰子解下来，放到地上，待猫扑过来时，我们就把猪胰子迅速提起来，如此往复再三，得意地看着猫伸长脖子叫得可怜。后来猫终于扑到了猪胰子，护食地把它搂在身子底下，嘴里发出“呜咽”声，警告别人不要与它分享。可它哪里知道猪胰子像石头一样硬，用舌尖儿舔上去，大约也让猫涩得受不了。猫失望得一下子就没了精气神儿。它抖抖身上的毛，慢腾腾地扭身走了。边走还恋恋不舍地回头望，猫不会说话，否则它一定会对这个叫“猪胰子”的家伙表示愤怒。

现在市场上香皂肥皂的种类大概数都数不完。有时站在超市的货架前，为选择一种适合的洗涤用品而煞费苦心。偶尔想起当年使用的猪胰子，会在嘴角溢出会心地笑。我们现在无论如何崇尚简单，都不会回到过去的那种岁月。

桑木扁担

sāngmùbiǎndān

我接触的第一本正儿八经的文学刊物，就是《河北文艺》。那是哥哥从学校带来的，如果我没记错的话，那该是1973年，我还不认识几个字。因为从没见过这样大开本的书，我把一本文学刊物看得像天书一样神圣。那里面有一首“诗”，几十年过去了，还在我的记忆深处沉淀。“小扁担，三尺三，一对水罐两头拴。担开水，上南山，咯吱咯吱走得欢……”记得当时我读这首“诗”兴奋得手舞足蹈，而且马上跑到院子里去看扁担。我从来不知道挑水的扁担还能入诗，而诗又是那么押韵和迷人，让我过目不忘——我当时就是觉得这首诗（其实是儿歌）迷人，因为它我在的生活中第一次出现，而且与我认识的物体有关。

这就像光洞穿了隧道一样让人豁然开朗，也让我从此对诗和扁担有了一种奇妙的感觉。家家都有扁担，但家家的扁担都不一样。队里抗旱的日子，地里简直成了扁担阵，站在高处望下去，扁担就像躺倒的高粱地一样。我和同学拿着水瓢上阵，从远处的河里舀一瓢水，救几棵秧苗。我们对扁担的那种景仰简直溢于言表。姐姐告诉我，看上去长短相同的扁担，其实有着很大不同。扁担大多数是柳木的，因为柳树随处可见，很容易找到高矮胖瘦跟扁担差不多的，稍加修理，就是一根扁担。可柳木扁担硬茬茬地磨肩，那年月人都活得糙，吃一分苦和吃十分苦感觉不出差别有多大。所以我家的扁担也是柳木的，除了稍微有一点扁平，甚至跟圆木差不多。榆木扁担稍微柔和些。可榆树大都长不直溜，取材有一定难度。最是让肩膀舒服的，当然是桑木扁担。说来奇怪，我们生产队有三十几户人家，至少应该有三十几条扁担吧。可事实是，只有木匠家的扁担是桑木的。人家的扁担还艺术，削薄，窄得像枚柳叶，担在肩头上，像凉粉一样颤悠。那种颤悠的好处，是能把两只装满水的桶颠出弹性，能让肩膀借些力，免得死沉死沉。

自从知道桑木扁担的好处，我们外出割草时，总留意哪里有桑树。大堤上的桑树都是一丛一丛的，我们叫它桑树棵子，长不粗，也长不高。只开花，不结果，身段总像偶尔抽出的枝条一样。哪里单生出一棵桑树，也不知怎样不留神，就长成大腿粗了。我们坐在桑树底下，为它最终不能成为一根完美的桑树扁担叹气。我们只得用心记下它在哪里，等到来年春天采桑叶，采桑葚。那个时候家家都养蚕，都是养着玩，织下的蚕丝也没人当回事，东一块西一块地扔。但大家都爱吃蚕蛹，油炸蚕蛹的香味，能让一条街的孩子蠢蠢欲动。

那年春天，我们在地里意外发现了一棵桑苗，只有筷子高。怀着对桑木扁担的梦想，我们小心地把桑苗移栽到了院子里。桑苗如我们所愿长得又高又直，可它还不及指头粗，距离一根扁担的要求，实在是远而又远。关注它时，我们几乎每天都围着它转，给它浇水、施肥。看它生出一片又一片的叶子。它缓慢的生长速度与我们的耐心实在不成比例，慢慢我们就把注意力转移了。毕竟家里还有扁担用，毕竟扁担是不是桑木的与我们的干系并不大。我们更乐意看到它开花，花是鹅黄色的，用力吸吸鼻子，能闻到一股淡淡的香味。因为桑树开花的缘故，院子里开始有蜂蝶的身影，这已经让我们惊奇了。谁知，更大的惊奇还在后面——它居然能结出白桑葚！那个时候我们吃到的所有桑葚都是黑、红的。我们从地里挖来的野桑苗，居然能结白桑葚！大概就是因为水肥充足的缘故，它结的桑葚又肥又大，成熟时的饱满不知惹出多少人的口水。有了对桑葚的期盼，谁还把扁担的事当一回事呢。

后来我们都长大了，桑树就长得更大了。它壮硕的身躯顶着巨大的树冠，遮蔽了半个院子。有一天，一个自称懂些风水的人从我家门口过，随便说了句："前（院子）不栽桑，后（院子）不栽柳，中间（幺当院）不栽鬼拍手（杨树）"。就因为风水先生的这句话，家里人把桑树伐了。我休假时回家，忽然觉出院子空荡荡地大，才意识到桑树不见了。

关于那根桑木扁担，不单成了我的梦，也成了桑树的梦。

念喜

niànxǐ

童年时的欢乐，宗宗件件都能随手拈来。当我们像一群蜜蜂一样追在念喜人的屁股后头，念喜人就成了孩子王。其实念喜人与我们毫无关系，人家“念”来的烟、糖、酒、肉，与我们有关系吗？当然毫无关系。人家旁若无人地找个避风处又吃又喝，那群“蜜蜂”就在三米开外处站着。念喜人要去下一家，“蜜蜂”们又“轰”地跟着一起飞走了。

念喜人不是个职业，也没听说有过师承，二哥年纪轻地就成了念喜人。他嘴巴乖巧，说话是“卖瓦盆的出身，一套一套”的。他去念喜，端着盆，拿着酒壶，腰里别着数板，到办喜事人的家里，把盆和酒壶塞给身边的人，从腰中抽出数板就开始数。他数的内容，都是他自己编的，或曰都是自己创作的，必要把人家的姓名数进去，夸祖上，夸子孙，夸宅地，夸祖坟。二哥不识几个字，却能长篇大论地把词数得合辙押韵，在我们看来，二哥简直是个天才。娶媳妇、嫁闺女这样的喜事就不必说了，谁家生了孩子，二哥也要去数一数，也许人家正烦着。那时可不像现在，顶多生一胎、两胎。人家也许是生的七胎八胎，是跳花秸垛也没跳下来的那个，东家咋会不烦呢。二哥的板儿叽哩咣当一响，人家就开始往外轰二哥，二哥边数边躲，就是“数”来两把花生，二哥也要把数板进行到底。

小孩子跟在他的身后瞧热闹，其实是二哥求之不得。人家都说二哥的脸皮像城墙厚，可有的时候，他也羞涩。不好进门的人家，他会鼓动小孩子先进去，小孩子不光是观众，还是同盟军。数板时东家不愿意听，他就冲着小孩子数。小孩子并不理解二哥的用意，但各个都随着二哥翻飞的竹板听得聚精会神。这个局面通常让东家无可奈何。直到最后给东家道喜，甭管是不是喜，东家也无路可退了。有时候，人家只给他一包烟，而且还说不中听的话。二哥可不管话中不中听，揣了烟，走得心满意足。

二哥在队里干活，是个出人不出力的角色。队长也不拿他当好劳力对待，经常让他跟妇女一起干活。二哥心灵手巧，人家在钉底子，他要过来扎两针，也针脚匀称。人家织毛衣，他也能照葫芦画瓢。有人让二哥在工闲时数段竹板，二哥是要红脸的。大家都知道二哥的毛病，时常拿他打趣，奇怪他居然靠这本事能讨来酒肉。虽然二哥干庄稼活不行，但除了队长，二哥基本上是个受欢迎的人。

可二哥却找不着对象。家里穷是一个方面，另一方面，对方一听他是念喜人，十有八九姑娘们连面都不愿意见。究其原因是，一方面人们喜欢念喜人，一方面又觉得念喜人不体面，端着盆碗上门去讨吃喝，跟要饭的差不多。好在二哥也不怎么计较，他的业务领域还在不断拓宽。人死了如果是喜丧，他去念喜。盖房时给屋上梁，他也去念。二哥在村里念，有时还到外村去念。可二哥到外村念喜并不顺利，人家让他说某某段，二哥竟无言以对。二哥的喜歌都是自己编的，他从没说过现成的东西。那次二哥空手而归，这让他的念喜生涯受了很大打击。

有一次，村里一户人家结婚，来了两个外地念喜的。一个人背着口袋，一个人胳膊上耷拉着竹板，远远看见门楼上贴着大红喜字，耷拉竹板儿的那位拉开架势，迈着方步走上了台阶，站在门口念开了。那个人首先是念的时间长，要比二哥的喜歌长很大一块时间。其次是句子更工整和更有韵脚，让所有听见的人着迷。听了人家的喜歌，有人甚至说二哥的喜歌狗屁都不是。许多年后我搞民间文艺调查，才知道那些喜歌是广泛传唱的东西，各地区的版本略有不同，但很明显，它们脱胎于相同的母本。

不识几个字的二哥的创作，怎么能与那么强大的民间文艺力量抗衡呢。

二哥自编自演的喜歌在某年某月某日成了绝唱。许多年后我找到二哥，二哥对那些往事都很默然。我想让他回忆几段当初的创作内容，不知是有意还是无意，二哥甚至还不如我记得多。我问二哥现在还想不想去念喜，二哥说，不丢那个人。二哥已经是有孙子的人了，他的想法的改变，也许与孙子无关。

捡粪

jiǎnfèn

村里最勤快的人不是一天多干几个小时的活，而是看你下地背不背粪筐。我小的时候听人夸奖爷爷，说那是个勤快人，下地永远不空着手。爷爷的粪筐背在拱起的腰背上，也许一天都捡不到多少粪，可爷爷永远不空着手走路，这是真的。

乡间捡粪的故事，有很多传奇。说某年某月某日，某人外出走亲戚，路上看见一大团牛粪，于是那个人用瓦块画了一个大大的圈儿，把牛粪"圈"上，回家去取工具。那个"圈"的作用不可小视，它是在提醒人"名粪有主"。这期间，也许有许多人背着粪筐打此路过，可看见画圈的瓦块摆在显眼的地方，也只能怪自己来晚了一步。

还有一个传奇，说某年某月某日，某人下地干活回来遇到一团牛粪，因为手中没有工具，他摘下草帽（也有说衣襟），把牛粪捧到了草帽里，端回了家。这两则传奇当年被人说起都有嘲讽的成分，其真实性也有待考证。但也从一个侧面说明了肥料和庄稼人的那种关系。"庄稼一枝花，全靠粪当家"。其实还不只是肥料与庄稼的关系，我觉得庄稼人对待肥料的问题，已经上升到了一个较高的层面——有了一种亲缘的关系。

有一段时间，粪筐又与政治扯上了那么一点关系。姐姐她们在村里是团员，团员搞活动，要求大姑娘背粪筐，否则你就是那个年代的小资。这是个不小的罪名，把姐姐她们愁得啊。那年月不讲穿戴，可也知道背着粪筐不好看。况且背着粪筐又有什么实际意义呢？家里离队里就几步远的路，下地干活时有许多人同行。大家每人背个粪筐，哪里能捡到什么粪。可既然组织上有要求，姐姐她们也不敢违逆。只是每个人脸上的表情都怪怪的，写满了不情愿。还有人根本不让粪筐沾身，拎着粪筐走。下地拎一个来回，粪筐就要散架了。

我上小学时第一次登台演出，是个表演唱《大寨牙克西》，里面有两句唱词，至今都还记得。“大寨的老人都像老愚公，大寨的小娃娃上学背粪筐……”现在想一想，一个小学校得有多少小学生，大家都背着粪筐上学，也就是个形式。可当时不那么想，觉得大寨的小学生真是了不起。老师号召向他们学习，我第一个响应，不但带头背粪筐，还要把粪筐里装满粪。否则背着空粪筐也不好看啊。我和另外两个女生一组，跑了很多地方，也没找到多少粪，我们只得定下计策，到生产队的牲口棚里去“捡”。那里当然不是轻易可以得手的地方，我们三个人分工，一个在外面望风，一个守在饲养员的门口。那是一个岁数大的老头，如果万一他出来，得有人缠住他。我自恃艺高人胆大，背着粪筐直取牲口棚。牲口棚里黑咕隆咚，大牲畜的气味熏得人头晕脑胀，可问题是哪里有粪啊，有也看不见。大牲口把棚里挤得满满当当，有也不敢去，怕被牲口踩脚底下，万一踩坏了，不合算。这点账还是算得清楚。无奈只得无功而返，盗“粪”计划不了了之。

记得是冬天，麦苗身上盖了厚厚一层粪，那些粪都是没有发酵过的，甚至有整个驴粪球。老师让同学们一周内每人交十六斤粪。这也是件愁人的事，别说是靠运气捡粪，我们曾经跟着马车跑出去几里地，三匹马，都不拉，让人一点辙也没有。我们还使劲敲一头驴的后背，想让它尽快把屎拉出来。驴也不懂人的心思，都发毛脾气尥蹶子了，结果一个粪球也没拉出来。后来不知谁有了发明，到生产队的麦田里去拣驴粪球。那些驴粪球是干透的，轻，还没气味。于是你去他也去，放学以后，麦田里都是黑压压的学生。生产队长起初不知道大家在干什么，待看清楚了，气得够呛。他说这些肥是麦苗的小棉被，都被你们拣走了，麦苗盖什么？他轰了这个轰那个，结果没有一个人被他轰走。大家都拣上了瘾，觉得这种积肥方法比满世界转悠容易多了，所以没有一个人轻易收手。

交给学校的粪，又被学校交给了生产队，谓之“支农”。

那天我在大堤上碰见长顺爷，他正围着一泡牛屎转着看。他看见我，笑了。我看见他，我也笑了。他就是那个把牛粪捧进草帽里的人，只是我一直没有机会证实这件事。

六奶奶

liùnǎinai

听说我在写“慢慢消失的乡村词语”，六奶奶在当街拦住我，笑呵呵地说，二孙女，六奶奶算不算啊？

六奶奶的话把我问愣了。六奶奶姓胡，没有名字。当年入社的时候需要记工分，会计让六奶奶自己起个名儿，六奶奶说，我不就是老六家吗？

于是记工册上的名字就是老六家。

我当然惊奇六奶奶咋知道我写文章的事。六奶奶得意地说，她每天走东家串西家，村里发生的事，没有她不知道的。六奶奶从打年轻的时候就给人做媒，她这一辈子成就了多少姻缘，恐怕是要把两只手掌翻几翻的。六奶奶爱串门子也是出了名的，六爷活着的时候，俩人没少因为这个吵架，六爷还给她起了外号：鞋底儿光。

我问六奶奶的什么名字快要消失了，六奶奶爽声说：六奶奶呀。

我明白了。

村子里不但有六奶奶，还曾经有过八奶奶和十奶奶。她们各是两个家族的人，一个姓杨，一个姓李。我小的时候，还以为十奶奶姓石，因为经常有同辈人“老十老十”地叫。长大些才知道，那样叫是排行排来的。十奶奶家其实只哥一个，可堂兄堂弟们都往一起排，就成了一支队伍。村里还有一个家族女儿多，大姑二姑一直排到十四姑，叫起来就像戏里的台词一样。我写“慢慢消失的乡村词语”这组稿子，的确得到了乡亲们的关注和支持，他们都夸我记性好，说很多事情我们都忘了，你当年小小的年纪，咋都还记得清楚呢。

计划生育工作如火如荼的年月，是在20世纪80年代。村里为推行各种计划生育措施闹得鸡飞狗跳。那个时候人们生孩子的欲望空前强烈，囤里有粮，手里也多少有些积蓄，不生孩子干什么呢。如果不是国家有政策，想生十个八个的大有人在。如果一直那样生下来，别说六奶奶、八奶奶，十奶奶的称呼也不会消失。现在家里只有一两个孩子，要想排出那样的阵势，恐怕得一条街的人家都参与进来才行。

六奶奶说的大致是这个意思。

六奶奶的话给了我启发，延续了多少代的各种称呼，在现实生活中有的已经不可能呈现了。我试着想一想，当独生子女这一代人到了一定年纪的时候，他们的孩子在称呼方面的简约差不多就只剩下父母和爷爷奶奶了。那些在我们看来再寻常不过的叔、姨、姑、舅这样的至亲，都成了遥远的怀念。叔是堂叔，舅是堂舅。没有哪一根枝条上结两枚相同的果子，用马三立先生的一句相声词，都叫“孤独一枝”。再过一些年，不光六奶奶这样的称呼不会有，像舅奶奶、姨奶奶、姑奶奶这样的称呼也将在某一天成为绝版。过去常说的七大姑、八大姨，历来提起时都是略含贬义，可当这些称呼都从我们的日常用语中彻底消失，是否也会有一些苍凉的意味呢。

我每次回家，都去跟六奶奶坐一会儿。她最爱说的话题，就是年轻时跟妯娌们抢饭吃。那个时候六奶奶家住一座四合院，连公婆算在内，一大家子二十几口，连吃饱肚子都成问题。每天熬粥都要熬一大锅，妯娌们端着盆到锅里盛，然后各自端回屋里吃。先盛的必定会多舀一些，让后盛的人牢骚满腹。六奶奶为了让自己的儿女吃饱肚子，每天都守在锅台边，监督别人不要把瓢舀得太满。哪天实在所剩不多，她只得在锅里添些水，灶里再烧把火，趁着婆婆不注意，再偷偷撒一大把玉米面。这样粥的数量就会明显比往日多，把那些妯娌们气得不行。

六奶奶现在是村里辈分最高的人，就是从排行的角度，村里也没有人能够超过她了。

相 好

xiānghǎo

倒退几十年，相好的含义中，都有色情的成分在里边。虽然它也有不含色情的那部分，但在乡间，人们普遍习惯用消极的态度去理解它，若说谁与谁相好，那将是十分严重的事。

但在小学生的概念中，相好就是相互友好。那个时候，我们已经是小学四五年级了，还在为“织女”是不是等同于“妓女”争得面红耳赤。同样，我们也为“相好”是不是好词争论不休。我们最终达成的看法是，相好就是你牵我的手，我牵你的手，大家都是好朋友。

可现实往往与我们的理解层面有差距。大人口中的谁与谁相好，口风和语调都会显得神秘和诡谲。还有谁与谁因为相好出了丑事，那当然是一男一女，当事人像灶膛里钻出的猫一样灰溜溜。我们则像一群小报娱记一样追在人家身后问情况，我们就是不明白，相好怎么会“相”出问题，不知他们都做了什么见不得人的事，会遭人谩骂和唾弃。

相好这一词在我们家却是另外一种情况，它在爷爷的口中出现的频率很高，所以我从小就对这个词印象深刻。父亲在外务工救了一个人，后来这个人就成了父亲的相好，我们叫他叔叔，叔叔叫爷爷爸爸。叔叔在一座煤矿上班，是国家正式工人。可因为家住深山区，孩子又多，是我们成年惦念的对象。每年的正月初二，叔叔骑着自行车跑两百里路来给爷爷拜年，这一天是我们全家的节日。我们一大早就会为迎接叔叔做准备，这些准备包括饭菜、酒、花生、瓜子和上好的烟叶。这是我们能够参与的。还有我们不能参与的，母亲一个人在储藏间准备给叔叔带走的东西。那些东西包括各类粮食、花生、粉条、薯干、烟叶等等，凡是我们家有的，母亲准会倾其所有。可不论母亲的准备如何充分，最终都不免会发愁。叔叔带来的包仿佛是一个魔术包，母亲掏出来一个，还有一个。掏出来一个，还有一个。不管叔叔带来多少个包，母亲都要想方设法把它装满，这是规矩。母亲为了能把这些包装满不知费了多少苦心。有一年的正月初二，叔叔忽然没有来，父亲一个人在大堤上转到天大黑，也没能迎来叔叔。而母亲预备给叔叔带走的东西就放到一只笸箩里，一直放到了转年的正月初二，我们方知，叔叔去年得了病。叔叔曾经给我们写了一封信告知情况，那封信他怕我们收不到，特意让人带到三十里地以外的镇上去发，哪知我们仍然没有收到。

父亲和叔叔的那种相好，我的很多同学都知道。我从父亲和叔叔之间的情谊出发理解的相好，甚至影响了我童年的那些伙伴。可现实总让人措手不及，那年村里开批斗会，一个女人的脖子上挂了只破鞋子，原因便是她与村里的一个男人相好。女人敲着镗锣，游走了一条街又一条街。我们像蚂蟥一样叮着女人走，想从她灰白的面形和褴褛的布衫中找到些什么。很多孩子往女人身上投石子儿，我在其中有些无所适从。我当时觉得，相好是可以从一个温和地带走到极端的，就如同这个女人脖子上挂着的鞋子一样，是一个从新到旧的过程。我不是对女人抱有同情，而是对“相好”一词有种本能的袒护。我知道“破鞋”是句严酷的骂人的话，可我仍然能感觉那种严酷的包裹中有一缕温暖的东西，就像一片叶子总会有它的正面和反面。虽然我不知道那缕温暖是什么，但在童年的记忆中，能在潜意识中有一种简单的哲学范畴的思考，这在我的成长经历中，是一件重要的事。

我们这个时代是一个不断创新和不断扬弃的时代，乡村的那些词语也不例外，捕捉它残存的那些信息已经日益显得艰难了。我仔细留意了一下乡音，相好确实已经随着过去的时代结束了它的使命，不管是正面的，还是负面的。不管是正面还是负面，我还是认为它有一种绵延的属于宽宥的成分在里边，即使过去曾采用极端的方式对待它的负面，但在旧文化的属性内，它仍不失为一种温和的调侃。

针线板

zhēnxiànbǎn

规矩的针线板，大概有七八公分长，两端或中间的部分用刀刻出凹槽做装饰，其实也是为了把针线板等距离分开。我家的针线板是枣木的，一端缠白线，一端缠黑线。中间的那部分，也许会缠上些红的或蓝的线，那是绣花用的，都不会很多。

家里最早用的线，都是母亲用纺车纺出来的。纺线的日子，是童年睡眠时的催眠曲。纺车像蜜蜂一样叫，只有单调的两个音节，可因为整个晚上周而复始，你甚至能把它听成黑暗中的背景音乐。线团像小白兔一样在炕上滚动，这时需要我用双手把线缕撑开来，由母亲缠成一大团，然后在适时缠到针线板上。假如我的衣服哪里撕了口子，或者掉了纽扣，我便只找到针线板就行了。

针线板是家里再寻常不过的东西，它终日在炕上斜放着，有时会被老猫匍匐在身子底下，牙齿痒的时候磨磨牙，或百无聊赖时，用爪儿拨弄它，让它像陀螺一样在炕上转。母亲把针线板拿在手里，寻到白的或黑的线头儿，抻出长长一节，牙齿凑过去，只轻轻一咬，线便断了。这样断的线头儿是齐的，好纫针。我们也学母亲的样儿，也把牙齿凑过去，线却不那么容易咬断。母亲说，线也欺负小人儿，它不是勒到小孩子的牙缝儿里，就是在牙齿上“吱吱”作响，然后要把手勒红，才能勉强把那么细的一根线扯断。而这样扯断的线，无论如何也纫不上针，它长长的绒毛又细又弯，人出气时就能让它左摇右摆，倘若让它从那么细小的针孔穿进去，恐怕得像神仙那样有本事才行。

奶奶有她自己的针线板。她的针线板很小，是胡桃木的。上方是一个半圆形的头侧面，眉眼是简单的一道划痕。据奶奶说，这个针线板是她的陪嫁，不光缠线用，还是护身符。夜里睡觉把它压在枕头下，神鬼都不敢上前。正是破除迷信的年代，我们当然不信奶奶的话，可奶奶的针线板总显得尊贵，让我觉得它在这个家里地位特殊。它上面总是缠着很少的黑色丝线，别着又细又小的绣花针。奶奶已经老眼昏花了，还坚持自己纫针。她纫针的目的，就是往一块绸布兜兜上绣花。我们也奇怪奶奶怎么会绣黑色的花，后来从大人说话的边角下料里，我们明白了那东西装老用的，属寿衣范畴。

有一段时间，我特别想做一个漂亮的针线板。布包踢够了，泥窝窝玩够了，我对伙伴们说，我要做一件正经事。家里的针线板被老猫拖到了灶里，草灰里还有零星火星，倘若没有那些缠上去的线，那些火星也许不足以把针线板点燃。母亲发现灶里冒出了烟，用最快的速度抢出了针线板，发现针线板的一面已经被火烫出坑来了，线被烧成了灰，只有上面的一点点黑线还算是线的模样，只是到外面遇到了风，就像蝴蝶一样飞走了。老猫那一段总犯错误，所以它挨打也成了家常便饭。那天我听到老猫凄厉的叫声，跑过去才发现，它被母亲堵到了水缸与墙壁的缝隙，尾巴在外面耷拉着。母亲手中的烧火棍，威吓地扬在空中。

那个针线板，并不是完全不能用，可母亲不待见它，它就黑皴皴地被丢到了一边。取而代之的是秫秸秆，母亲在它身上把线绕成十字花形，居然均匀好看。秫秸秆虽然能代替针线板，但到底与针线板的意义不一样，它在炕上摆着，怎么看都不是那么回事。有一次，我在外面看人家打橱柜，拣到了长短正好做针线板的一块木板。我把它拿到了家里，每天都在储藏间里动凿子斧子，妄想把它做成一块漂亮的针线板。我对这块即将成为针线板的木头是有想法的，我想在它的身上刻出花纹，想在它的两端雕出一模一样的两张娃娃脸，甚至还想在娃娃脸的眉宇间点一颗胭脂痣。不管我的想法如何好，那块木板总不是如我的愿望那样俱成形状，它的坚硬远远超出了我的想像。我所有的想法都在它身上落了空，最后木板在不该裂缝的地方裂开了，这让它的归宿成了毫无悬念的事。

奶奶的那个胡桃木的针线板后来不知去了哪里。我问了家里所有的人，谁都说不知道。它是奶奶的陪嫁，但并没有与奶奶一起装殓。我偶尔能想起它，当然不是因为它作为针线板的功能，而是考虑它的年代会不会久远得让人吃惊——它也许算个文物。

地盆子

dìpénzi

盆子放到地上，就是“地盆子”。可不是所有的盆子放到地上都叫地盆子。脸盆放到地上，仍是脸盆。脚盆放到地上，仍是脚盆。地盆子是一家人夜里方便用的尿盆，用地盆子称呼它，是不是也雅致了许多呢。

过去有一句骂人的话，说一个人的嘴巴不干净，就像地盆子一样。足见地盆子虽解决民生问题，却并没有得到应有的地位和尊重。过去的年代，一家人集体睡在一铺大炕上，晚饭一般都只是稀粥或稀汤，而那些稀汤和稀粥，差不多能照出月亮。那些汤汤水水的东西把胃胀成了水葫芦，两泡尿下去，肚子里就只剩挂肠子了。外面天寒地冻，小北风像刀子一样割人，夜里如果想方便，不去地盆子，还能去哪里呢。

家里孩子多，长孙或长孙女，一般都和奶奶住。而给奶奶拿地盆子，也是奶奶脸上的荣耀。地盆子就放在奶奶伸手可触的地方，离枕头近得不能再近。孙子或孙女依偎着奶奶睡，头离地盆子也近得不能再近。很奇怪那个时候的人就像得了鼻炎，对气味一点也不敏感。许多年以后，留下的都是暖乎乎的回忆，当年如豆的灯火，遥想起来，也像星星般璀璨。

小弟是一个有些奇怪的男孩子。他小的时候，身上不能有一点泥浆。东西掉在地上，打死都不会再吃。如果家里有谁饭前没洗手，他宁可饿肚子，也坚决不吃别人摸过的食物。那是一个人人都活得粗糙的年代，小弟无疑是一个异类。可小弟在奶奶那里，情形却大不相同。他是在奶奶的棉裤腰里揣大的，都上小学了，还像猫一样经常偎在奶奶的怀里，让我们看不惯。奶奶在被窝里给他焐冻白薯，让他早晨当早点。换我，我是不吃的，可小弟却吃得香喷喷，让我们匪夷所思。有时候我们之间拌嘴，我有些残忍地说奶奶的被窝里有虱子，小弟根本无动于衷。他觉得奶奶给他焐的白薯，是天底下最好吃的食物。他每天晚上都给奶奶拿地盆子，然后搬一张方凳，放在奶奶头前，再把地盆子放到上面，这样奶奶在被窝里伸手就能够得到。早晨上学之前，还要负责给奶奶倒掉，然后再用清水刷洗干净。直到奶奶后来瘫痪了，大小便失禁，小弟仍坚持给奶奶拿地盆子。奶奶临终那天，小弟蜡黄着脸，拿着地盆子贴着门站着，别人告诉他地盆子没用了，小弟还是像往常一样，把地盆子放在了奶奶的头前。村里人都说小弟孝顺，奶奶没有白疼他。

地盆子多为瓦盆，幽深，两端有耳，上有提梁。也有用就搪瓷盆或陶瓷盆的。为了赶早倒掉地盆子，母亲通常要早些轰我们起来。地盆子要倒掉猪圈里，积肥用，而家离猪圈稍微有一段距离。母亲的意思，是要避开街上的行人。其实我们的心理负担更重。拉开门，先要看街上有没有行人，看准了没有，才像兔子一样连跑带颠穿过那条街。偶尔撞上人，要把脸别过去，话都不好意思说。这种感觉当然不是所有的人都有。我看见街上的两个媳妇就手提着地盆子说话，两人从容地站在那里拉家常，就像手里什么也没提一样。这种情景让我非常纳闷，我想不透同样的一件事，为什么彼此的态度能相差那么远。

我唯一的一次野营拉练，是在小学四年级。当年我们步行去一个深山区，然后分别住在老乡家的炕头上。我和另外两个女生住的那一家，只有一个女人带一个孩子。晚饭吃的是米饭拌酱油，饭后我们集体到电线杆子下面听广播，电线杆子上面有个小喇叭。听完广播回来，已经是八点多钟了。女人和孩子已经躺下了，地盆子摆放在地中央，我吃惊地发现，那是一个很大的敞口青铜盆子，在昏暗的灯影里泛着绿莹莹的光。我问盆子是哪里来的，大嫂说，是从坟里刨出来的，已经用了很多年了。我有些明知故问地问那只盆子是做什么的，大嫂说是地盆子。我还是难以置信，虽说当年的我并不知道青铜器的价值，可还是觉得这样的一只盆子做地盆子，实在是太奢侈了。转天早晨天似亮非亮，起床号已经吹响了。我们手忙脚乱地打背包，大嫂给我们烧好洗脸水，放到院子里的一个石墩上。看见放洗脸水的盆子，又让我大吃一惊，原来是夜里的那只青铜盆子，又在这里派上了用场。清水映出的盆子底下有四方形的一块铭文，可惜我一个字也不认识。

柴鸡蛋

cháijīdàn

市场上经常有山里的媳妇卖自家养的柴鸡蛋，放在一个篮子里，比普通意义的鸡蛋略小，皮儿近乎透明，甚至还比通常的鸡蛋略圆。看着真的是柴鸡蛋的样子，价格也要贵上两到三倍。可拿回家去打在碗里，便觉得与记忆中的柴鸡蛋委实有些差距，炒熟了或做出羹来，味道也大不如以前。便觉得此柴鸡蛋和彼柴鸡蛋之间，毫无血缘。它们长相仿佛，纯粹是一个误会。

柴鸡，在我的记忆里，是一个温暖而又祥和的名字。公鸡司晨，母鸡下蛋。我每天早晨上学，会顺手抽开鸡窝的挡板，把憋了一宿的公鸡和母鸡撒出来，让它们在院子里自由自在跳舞。那一瞬间，公鸡和母鸡的舞姿都很美，它们打开翅膀，用足尖着地，旋转或往前跳跃着步子，嘴里发出畅快的“喔喔”声。有蛋的母鸡是看得出来的，它们舒展完自己，就显得心事重重，脸是鲜红的颜色，小小的头颅不停地左顾右盼，一个不留神，就趴进草窝里，“噗”地下出一个蛋。这是有出息的母鸡，认窝，蛋总是下在家里备好的草窝里。没出息的母鸡就差远了。大门刚拉开门闩，它就像健将一样顾头不顾尾地往外跑，然后不定钻到哪里，把蛋下了，再若无其事地踱着方步出来。有时候，母亲让我跟踪这样一只母鸡，我就极负责任，它走到哪里我跟到哪里。母鸡竟可恨到宁可憋得自己晕头转向也不肯轻易把蛋下出来。其实后来我明白了那种母鸡的心计，它会把蛋统统下到不为人知的地方，然后自己抱窝，孕育儿女。那是只渴望做母亲的母鸡，它没有错，错的是人们太渴望那枚鸡蛋了。

石奶奶家的一只母鸡想做母亲几乎到了发疯的地步。不管石奶奶用什么办法对付它，诸如把它扣进筐里或圈进窝里，一整天不允许它离开院子，母鸡总有办法逃脱。实在逃不掉，母鸡就把下的蛋自己啄开喝掉，把石奶奶气得牙根痒。有一天，母鸡从外面下了蛋回来，石奶奶一把捉住它，手起刀落，就把它的头剁掉了。母鸡没有头还飞出去好远，石奶奶顺着母鸡飞走的方向找到了那窝蛋，有十几个。石奶奶很得意。有一年，我家的母鸡也有一只这样的，我们都知道它鬼鬼祟祟在外面下蛋，以为它会在什么时候领窝小鸡出来呢。可一直到了冬天，我们才找到那窝蛋，好大的一堆，都被冻坏了。

家里的油盐酱醋都指望着母鸡，却没有粮食喂它。一群母鸡清早出去，到村里的犄角旮旯觅食。草籽，虫子，场院边上遗落的粮食，它们出去就是整整一天，天大黑了，才会自己找回家来。母鸡下的蛋是相当一段时间家庭的主要经济来源，所以那枚鸡蛋，不会轻易来到谁的嘴边。但煮鸡蛋或炒鸡蛋的那种香，现在想起来也让人流口水。蛋黄像月亮一样鲜艳，蛋青像糨糊一样黏稠，而且蛋青的量很小，稀薄地包裹着蛋黄，像月亮睡在了摇篮里一样。

春暖乍寒，姐姐她们就要下到很深的河水里捞苲菜。苲菜是一种水草，长在河床的沙地里。我至今还记得她们在水里时的模样，冷水会激得她们瘪起小腹，双臂像老鹰的翅膀一样张开，激灵得仍似站不稳。苲菜就在她们的脚下，有小腿高。人不能潜下去，怕冻僵。捞苲菜的办法，是用脚在水中画“圆”，好让那些苲菜缠在小腿上。待缠到一定数量，就把腿抬出水面，用手把那些苲菜从小腿上撸下来，抱到岸上。岸上是块麦地，麦穗正扬花，太阳把麦垄晒得滚烫。姐姐她们时不时地就要把身体贴在土地上取暖，她们的身子都是紫穗槐的颜色，嘴唇则白得像槐树花。有柔和的春风吹来，她们也禁不住要发抖。多少年以后，姐姐对那一幕还记忆犹新，并觉得那是导致自己骨关节不好的罪魁祸首。

那些苲菜，就是给鸡做饲料的。苲菜鲜嫩，有一股腥气，鸡很爱吃。最重要的是，苲菜的茎和叶通体都是一种暗红的颜色，鸡吃了以后，不但脸是红的，蛋黄也会成一种胭脂红。而这种红蛋黄的鸡蛋，是另一种别致的鲜香，假如腌成咸鸡蛋，蛋黄会红成一轮小太阳。

砸坷垃

zákēla

我问姐姐，生产队里最有意思的活计是什么。姐姐说，砸坷垃。

农具中，有一种榔头是木柄、木棰，抡起来很轻松。秋天土地收割完，要用犁杖把土地深翻一遍。大洼里的地都是黏土，翻开晾晒以后，都成了大坷垃。从地头望过去，均匀得就像画笔画上去的。那些大坷垃有起有伏，有点像波涛翻滚的水面，要想春天好播种，砸坷垃也是一个重要环节。

砸坷垃都选择在冬闲时节，“一开先儿”。这是乡亲们常用的一个词，我却找不到适当的汉字表述。“一开先儿”的含义便是中午不回来吃饭，上午去大洼里干活，一直干到下午收工。姐姐之所以说砸坷垃是有意思的活计，是因为工分挣得容易。姐姐说，虽说是“一开先儿”，可统共也干不了两个小时的活。那一天的工分，就像白给一样。因为天寒地冻，出工要比平时晚很多，要太阳把大洼暖透，冻土才会容易些被砸开。社员们甚至可以在家睡个懒觉。八九点钟起床，十点多下地，边走边谈古论今，晃晃悠悠走到大洼深处，都过十一点了。冬天的太阳就暖那么一小段儿，干一阵儿，歇一会儿，刚有些潮湿的土坷垃就又硬邦邦了。小北风“嗖嗖”地吹了来，暖和的身子也生出寒意。不管干到了哪里，七叔的一句收工，人们就齐刷刷地把榔头扛在肩上，打道回府。漫长的冬仨月，不愁那些坷垃砸不完。

冻土被木棰砸到时，是沉闷的一声响。尽管女人都围着围巾，男人都戴着帽子，七叔的连本评书演播，会一字不落地送到每个人的耳朵。大家都围着七叔干，手里的榔头乒乒乓乓，把西瓜那样大的土坷垃砸成核桃大。同时也和着七叔的节奏，烘托出七叔的演播氛围。七叔的评书，是他独创的一种叙述方式，不似讲故事慢条斯理，也不似广播里的长篇小说连播千篇一律。七叔的评书，是介乎于表演与口技之间的一种形式，装男像男，装女像女。有时还有唱段，而那些唱段都是现场发挥的。七叔与后来的评书演播一样，每天只说一节，而把悬念留住。任别人怎么问，七叔也不会把下一节的内容透露出来。

七叔的评书范围广泛，有七侠五义中的故事，有抗日战争的故事。七叔是一个喜欢读书的人，他把读到的书归纳和整理，然后变成自己的语言套路讲出来，当年的那些听众，迷七叔就像后来的观众迷刘兰芳一样。砸坷垃的日子，变成了姐姐甜丝丝的回忆，什么时候想起七叔评书里的内容，都会忍不住地笑，说七叔的评书，咋就那么好听呢。

我问，平时七叔就不说评书么？为什么要等砸坷垃的日子？

姐姐说，砸坷垃的日子，是七叔说评书的最好日子。七叔说评书不会瞎说，而是要讲条件和环境。七叔的评书都很长，必须要每天衔接得上，否则七叔宁肯不说。砸坷垃的时候，人跟人几乎都是面对面，听众又多，这都是七叔说评书的先决条件。倘若隔着高粱垄，七叔是不会说的。七叔需要看见听众的面目表情，他好把握故事进展的节奏。

那个时候，广播里还没有开始说评书，而七叔的评书，也与后来真正意义上的评书大相径庭。可乡亲们都愿意把七叔说的内容称之为评书，而且，还把砸坷垃与七叔的评书联系起来，原因是，七叔自己创编了一段评书，居然与砸坷垃有关。

当然那段东西没有保存下来。据姐姐说，那天大家到了地里，遇到一个大风天，人在宽广无垠的地里根本站不住，榔头刚举起来，就被风吹得带着人一起跑。这样的天气干活不行，就这样回去也不行。队里要记一天的工分，不干活也得耗些时间。七叔把大家领到了一条干渠里，找个背风的地方坐下。正好昨天的连本评书讲完了，有人问七叔今天讲点什么，七叔说，就讲砸坷垃。

原来，在砸坷垃的日子，一对青年男女恋爱了。他们每天跟别人一起砸坷垃，听评书，看上去跟别人没什么两样，七叔却从两人的举止中看出了端倪。七叔把俩人编进了故事里，初听得人云里雾里摸不着头脑，到后来才知道，故事原来就发生在他们身边。

后来七叔做了两个人的大媒，而那段评书，也让村里人津津乐道了很长时间。

打　夯

dǎhāng

夯是砸实地基时使用的工具或机械。有木夯、铁夯、石夯、蛤蟆夯等等。现在我家院子里还有一只木夯和一只石夯。木夯混在屋檐底下的一堆废旧木料里，因为多年风吹雨淋弃之不用，身上都长木耳了。石夯又名“双交子”，是一只类似“算子儿”（箕盘珠）模样的大石墩，中间也有圆圆的孔。村里的老人们说，这是标准的石夯，四周绑上木扶手，被四个人高高提起，落地时震天动地。这样的地基砸出来才会瓷实，砌出的墙不会歪，房不会倒。

村里这样标准的石夯并不多，大都用碌碡取代。我稍微留了下心，就在一条街上发现了五个废弃的碌碡。其中有四个分别在四户人家的门口，当石凳用。其中一个在一户人家的猪圈旁戳着，百无聊赖。算一算，它们已经闲置很多年了。绑上木架，碌碡就是现成的石夯，所以那个俗称“双交子”的石夯明显有些奢侈，它现在孤零零地坐在院墙的角落里，如果不是母亲提醒，我若干年里甚至没有看见它。

我跟母亲打听石夯的事，母亲一指墙脚，说：咱家就有，那不是？

看打夯也是件热闹事。甭管木夯、铁夯还是石夯，哪里有响动，哪里准会围着许多人。木夯是两个人抬着，如果只是砌一道矮墙或者给土地找平，一个人端起砸下的时候也有。如果谁家砌一座大房，那打夯的场面可就热闹了。

条件稍好的一些人家，房基的夯道有时会有两拨人同时打夯。两拨打夯人会叫起号子，你把夯提过膝盖，我就提过提过小腹。你若过胸，我就过顶。打夯人一个个敛声屏气，两条手臂抓实了夯把，手腕用力一抖，几百斤重的夯就像被连根拔起。四人一起用力均匀，夯才会从空中平稳降落。哪一方稍稍力量单薄，夯的倾斜角度过大，不但砸不实地基，还有伤人的危险。

爷爷喊的夯号，是我听过的最好听的夯号。听说村东要修一条油漆路，我和小伙伴放了学就往村东跑。那是一条国道（津围路），各村分段包干。爷爷是一组打夯人的领头人。夯的中间竖一根木棍，俗称“交子”，几个人起夯时，爷爷就用手扶住“交子”，以掌握夯的平衡。爷爷嘴里的夯号也就是在石夯一上一下中控制着节奏。人们说，因为爷爷喜欢京戏，所以爷爷的夯号喊的与众不同。别人的夯号里没有词，只有“嘿嘿嘿悠哇”的变声变调，打上一天的夯，夯号都离不开这几个字。爷爷的夯号里却有内容，比如，他把该铡的陈世美编进去，夯号就变成了：“你个陈世美呀，嘿嘿嘿悠哇。杀妻又灭子呀，嘿嘿嘿悠哇。”仿佛陈世美像只蛤蟆一样就在石夯底下趴着。爷爷还有出口成章的本领，看到什么就能喊出什么。小媳妇回娘家，或者天空飞来一只大雁，都能成为爷爷夯号的内容。爷爷的声音又高亢洪亮，在整个工地上，爷爷简直就是明星样的人物。

因为热爱夯号，爷爷也迷上了打夯。他瞧不上碌碡之类的替代品，而要拥有一个名副其实的石夯。我家的这个石夯就是在那种背景下，爷爷托人从北山弄来的。除了车脚费，爷爷还给了人家几升红高粱。谁家请爷爷去喊夯号，爷爷就把自己的石夯带着。那个年月又不讲报酬，爷爷带着自己的石夯去给人家帮工，那得多受欢迎。

村里通了电以后，又笨又重的石夯就逐步退出了历史舞台，蛤蟆夯应时而生。那个通上电以后就蹦个不停的铁家伙，让大家看着很新鲜。蛤蟆夯只需转弯时被人正一下把，其余的时间就是独自在那里跳，而且只要不停电，就永远也不知道疲倦。地基上面砌起的石墙上蹲着一圈人，他们有的是曾经打过夯的人。邻家三哥就有点对蛤蟆夯着迷，他总想弄明白多少人的力气才能顶一个蛤蟆夯。

村里的老人说，爷爷当年为了自己的石夯不歇业，到处游说打地基的人家别用蛤蟆夯，说那个东西砸不实地基。也有人表示理解并支持爷爷的想法，打夯的日子如同唱戏一样有趣。可问题是谁都不愿意再去举那个石头家伙，那可是力气活，一点都不能偷奸耍滑。自从石夯待在我家墙脚那天大概就再没有动过。很显然，我们全家人的力量加在一起，也搬不动它。

洋取灯

yángqǔdēng

有了几岁年纪的人，都知道火柴曾经叫过“洋取灯”，那是旧时代的产物。在我们家乡，洋取灯这个名字也是要上韵口的，我们把取灯读出“起腾儿”的音。谁要是板板眼眼说“洋取灯”三个字，人家会说你撇洋腔，是要遭人笑话的。

中国近代历史歌谣选中，有这样的句子：“洋鬼子要通商叹了九声，洋货行洋药行还有洋取灯。”把火柴与货行药行相提并论，按现代人的思维习惯，洋取灯在货物贸易中的位置，该是举足轻重。到了该舍掉一个“洋”字的时代，它仿佛就变得不怎么值钱了。村里有一个女人不当家，花一分钱也要跟丈夫讨。她经常与人哭诉说：“我连买一盒洋火的钱都没有。”洋火也是火柴的别称，在那个年代，卖两分钱一盒。解读女人哭诉的意思，火柴该是居家过日子中最便宜的货物。我有个印象不知道是否准确，爷爷那辈人中，称火柴为“起腾儿”的人多些。父亲那辈人这样称呼的就少了。而到了我们这一代，“起腾儿”这样的读音已经说不出口，当然我们也不会叫它火柴，那还是撇洋腔。甚至直到现在，老家的一些人还是叫它洋火。

有个朋友是20世纪70年代末出生。有一天我突然问他：知道什么叫洋取灯吗？

他想了好久，摇摇头说不知道。当我说出火柴就是洋取灯，他哈哈大笑，他说怎么不叫洋取火？

我想了想，洋取火还真是有些意思。而且，好像比洋取灯更贴切些，含义更宽广些。火字又不容易把音读走了，就是在我的家乡，把洋取火读准了也不会被人说成撇洋腔。

想不出当初怎么就有了洋取灯的名字，也许是火苗划着以后，发明者做的第一件事就是点亮了一盏灯？抑或在所有与火发生关联的东西中，灯的位置显要？

邻家一位叔叔，20世纪50年代在北京学剃头。第三年出师了，也公私合营了。师傅留不下他，让他回了原籍。叔叔去的时候十五岁，回来十八岁。在北京待的时间不长，却学了一口京腔京韵。家里人因为他的京腔京韵都觉得没脸见人。其实现在想一想，叔叔肯定是觉得北京话好听，要刻意说成那样，表现自己的与众不同。可在当时，家里人觉得叔叔是把家乡话彻底忘了。于是每个晚上，他的父亲教他撇掉京腔，就从“洋起腾儿”说起。“洋起腾儿”而不是“洋取灯”。他们的声音甚至能传到我家院子来，我的父母都曾为叔叔嘴里的“洋取灯”发愁。因为，他要一直这样“洋取灯”下去，恐怕连媳妇都说不上。叔叔现在是奔七十的人了，有一天我与他闲谈，说起火柴的几种叫法，我吃惊地发现，叔叔说的还是“洋取灯”而非“洋起腾儿”。我回家说给母亲听，母亲说，他那是跟你说话才这样，觉得你是在外面工作的人。否则他可不敢撇洋腔，年轻的时候遭了多少罪啊。

读一些描写城市贫民的文学作品，经常会有一些细节是这样的：昏暗的灯光下，母亲和她的孩子们在手忙脚乱地糊火柴盒，剪刀、糨糊、碎纸片，让原本狭小的空间更显得逼仄。当时就想，我曾经划过的那些火柴盒，也不知是谁在灯下糊的。有些火柴很好用，火柴梗上顶着个“小红帽”，一擦便着。但有的火柴也当真不好用，擦十根都未必着。地上躺了横七竖八的火柴梗，一把柴窝在灶里，怎么都不能让它燃起来。尤其火柴稍稍受了一些潮，它干脆就是罢工的样子，无论你怎样努力地想让它在摩擦之间产生火焰，它都无动于衷。

现在的火柴已经越来越少见了。偶尔在酒店的房间或餐桌上见到，吃惊地发现，它已经大到香烟盒的长度了。火柴梗也是粗粗壮壮的样子，一盒里装十几二十几根，不像过去的火柴盒，里面密密地要躺满一百根。有一则有关“洋起腾儿”的谜语是这样说的：四四方方一座城，里面住着百个兵。大家都戴红缨帽，不知谁是领头的兵。

这则谜语生动、形象，大概就是我的家乡人发明的。

铁板大鼓

tiěbǎndàgǔ

有一曲铁板大鼓《十二月古人话》，开篇词是这样说的："正月里开迎春春花送友，周景龙白牡丹英雄争斗。窦尔敦盗御马为报前仇，仇报仇反西凉曹操逃走，走雪山的老曹福冻死山头。二月里开杏花遍地发白，白门楼斩吕布辕门打开。开封府的包文正美名常在，在门外的李翠莲舍过金钗……"

如果不是受篇幅所限，我还想多引用些鼓词内容。鼓词通篇都是字头咬字尾的形式，生动，有趣，且句句一个典故套着另一个典故，被盲人艺人高淑敏唱出来，真如天籁一般。我从来也没有被声音如此打动过，心灵体会到了一种强烈的震颤。高淑敏先天失明，从十一岁开始学唱铁板大鼓，一唱三十年，会了多少段子，数都数不清。老伴也是盲人，大她十几岁，走南闯北背着四弦琴，为她伴奏。在我们家乡一带，高淑敏和老伴高俊瑞就是铁板大鼓的代名词。那些慕名而来的人很少有人知道他们的名字，但一提唱铁板鼓书的，四乡八村的人都知道是他们。

我做了一下调查，在我们这一方土地上，正经因为铁板大鼓拜过师学过艺，而又以此能养家糊口的，就是这一对高姓盲人夫妇。

年轻一代的人已经不知道铁板大鼓是什么。从小就喜欢各种曲艺节目的我，许多年来居然也没听过一段完整的铁板大鼓。

家乡的人也少有人见到这一对夫妇的珠联璧合。他们从打年轻的时候就一直在外做说书人，河北的许多村庄，黑龙江的许多村庄，都被他们摸索着走进过。他们在一座村庄里说书，周围许多村庄的人都会从远处赶来。他们在演唱的地方名声很响，预约的人往往要排队。他们在一座村庄一住几个月，说全本的《小八义》，没有两三个月的工夫根本下不来。要过年了，一根竹竿牵着夫妻俩，从千里之外的异乡回到家乡。我们很难想像这对盲人夫妇怎么应付这千里跋涉，火车汽车一路走下来，平原上的村庄都大同小异。不知他们凭着怎样的记忆找到家乡的方位。过了正月十五，那根竹竿又牵着盲人夫妇上路了，女人背着鼓，男人背着琴。

县里组织普查民间文化遗产情况，高淑敏的铁板大鼓被纳入了视野。自从十几年前老伴高俊瑞去世后，她再也没有演唱过。高俊瑞年长高淑敏十一岁，从小勤奋好学，对多种曲艺段子的演唱和演奏都有很高的水平。虽然十多年未曾演唱，可高淑敏一张口仍然是玉润珠圆，让在场的所有的人为之动容。为了配合高淑敏的演唱，县文化局长亲自给她送去了一面鼓，家人跑到临近的几个县为其寻找伴奏人员，虽然找来了两个，但终究因为水平相差悬殊而放弃。高淑敏很失望。她憧憬着自己还能做一回说书人，那些烂熟于心的曲调唱词，经常令她魂不守舍。

我家离盲人夫妇住的村庄有三十几华里。许多年来我都没有机会见识这一对说书人。当我在一个寂寥的冬日驱车赶赴高淑敏家时，发现那是大洼边缘的一个小村庄。三间红砖瓦房相邻着一条土街，院子的四周夹着厚实的玉米秸秆篱笆墙，黄澄澄的，在灰仆仆的村庄里，别是一种况味。民间艺人的说唱段子，都是宝贵的文化遗产，千百年来，他们口口相传，现在，却面临着再难传下去的窘况。高淑敏也想收徒，无奈自己的儿孙都不符合条件。时令至冬，屋里还没有生火。老人的慢性支气管炎让她的谈吐很困难，可在我们的要求下，她还是断断续续地唱完了《十二月古人话》：

“十一月开水仙大雪纷飞，汾河弯薛鼎山打雁识亲。亲生子秦凤亭母子相认，认义父的回龙转王花去买人。人见鬼红泥冠遭心被困，困寿州的刘金定大杀寺门。十二月开腊梅没叶净花，花打雷西黄庄进宫来杀。杀土城程静思搬请人马，马三宝凤凰山四肢来铡。铡包冕的包文正他把陈州下，下天堂的小嫦娥天女散花……”

手扶拖拉机

shǒufútuōlājī

农业机械化是一代又一代庄稼人的梦想。从20世纪50年代到六七十年代，全队人苦熬苦挣了几十年，终于决定买一台手扶拖拉机。开手扶拖拉机的人，不叫司机，不叫驾驶员，甚至不叫拖拉机手。拖拉机手是开那种大家伙的人，比如，东方红55，轮胎就有一人高（那时我们个子小），红色的驾驶室像楼阁一样建在半空，拖拉机手居高临下地弯下腰来跟地上的人说话，要多神气有多神气。

手扶拖拉机的性质有些羞答答，虽然它是队里花了全部家当买来的，但只有关起门来，队长才眼珠子发亮。那年别的生产队都有手扶拖拉机了，我们队为了赶超别人，才买了它。说真的它不比马车牛车拉的东西更多，只是稍微快一些，可它还吃油，油都要钱来买。不像牲口吃饲料，饲料都是地里产下的。队长不止一次对社员说，大家要“供”着这个铁家伙，如果它出毛病进公社的农机站修理，队里就没钱让它住院了。

队长在会上问大家谁来开手扶拖拉机，大家异口同声说长河。长河在农机修理站做了半年小工，虽说干的都是打杂的活，但他总是离机器最近的人，他开手扶拖拉机最合适。长河是一个未婚小伙子，上过初中，人稳重可靠，摆弄机械的人，稳重是第一位的。也有两个“二青子”和长河争位置，长河抱着肩膀在一边站着，一点不起急。长河知道自己的优势有多大，知道手扶拖拉机在队长和社员的心中有多金贵。它不单要拉各类庄稼，还要拉人，不找一个妥靠的人开手扶拖拉机，社员们也不依。

再到大洼里干活，社员们就坐在车斗两边的车帮上，你拽着我，我扯着你，在手扶拖拉机的突突突声中欢声笑语。那时的路都是土路，七高八低，手扶拖拉机的稳定性能又不好，像兔子一样往前蹦着走。那种颠簸能把元宵摇出馅儿来。一路上尘土飞扬，人喊马嘶。车把式都好斗，他们把马调欢了跟手扶拖拉机叫劲儿。各队的手扶拖拉机大小都出过一些事故。比如把人颠下来了，开手扶拖拉机的人却不知道。或者一不留神，手扶拖拉机跟路边的大树撞上了。还有的干脆把车头开到了马肚子底下，把马吓得直喊“哎呀妈”——当然这是大家在说笑话。我们队里的人都相信长河，相信他不会把人颠下去而不知道——他开得慢。相信他不会撞大树，更相信他不会把车开到马肚子底下——他不跟任何人叫劲儿。很多人都觉得奇怪，年纪轻轻的长河，也不是没脾气的人，咋就逗不起性子来呢？咋就一直把手扶拖拉机开得稳稳当当呢。时间长了，坐车的人不想四平八稳了。遇到有人超车，他们就怂恿长河开快些。有时长河也给车加些速度，但绝对赶不上超他的人。坐车的人都觉得没劲儿，看长河的眼光都变了，觉得安稳妥靠的人也没什么好，做不来露脸的事。

那天，手扶拖拉机慢慢腾腾在地上蹦，刚上一座桥，正要右转弯，忽然有人在后面喊长河。长河回头的一刹那，手扶拖拉机就翻着个儿地从三米高的桥上掉了下去，桥下有很少的一些污水和杂草，车厢整个扣到了人的身上，水箱里的水也洒了出来，连摔带撞带烫，十几个人都体无完肤。路上的许多车辆都参与了救援，长河最后一个从污水里爬出来，那些受伤的人都被陆续人运走了。长河没晕倒，还能自己爬上来，显然是没受伤。也没人把他当伤员看，长河自己回家了。

这件事，在村里是一个重大事件。长河很多天连门都不愿意出。一个月以后，那些人都陆续出院了，长河才敢到家里看看人家。虽说有些烫伤和脑震荡，但都没留下后遗症。可长河的日子仍然不好过，谁不得说长河几句气话呢？不论别人说什么，长河都得听着。长河说什么也不摆弄手扶拖拉机了，他让那次事件吓着了。长河不摆弄，也没有人愿意再摆弄。手扶拖拉机就一直在牲口棚的房山处停放着，一直到生产队解散，才被人一个轱辘、一个轱辘地卸走了。

现在家乡的公路上奔跑的都是带棚子的农用车，也不知道算不算手扶拖拉机的后继者。

玻璃锤儿

bōlíchuír

我去一个叫王吉素的村庄寻访著名作家浩然生活过的地方，那里是一大片废弃的宅院，只有邻家的一座土屋还在，也已经破败不堪了。过去两家的宅院是一个“串”字，房屋结构大致相同，屋里摆设大同小异。主人随手拿起了一根猪骨头，说就是这个玻璃锤儿，都是一家一个，女人没事就在堂屋里用它捻线捻绳。那根蒙着厚厚灰尘的猪骨头，中间有孔，一根小手指粗的扫帚秒从孔中穿过去，上面有个弯勾，把线勾在弯勾上，让玻璃捶儿在下面像陀螺一样地转，一条光滑匀实的线或线绳就算捻成了。

玻璃锤儿很快勾起了我童年时的一些回忆。概念中，玻璃锤儿应该与玻璃有关。可所有的玻璃锤儿都是猪或牛的腿骨做成的，这一点当所言不谬。只是随着年深月久，骨头被摩挲得如玻璃一样光滑，仿佛也能照出人影，这大概就是玻璃锤儿名字的由来。纺车能纺出线来，却纺不出钉底子用的线绳。线绳都是用这个叫玻璃锤儿的家伙“转”出来的，转动的过程，叫“隔”。当然这个字可能不准确，乡间的很多说法，如果想用汉字准确地表达出来，简直比登天还难。线绳有六股线的，有八股线的。也有的用蓖麻“隔”麻绳，给老人或壮年汉子钉底子用。在夏日的午后，常见几个妇女站在树阴底下边说话边转动玻璃锤儿。左手在上面提着线绳，右手在下面逆时针转动玻璃锤儿，玻璃锤转动起来后，两只手再交错捻动线绳，这样线绳就越捻越长。待玻璃锤儿离地面很近了，就把线绳十字交花缠到玻璃锤上，挽个扣，这样玻璃锤儿又可以重新转动了。

玻璃锤捻出的线，都是粗线。比如把羊毛和兔毛捻出线来，就可以织手套和袜子。虽然粗糙得惨不忍睹，但暖和是真的。我还记得队里长得很好看的一个大姑娘，用生羊毛给自己织了一件毛衣，灰白的颜色，又瘦又小，穿在身上像刺猬一样。可这也让队里其他姑娘羡慕得眼蓝。于

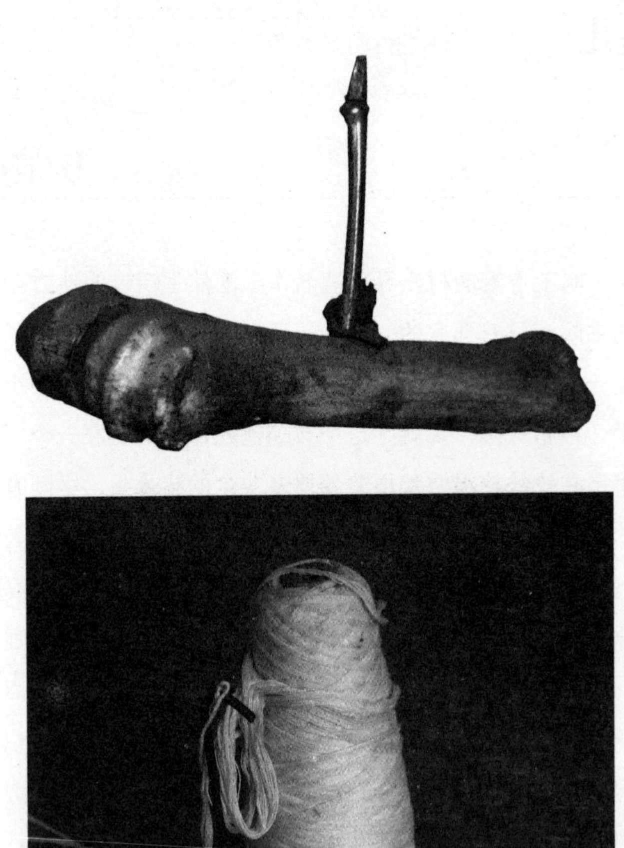

玻璃锤儿的构造如此简单，可它转动起来，也能带出风声。我家的玻璃锤儿和邻家的玻璃锤儿差不多，邻家的婶子拿出来一轴线挂在玻璃锤儿上，玻璃锤儿一下子就生动了。

是那些姑娘掀起了一个织毛衣运动，她们仿佛各个都有通天本领，不知从哪采来了羊毛或兔毛，在上工聚齐的一小段时间，笑眯眯地转动玻璃锤儿，笑眯眯地彼此对比毛线。可事实证明姑娘们的行为多带有表演的性质，因为很长一段时间以后，别说给自己织一件毛衣，就是能织成手套或袜子的人也很少——不是她们手拙，而是毛线不够。我们到别人家里玩，就看见过织了一半的袜片躺在灰尘里——运动过去了，姑娘们也对它们失去兴趣了。

任何事情都有一个发生和发展的过程。到我上初中的时候，玻璃锤儿不知怎么就成了我们手中的工具。但我们摆弄的不是猪骨头牛骨头那样的大家伙。虽然它有个好听的名字，但我们那个年龄的孩子不喜欢，况且携带也不方便。不知是谁无师自通，用两个夹电线用的瓷夹板，做成了新的玻璃锤儿。瓷夹板上有孔，是拧木螺丝用的，正好用来插扫帚杪用。我们也不用羊毛兔毛之类的东西来捻线，我们手中的玻璃锤儿，更多是为了玩。每天上学总抄近路走，因为路上有块棉花地，我们从棉花地的这头走到那到那头，口袋就被大朵的棉花装满了。我们一路走一路挤掉棉花籽，这样我们的玻璃锤儿就在上学的路上转动起来。那个时候我们甚至不知道采下来的棉花叫皮棉，要弹好以后才能纺线用。所以我们的线捻出来疙疙瘩瘩，像长虫吃蛤蟆，一股粗一股细，而且很不结实，玻璃锤儿经常掉下来，把脚面砸得生疼。上课时，我们就把玻璃锤儿、线以及棉花放到书包里，晚上放学，那些东西从书包里拿出来，三五个女生一路走一路转动玻璃锤儿，也是一道风景。

我们捻出的那些线，也织袜子织手套。但在我的记忆里，一样也没有织成过。有一年放寒假，我下决心要织成一双完整的袜子，可却因为不会织脚后跟，最后还是放弃了。当年的那些发明也随着那个时代终结了，但有些记忆却留下了。我下乡到另一个地方打听玻璃锤儿，那里的乡亲说，你说的不是“拨车子”吗？他说这是相对于纺车而言的叫法。那里离我的家乡不远，可已经是另一种方言。

水 瓢

水瓢舀水的日子，成了遥远的回忆。饭瓢要比它小得多，只碗口大小。眼下这只水瓢的里面长了绿色的霉点儿，背倚水缸合个影，于水瓢该是个安慰。

shuǐpiáo

贴饼子熬小鱼

tiēbǐngziáoxiǎoyú

家乡临着一条河，是多大的福气要许多年以后才能懂得。孩子从很小的时候就被父母抱到河里，父母假装撒手，让孩子在河水里体验沉浮。河边的孩子都不怕水，所以长大了出去闯世界，会游泳也是种技能，关键时刻兴许就用得着。孩子们会淘气就会摸鱼捉虾，把柔韧的柳条褪去皮，从鱼鳃穿进去，是长长的一串战果，提回家里会让大人喜笑颜开。那时的水也清亮，鱼虾也鲜肥，贴饼子熬小鱼算家常便饭，但那种家常便饭让人百吃不厌。

大鱼和小鱼，实在像萝卜白菜一样，好吃得各有道理。我家乡的很多人，现在喜欢吃小鱼的也不在少数。可我知道在有些大城市，吃小鱼的人是被吃大鱼的人看不起的，我在一位著名作家的文章里看到过这样的情景：一个人拾掇小鱼，明明是给自己吃的，却对邻居说是喂猫的，而那位邻居心知肚明，给拾掇小鱼的人以足够的鄙夷。

现实生活往往会呈现有趣的一面。好看的、价位高的东西，营养或口味不一定是最好的。所以餐桌上有吃面子一说。乡间的人们不怎么顾及营养，他们的口味，也非常可能算不得口味，可几代人流传下来，像贴饼子熬小鱼这样久盛不衰，也是个学问。

当然不是所有的小鱼都好吃。有一种扁平的小鱼叫葫芦片，除了刺就是一层皮，它是猫的佳肴。而好吃的那种小鱼叫麦穗，繁殖量大得惊人，细小的时候就像半根针，它们成群结队在水里游，只看得见细细的脊背和鼓凸凸的眼睛，很是整齐划一。它们属于那种永远长不大的鱼，最大的也就手指粗。脊背有缕鲜嫩的肉，刺也容易酥脆。鲜鱼用薄薄的一层油煎了（油多了也用不起），再切几刀细细的咸菜丝，须是老咸菜，年头越多越好，十几年前腌制的咸菜，有一种咸鸡蛋味。需要说明的是，熬小鱼里配咸菜，是必需的。否则就不是那种传统意义的味道。如果有可能，再放几粒黄豆（黄豆在那年月是奢侈品）在锅里，不但味道上了品位，也画龙点睛了。

贴饼子则更是讲究。须是头天晚上吃剩下的粥，揣进玉米面里，连盆坐到尚有余温的锅里，这样放到转天中午，多少有一点甜丝丝的发酵的味道，玉米面也更柔和更黏稠。这样做出的玉米饼子，表面松软，底下挨着锅的那一面，则金黄酥脆。玉米饼子个个油汪汪的——因为锅底就是小鱼咸菜，热气腾腾蒸上来，不但熏染了玉米饼子，香味还能传到大街上去。

有这样一句俏皮话：冷锅贴饼子——蔫溜。稍有贬义，指的是某些人心怀鬼胎，不打招呼就自己走了。说的是人，深究起来，则说的是火候。火候是贴饼子熬小鱼能否成功的关键，如果锅凉时把饼子贴上去，熟时揭开锅来看，饼子会一个个都出溜到锅底，那就不是贴饼子熬小鱼，而是成一锅鱼粥了。适时地在锅上贴饼子，与盖好锅盖时看火候，都同等重要。记得那个时候母亲只要腾出手来，就会把我们屁股底下的板凳踢开——她自己从来不坐板凳。母亲会把灶里的火匀散开，让它均匀受热，而不会造成一边糊了一边夹生。如果放开来让我烧火，我会觉得火越大越好，有一次就差一点把锅盖烧着了。

方方面面都谈到了，其实还有一样最要紧，就是那口大锅。现代人固然有些怀旧，觉得什么东西都是记忆中的好，可对于贴饼子熬小鱼而言，大锅是唯一的选择。小鱼和饼子本身，同在一口锅里，而又两不相扰，这样的一种结果，非是大锅所不能为。如果再矫情些，强调一下柴锅土灶，这贴饼子熬小鱼，岂不就成了绝唱。

童年时的那些记忆，肯定有不准确的地方，肯定有感情用事的地方，但这贴饼子熬小鱼，仍为许多现代人所怀念，这当是事实。只是后来做了稍许改良，比如，我们现在经常能吃到黏卷子熬小鱼，卷子是白面的。偶尔在饭店能吃到玉米面的，可厨师会在玉米面里加上糖和鸡蛋，虽说也受欢迎，却很难说它与真正的贴饼子熬小鱼距离到底有多远。

白汗褟儿

báihàntār

《新华字典》上解释说，汗褟儿是夏天贴身穿的中式小褂。寥寥数字解释，却定义了几个内容：夏天——贴身——中式——小褂。褂是指中式的单上衣，这也是字典上说的，但单上衣不仅是中式的，西式的也有，中西合璧的也有。也不仅是贴身的，在旧时的乡间，所有的上衣都叫褂子，不论单的夹的，棉袄除外。当然，也就不仅仅是指夏天的衣衫了——这有点像抬杠。

其实这一点都不难理解。西服或夹克这样的“褂子”，也是改革开放后才有。过去的年月，除了工装或军装这类符号形的产物，乡间人的穿着，多少年来仅以“蔽体”为原则。夏能穿单，冬能穿棉，已经算是理想中的生活了。即便是20世纪70年代，村里还有人家把冬天的棉袄拆洗干净做成夹袄，到了来年冬天，把棉套塞进去，夹袄就又成棉袄了。这样简约的生活，哪里需要过多的文字统筹呢。

我们的小时候，汗褟儿的称呼还很普遍。汗褟儿也叫白汗褟儿，起源应该是那种家织的布，是一种棉花白的本来颜色。很多人说起自己的汗褟儿，都要带个“白”字。粗棉布、小立领、盘花扣儿，这些都是典型的中式特征，大概在时空中流行了几百年后，一代一代传给了我们。但我们穿汗褟儿时，已经有府绸、的确良了。这种不出褶皱、光滑、削薄的面料，从一开始就决定了它不会是中式的立领。小翻领，小方领，或是尖头领，是它的主打样式。我们习惯叫它衬衫的岁月，父亲和爷爷他们却依然叫它汗褟儿，只是不再带那个“白”字。

我对白汗褟儿的记忆，原于爷爷和奶奶一次又一次地吵嘴。爷爷的白汗褟儿永远都不允许有一片汗渍，虽然他也扛着锄头干农活，可回家的第一件事，就是把白汗褟儿放到清水盆里。当然他自己不洗，他坐在前门槛子上抽烟。爷爷年轻时在北京的戏园子里当过差，在卫生方面有他自己的原则和要求。而爷爷的原则和要求，是奶奶永远无法满足的。爷爷的白汗褟儿独自晾晒在前院的铅丝上，滴答滴答地往下淌着水。在我们看来，那已经白得像一面旗帜了，可爷爷咬着烟杆围着它看，总能找到奶奶没洗干净的地方，从而发生一段口舌之争。爷爷就一件白汗褟儿，如果赶上阴雨天晾晒不干，爷爷宁可潮湿着穿在身上，也不容许它带着汗腥味过夜。

汗褟儿分长袖短袖，但也有一种无领无袖的类似马甲一样的短褂，也称汗褟儿。其实就是身后一块布，胸前一块布，腋下用布襻把两块布连缀在一起，可说是节约到家了，也凉快到家了。如果说汗褟儿与衬衫有分野，我觉得应该在纽扣上。穿汗褟儿的年月，衣服是没有纽扣的。那种叫“蒜子疙瘩”的东西，叫做“盘扣”，是用裁衣服的布条缝成的一根细绳，再编成一个小的“独头蒜”模样，充做纽扣。而它的对门儿，则同样是那根细绳双起来缝到衣襟上，探出些头，充当扣抿儿。前两年流行唐装，这样的“纽扣”似乎并不少见，其实与当年汗褟儿上的“纽扣”相比，已显得奢华了。唐装上的扣抿儿盘出花来，是工艺，是美观。不似过去只是实用意义上的一种。

比照样子，没有哪个女人不会裁剪、缝制衣服。过去的衣服也不要样儿，宽裆肥腰，只要大致是个衣服模样就行。但会做“盘扣”的女人则要手巧，因为针脚细密，眼还要好。一条街上也就一两个女人做得好这种事。如果逢谁家姑娘出嫁，儿子结婚，这样“盘扣”的任务就非她莫属。而家常穿的汗褟儿，则是代表着谁家女人的手艺。也真有手拙的女人，连个布条抿成的绳儿都缝不好，破绽百出，毛茬外露。“蒜子疙瘩”打出来是歪的，甚至与“扣抿儿”都对不上，衣服穿起来揪上揪下，看起来那叫一个别扭。虽然同样都是粗布缝出来的衣服，不同的人物穿出来，效果也大不相同。

除了爷爷辈的人，村里也没人再说汗褟儿这样的称呼了，而那一辈的老人，在一条街上已经找不到了。不知在哪一天，这个称呼被村里最后的一个老人带走了。他什么时候带走的，我们一点都不知道。

手推车

shǒutuīchē

手推车也叫独轮车，分木制和铁制两种。它的创始年代无考，但在很长一段历史时期，主导着人们的生产和生活。这样评价手推车的作用，一点也不是夸张，如果对当年千军万马搞会战的岁月稍有了解，就会知道所谓的千军万马就是人和手推车。而会战的内容，则是挖水库、修干渠，甚至是根治海河这样的浩大工程。

因为工艺简单和使用方便，每家每户都有一辆手推车。它和锄镐木锨一样，是参加农业生产必不可少的工具。我家的手推车是木制的，从轱辘的轴心部分斜上去两个支架，支撑着两根梯形的木框。两个车把呈八字形，被年深月久的汗渍浸润得玉一样光滑。两条车腿与轱辘正好成为三个支点，车头高于车把几公分，被人端起车把时，车身自然就平衡了——想一想简直有些奇妙，人无论高矮、手臂长短，都能轻松自如地推起车——队里分了粮、柴，都靠这架手推车往家里推，否则一两百斤的粮食口袋，从队里的场院运送到各家各户，就是件让人望而生畏的事。除此之外，手推车还能做交通工具。我小的时候跳皮筋儿，把骨头跳错了缝，母亲就用手推车推着我去另一个村庄正骨。我至今还记得我的两条腿平放在手推车上，身上搭一条小红被，在青纱帐里高低不平的小路中穿行。

小孩子长到手推车高，都愿意两手抄起车把，试试斤两。手推车在大人的手里，轻巧得很。在孩子的手里就不同了，那种平衡很不好把握。手推车像喝醉了酒一样朝一边歪，推不出几步远，就一头扎到了地上。有一次，伙伴小水灵就闯了祸。她妈从地里刨了一笼筐白薯，用手推车推到了大堤上，然后自己去河里洗手。本来小水灵一直蹬在手推车的木掌上被她妈推着走，看妈妈不在，小水灵自作主张去推车。结果还没推出两步远，手推车就一头朝堤下扎去，车、筐、白薯叽里咕噜自己往十几米高的堤下

拱车子：手推车几乎家家都有，但很少有人家保存到现在了。它的载运功能被自行车代替以后，邻家就把它拆掉卖零件了。我家的手推车一直保存着，是因为它在墙脚被人遗忘了。

滚，统统滚到了河水里。把她妈气得拍着大腿哭，让我们看热闹的足足兴奋了好几天。

手推车承载的重量，也是件让人不可思议的事。队里有两个人打赌，有个人说能推一麻袋两百斤的玉米，另一个人就说能推两麻袋四百斤。看热闹的人就把麻袋往车上装，结果承载四百斤的两只车把被稳稳地提了起来。还有人要往车上多装一些，队长不干了，他怕把车胎压得放了炮，补车胎要去公社的三机站，不但搭工夫，还得花钱。所以小推车到底能承载多少重量，现在也是个谜。

车上放个车斗儿（俗称土簸箕），就可以推土推粪。如果手推车是木头的，土簸箕也是木板钉成的。如果是铁的，土簸箕就要从镇上铁匠铺里定做了。手推车辉煌的日子，一定是在挖河工地上，几十平方公里水面的河泥，都靠手推车燕子衔泥一样一车一车地推。城东的大水库，号称华北最大的人工湖，也是在20世纪50年代用手推车这样一车一车推出来的。当时参加会战的涉及到三个县，十几万人，就有十几万辆手推车，想一想十几万辆手推车在一起的壮观场面，也是件让人叹为观止的事。

手推车也在不断改良中使用起来更加得心应手。从木制改为铁制，还不只是材料上的择优，使其更加结实耐用，在外观上，也有了很多调整。轱辘矮了、粗了，这无疑是加大了它的承载能力。车身也加宽了许多，从细细长长的模样改为周正的长方形，长和宽只差十几厘米。车把像桥拱一样弓了起来，这样车身虽然降低了很多，但并不影响使用它时人能挺直身板。土簸箕也相应加宽、高了，推河泥时，人们比着赛地往多里装，从坡上朝坡下看，推车人就像推着一座小山一样。

手推车现在在乡间还偶尔能看到，是那种改良之前木制的。那天我就看到了这样一幅图景，正是夕阳西下的时候，有位老人缓缓推着手推车，车上是一小捆干草，显见是喂牛或喂羊的。那捆干草拎在手里大概也不费力气，可老人宁愿推着它，蹒跚着脚步。那种情景让我浮想联翩，我觉得老人大概和我犯了同一种毛病——怀旧。

笼 筐

场景取材于老叔家的西厢房，背景上的这些筐都是用来装苹果的。我们曾经背过的笆篱筐没有这样规整，虽然功用相同，但父辈们的手艺远不如人家。

lóngkuāng

屎瓜儿

shǐguār

植物分播种的和野生的两种。蒲公英的种子能随风飘出去很远扎根，大多数的种子不具备这种功能，今年落在哪里，明年就在哪里生根发芽。麦子地里生出几棵荞麦，那一定就是野荞麦。黄豆地里生出几棵谷子，那就是野谷子。有时候车在山间行走，陡然会看见孤零零的一株向日葵，在山崖间飒爽英姿，毫无疑问，这株向日葵也是野生的。虽然它同样长了金盘大脸，“盘”边的花开得鲜艳，“盘”里的籽结得饱满，但那籽里各个都是空的。小时候我们还有点不信这个邪，野的向日葵像菜园子里的向日葵一样高大结实，它怎么就长不出仁儿来呢。我们把葵花盘分成几瓣，大家把葵花子逐个地捏，事实证明，葵花无论它长得多么漂亮，也是骗人的。野的东西都是花架子，当不得真的。

但“屎瓜儿”就不同了。它一般都长在很深的玉米地里，才能不被别人发现，维持到自己成熟。那时节已经是深秋了，花儿草儿都凋零了，玉米叶子也有了干枯的颜色，冷丁在垄沟里出现一棵屎瓜儿秧，叶片还有一点浅浅的绿，一个或两个浅黄色的屎瓜儿在玉米垄里睡觉，成熟的瓜甜香气弥漫在四周，让发现它的人欣喜若狂。当时还没有反季节一说，但屎瓜儿的成熟方式，绝对是反季节的。它的名字和孕育过程都上不得台面，但摘得屎瓜儿的人，谁都不会把那些没用的东西当回事。

生产队的瓜地，小香瓜是最撩人的，可小香瓜是最不养人的。乡间有这样一个传说，后娘让亲儿子去地里看瓜，让后儿子去地里看蒜。原本这是偏向亲儿子，可一个季节以后，亲儿子吃香瓜吃得焦黄精瘦，后儿子让烧大蒜养得白白胖胖。好吃的东西不一定对身体好，这是这则传说给我们的启示。回头再说生产队的瓜地，让贪嘴的人解了馋，但解了馋的人免不得跑肚拉稀，香瓜成熟的季节正是溽热的天气，人们不是锄草，就是给庄稼培土。跑肚拉稀的那一个，一遍一遍往庄稼地的深处跑，明明就是西北风都刮不来味道，还是短不了被人取笑。取笑的其中一个说法，就是去“种”屎瓜儿了。

雨水把瓜子砸进地里，一棵屎瓜儿的种子就是这样开始孕育了。闷热潮湿的气候，反而适宜种子的萌芽和生长。再加上它有一个肥沃的土壤环境，瓜子先顶出两片嫩芽，然后就羞羞答答地长出瓜蔓了。到了伏天，大田作物就到了疯长阶段，玉米地里很快就密不透风了。屎瓜像一个秘密一样潜伏在庄稼地里，谁都不知道它的存在，它兀自开花结果。在不知不觉中，玉米熟了，它也熟了。

这大概就是屎瓜的发育和生长过程。

村里有个人叫“屎瓜”，当然是外号。但这个外号叫得很响，以至很多年里人们都忘了他的真实姓名。他是一个特别有本事找到屎瓜的人。人们干累了活在地头休息，他到远处走一遭，就能摘得一草帽头小香瓜。他边走边吃得香甜，让大家馋得流口水。别人也像他一样走到远处去找，但十有八九会落空。大家都感到很奇怪，怎么别人走得再远也找不来香瓜，小香瓜好像就让他一个人找到呢。后来还是他自己告诉了大家谜底。原来那些屎瓜都是他自己“种”下的。他“种”在哪里，第几垄，第几行，自己都记得清楚，所以他去找屎瓜就像探囊取物一样。

他的屎瓜别人吃也吃了，他这样的心计别人笑也笑了，可人们还是从心里觉得他不咋地，拉泡屎自己还做记号，这种行为有点让人不好接受。不知谁先叫了他屎瓜，屎瓜的外号不胫而走，连外村的人都知道了。有一段他给队里卖豆腐，外村有个大姑娘拿着碗来买豆腐，听说卖豆腐的人是屎瓜，人家头也不回地走了。这件事是队里的一件大事，外面的人对我们的豆腐有抵触，这是什么性质的问题？队长立马就把屎瓜换掉了，让他专门去打扫马圈，屎瓜干得很不认真，他觉得自己打扫马圈是大材小用。

屎瓜后来成了一名成功的商人，他说他做任何买卖都没失过手。不知是不是与他的精于算计有关。

赶拉轨子与哈巴狗子

gǎnlaguǐziyǔhàbāgǒuzi

农具中的锄镐爬犁，地域之间的称呼大概差不多。但“赶拉轨子”与“哈巴狗子”当属例外，隔一条河，这边与那边的称呼就相去甚远。写这组稿子，最难的事就是口语表达与汉字书写之间的矛盾。有时朗朗上口的某个名词，要想用书面表达准确，就是很困难的事。

“赶拉轨子”的“拉”字，读轻音。就因为读轻音，从许多人的嘴里说出来，就成了“赶鬼子”。其实它就是一块木板，中间钻孔，安个柄，在场院里推粮食用。现在母亲也用它推院子里的雪，当然得是雪厚的时候，清扫起来不容易。这个家伙还真是好用，轻便、灵巧，往前一推就能推出条路来，就像轨道一样。不知这种解释是否准确。我小时候就好琢磨，别人一说“赶鬼子”，我就寻思与日本人有关。根据阅读经验我还想到，没有枪支弹药的年月，说不定这也是武器。而且“赶鬼子”在任何情况下都只是把东西往外推，而不是往里拉，这与“驱逐”有些异曲同工。

生产队的年月，麦场上的赶拉轨子是必不可少的。有时下大雨需要抢场，用赶拉轨子推着粮食跑，赶拉轨子经过的地方，只剩下一层薄薄的麦粒，人们用扫帚就可以把它们归拢到一起。赶拉轨子的作用大，但因为使用时不怎么费力气，深受我和同学们的欢迎。那个时候我们都只有十二三岁，放麦假时学校要求我们支农，但队长并不欢迎我们，我们就到场院自己找活干。场院里的许多活计我们并不会，比如扬场，打扫把，就是把粮食表面的一层壳扫出去，那得是好手艺。我们就喜欢下大雨时抢场，像打仗一样紧急，这时我们会觉得自己有些用处。我们会事先把手柄滑润的赶拉轨子藏到别人不能发现的地方，雷声一响，我们已经把工具拿到了手里。有些大人也喜欢用赶拉轨子，可她抢不过我们。她说我们像赶拉轨子一样“鬼”，她说这话时翻着白眼，是用的嘲讽的语气。我便琢磨这个赶

赶拉轨子：这样复杂地命名一件简单的工具在各种农具中并不多见。它与哈巴狗子相辅相成。往昔这样的农具在生产队的场院里排成队，如今已经形单影只了。

竹耙子：两只竹耙子像一对双生子，只有拍照他们才有机会站在一起。一只是我家的，另一只是邻家的。

拉轨子还能形容人，肯定与日本人有关。

这个想法在我的脑海里至少存在了二十年，有一次和一位前辈探讨这件事，前辈说我这样解释不准确。他说“鬼子”这个词历史忒短，也就百十年，可赶拉轨子存在少说也有几百年了。他还问我是否知道什么叫哈巴狗子，我说不知道。他说赶拉轨子是一块木板，与另一块同样的木板接出个“人”字，再安个柄，就是个“丫”。这个像“丫”的东西，就是哈巴狗子。“哈”字读四声。

“丫”字形的两块木板，其实就是人的两条抿不拢的腿，所以哈巴在这里是形容词。说一个人走路的形象不好，村里人就说他“哈巴哈巴”的。这与迈四方步不一样，四方步还有些儒雅，“哈巴”则有了动物的属性。哈巴狗子当初获名也许缘于玩笑。即便是玩笑，这个玩笑也相当聪明。

哈巴狗子是播种时填土用的。耠子在前面犁出垄沟，后面有人播种和撒肥，再后面就是驴拉着哈巴狗子把垄两边的土归到沟里，垄沟就正好就平了。在所有的活计中，扶哈巴狗子柄的人是最舒服的，他只要哈巴狗子不倒，再跟上驴的脚步就行，差不多一点力气都不费。可这也要青壮年才干得了，腿脚不好上了几岁年纪的人就跟不上趟。驴也是个有意思的动物，它不像马或者牛那样名声好，人们形容一个人懒，就说它劬(qú)得像驴一样（劬的正解是指勤劳，但在乡间却把意思用反了）。所以驴拉重车得不停地用鞭子抽，它才会使出所有力气。可驴拉哈巴狗子就不同了，它会逞能一样把哈巴狗子拉得飞起来，把扶它的人弄得跟头趔趄。所以内行的人都知道扶哈巴狗子看似轻松，其实活儿不好干。对付驴的办法也很有限，你不能跟它讲道理，只能动鞭子。可驴挨了抽打就更不好驾驭，说不定会把哈巴狗子拉到天上去。

那两件农具在乡间偶尔还能看得到，但能准确叫出它们名字的人越来越少了。从有了名字到现在，也不知用了几百年，但它们的消失，也许就是戛然而止的事。

笸箩

这样抹去棱角的笸箩在村里很少见到，大概是编织它的手艺人灵机一动的产物。

pǒluo

黏火烧

niánhuǒshao

秋后的新高粱下来，吃顿黏火烧是梦寐以求的事。那时候村里已经有了加工厂，可把高粱磨成面还要碾子推，说机器磨出的面会损失黏性。也不知道这种说法有没有根据，反正我们要想吃到黏火烧，还是得推碾子。高粱摊在碾子上轧了一遍又一遍，细箩把面粉筛了一遍又一遍。还要煮红豆做豆沙，或者用白菜、红糖做馅。吃一顿黏火烧不容易，得多做几样馅调口味。

黏火烧可不是现在的油炸糕，虽然它们所用的材料差不多，但从广义来讲，差着辈份呢。黏火烧像十五的月亮一样又大又圆，是像烙饼一样烙出来的。皮厚，馅大。那时候的高粱黏性好，一口黏火烧咬在嘴里，像橡皮糖一样。高粱面与玉米和小麦面不一样，放久了不但黏性差，味道也差。所以除了新粮食下来吃新鲜，最多到年底，蒸枣糕，做黏饽饽头，就把黏面吃尽了。如果隔了夏天，面就不好吃了。

我小时候到百里以外的叔叔家做客，叔叔家是深山区，吃的黏米都是一种大黄米。还有一种小黄米叫"笨米"，因为不黏，我猜，大概就等同于平原上的小米。我现在才知道大黄米是一种叫黍子的植物，过去还有糜子，只是许多年前家乡就已经不种这两种作物了。我的家乡在洼区，所以种高粱是传统。过去还有"红高粱老黑（黑豆），十年九逮"的说法，意思就是红高粱黑豆不怕水涝，十年倒有九年好收成。但叔叔家的孩子都没见过"黏高粱"，所以我吃惊于他们的黏黄米，他们到我家来，吃惊于我们的黏高粱。据他们说，山里也是种高粱的，但米不黏。他们看不懂为什么看上去长得模样差不多的高粱，有的米黏，有的米不黏。而且显而易见的是，高粱米磨出面来比黄米面好吃。当然这是他们的说法，我倒没有感觉出它们在味道上到底有多大差距。

但吃黏火烧的那种感觉还记得。因为黏高粱不高产，所以分到各家各户的都很有限。再加上制作过程的那种繁琐，秋后吃顿黏火烧，简直就像过年一样。放学离家还很远，从烟囱冒烟中就能感觉到香味扑鼻，而且还向同学炫耀，把同学馋得口水直流。黏火烧还在锅里翻个儿，孩子已经小燕一样把灶台围成了一圈。待黏火烧像气蛤蟆一样鼓起来，母亲就把其中的一个用铲子铲起来，放到碗里。不管身边围着多少孩子，母亲最先给的那一个一定是她最疼爱的，也许是老小，也许是老大。母亲的那一点偏心这个时候会不经意地暴露，让孩子的心中起那么一点涟漪。

有一天，二娘来我家借箩床，正赶上我家的黏火烧出锅。就因为不经常吃，黏火烧在母亲和二娘的意识中大概都很重要。母亲让二娘吃个黏火烧，尝新鲜。二娘说不尝。母亲要不也对人亲热，这个时候哪里容许二娘不尝。两个人一个在门槛里一个在门槛外，把一只盛着黏火烧的碗推来挡去。母亲一手端着黏火烧，一手拿着筷子，使劲往二娘的嘴边送。二娘用手一挡，碗连同黏火烧“啪”地掉在了地上，黏火烧里面的馅都喷溅出来，把俩人吓了一跳。尤其是二娘，像犯了天大的罪过一样无地自容。母亲在一瞬间也变了脸色，但她没有顾及地上的那个让她心疼的黏火烧，而是从锅里又铲了一个，递给二娘。这回二娘没有再拒绝，说我就尝一口。说完在母亲用筷子夹着的那个黏火烧上咬了一口。二娘一声大叫，提着箩床慌慌张张地走了。我们知道一定是黏火烧烫着二娘了，黏火烧烫人那叫一个疼，因为它在口腔里不容易凉，我们都说黏火烧要烫人的心，就能把人烫死。

二娘的一颗门牙让黏火烧烫掉了，牙床肿了好几天，都没法下地干活了。

这件事，让母亲惴惴不安。因为二娘的牙床在很长一段时间都不好，牙床不好，就不能镶牙。母亲总嘀咕那颗门牙怎么会让黏火烧黏掉，说那天那么多人吃黏火烧，怎么就二娘的牙齿长得不结实呢。然而母亲的那个毛病一直也改不了，只要家里来客人，她就强迫人家吃这吃那。人老了，那种热情有增无减。客人走了我们就揭她的短，说又把二娘的牙齿忘了。

母亲呵呵地笑。她说二娘的牙齿原本就是坏的，那个黏火烧，正好替她拔了牙。

猜撞客

cāizhuàngke

从小到大，“猜撞客”的事我经历过很多次。婶婶和我家住对面厢房，妹妹小春的身体不好，一旦头疼脑热，婶婶第一件事就是给小春猜撞客。婶婶猜撞客用的是铜钱，在她家的茶盘底下压着，属专门猜撞客用品。那块碗口大的圆镜子摆在炕上，婶婶手捏铜钱，在镜子上面戳，口中还念念有词：“神归庙，鬼归坟……”婶婶这是在猜孤魂野鬼，倘若铜钱在镜面上站住了，就是猜着了撞客，婶婶会许些愿，求那些鬼魂放过小春。倘若铜钱没有站住，那就是还没有猜中。婶婶会从这一条街上去世的人猜起，说二爷爷你站住，是你撞着了小春吗？三奶奶你行行好，要是你撞着了小春，就赶紧撒手让她回来……有时候婶婶想不起来该猜谁，我们会为她提醒，说谁谁家死过人。有时候死的那个人也不知道该叫什么，就说人家住的位置，大堤下面第三家，那个姓刘的，要是你撞着了小春，我们就给你磕头了，快把小春的魂儿还回来……

说来也怪，铜钱总有站住的时候。铜钱站住了，就说明那个“鬼魂”与小春有关系。铜钱还不只起“证明”作用，它还像被施与了魔法，一下子就能把“鬼魂”定住，叫它作孽不得。所以通常在这个时候婶婶的脸上就有了凌厉之色，刚才那种虔诚的温和眨眼间消失得无影无踪。她起身去厨房拿菜刀，然后小心地端起镜子去水缸边，出其不意地出刀横着一削，铜钱就掉进了水缸里。鬼魂大概都是怕水的，铜钱落进水里，婶婶的脸上会露出胜利的微笑，她“呸”地吐一口唾沫，那是胜利者的唾沫。她大声告诉屋里的小春，鬼魂被制服了，她的病好了。

小春蜡黄着脸从屋里出来，头发还湿得一绺一绺的。她站在墙根倚着自己虚弱的身体，看着别的小伙伴跳房子。我们都知道小春经常害心口痛，疼起来就用头撞墙。好的时候就与别的孩子一样，能吃能喝。小春每次发病，婶婶都给她猜撞客，每次猜着了，婶婶都非常有成就感。她掐着指头算这一条街上的人都有谁撞过小春，有的与小春的症候相似，都是心口痛。有的则症候一点也不相同，婶婶就自己坐在那里犯琢磨，那个死鬼咋就能撞了小春呢。

从理论上说，撞人的和被撞的应该是同一种病症，最起码病的部位相似。这也算猜撞客的第一要义。

我们在那个年纪，对这一切都深信不疑，所以对死者和死者的坟墓都心怀畏惧。晚上不敢出门，觉得黑暗处到处都是鬼怪。记忆中，母亲猜撞客用过鸡蛋，鸡蛋在平滑的镜面上站住，是件不容易的事。那是家里实在找不到铜钱，就连我们绑鸡毛毽子用的都是电池上的红顶盖。那东西轻飘，两个也不抵一个铜钱的分量重。母亲把鸡蛋轻拿轻放，也不用菜刀削进水里，鸡蛋站住了，撞客猜完了。

猜撞客原来也可以有省事的办法，这一点给了我们启发。

猜撞客最终沦为我们童年时的游戏。还是那面镜子，我们捏住的则是贰分硬币。硬币在镜面上随便一戳，还没想好要猜谁，居然站住了。我们发现硬币很容易在镜面上站住，因为硬币的侧面上有棱，不似铜钱削薄光滑。我们也彼此打趣，你猜我，我猜你。虽说被大人发现了会被斥为不吉利，可谁也没有因为“不吉利”惹上什么灾祸。后来铜钱不容易找，大人也用硬币猜撞客。我家的水缸里就有一枚贰分硬币，光闪闪地夺人眼目。每天去水缸里舀水都会对那贰分硬币有些想法，可惜水缸见底的时候我们不在身边。贰分钱也是诱惑，这是那个年代的一份真实写照。

最近一次猜撞客，就是不久之前的事。我休假回家时觉得身体不舒服，母亲就提议给我猜撞客。即使是母亲猜，在我也是一个游戏了。母亲在那里猜得认真，我们嘻嘻哈哈地在一旁打趣。忽然见得母亲的满头白发如雪，心便寒了一下。母亲第一次给我猜撞客的时候，还不及我现在的年龄大。

自留地

zìliúdì

“自留地”是我国实行农业集体化以后留给农民的少量土地，产品归个人所有。我对自留地的最早印象，是村南的一块白薯地，母亲领着我，穿越长长的篱笆墙胡同，去地里采白薯尖儿——就是秧苗最嫩的那一部分。现在感觉那个叫白薯尖儿的东西，该是典型的绿色食品，可那个时候我简直对它恨之入骨——家里总做一种名叫“菜娘娘”的食品，其实就是把玉米面和白薯秧子混在一起蒸熟。软乎乎，黏抓抓，绿汪汪，吃在嘴里一股子青草味。推算开去，那已经是20世纪70年代中期了，可吃粮食还是需要精打细算。家里只有爷爷吃的饼子是纯玉米面的，把孩子们馋得流口水。

社员对自留地的那种感情，没有任何一种语言能准确描述。自留地都在河套里，家家都是长长方方那样一小块，可就是那一小块土地，都被各家各户经营得五花八门。花生地里套种些芝麻，棉花地里套种黄豆，相邻的两家你种一排高粱我也种一排高粱，谁不种谁吃亏。地头的边角处种几窝小绿豆，那是一种矮秆植物，秋季成熟时，豆荚能爆出响动。挨着道边儿，甚至还有人家种上一棵树，充分体现了“自留”功能，因为你在自己土地范围内无论干什么，都不会有人管。自留地后来有了引申意义，有一些私密性、体己性的成分，很大程度上，与人们对自留地的感情有关。

自留地里的产出，在人们的生活中占有很大比重。家家都养猪，白薯秧子是首选饲料。白薯又属于高产作物，所以在我的印象中，河套地里经常是一马平川的绿色。初秋，高粱还没红脸，家里的粮囤就见底了。于是家家都有人背着筐提着镐去地里刨白薯。那时的薯秧还茂盛，白薯也只有手腕粗，显得细皮嫩肉，还没完全长成。可那时候的白薯能吃，也好吃。每次刨上小半垄，能垫满筐底。扯些薯秧把刨过的地方盖上，谨防别人浑水摸鱼，也来刨上几垵。现在想来那种举动真是好笑，那种遮掩能防住些什么呢？

生活困窘的日子，自留地的存在显示出了不寻常的意义。

在姓“公”与姓“私”势若水火的年代，不知在政策制定中，保留自留地的原始依据是什么。在我接触的范围内，这个问题已经没有人能够说清楚。我在母亲的“百宝箱”里发现了两张青黄色的纸，母亲不识字，在手里保存了几十年，却不知道那是两张定期存单，一张三十元，一张三十六元，定期为半年和一年，存款人是爷爷的名字，时间为1959年。当时很是让我兴奋了一下，我和家人探讨这两张存单的种种可能，虽然家里的日子一直不宽裕，但爷爷那时在北京做事，奶奶好赌，常输。所以爷爷非常有可能把自己的积蓄存到大乡信用社。虽说收藏比兑现更有价值，可还是想知道这近半个世纪的存储到底价值几何。于是拿到兑现单位咨询，被告知那是作废的，理由是实行集体化的年月曾以实物入社，实物折合成现金为股，存单在20世纪60年代的某年某月某日，国家已明令作废了。

我问母亲入社时家里都入了什么，母亲说，只入了一分坟地，还不及后来自留地的一半大。所以我家是属于积极入社的那一拨人。邻居二爷爷家有车有马，入社时就极不情愿。分自留地时，二爷爷嫌自家的那一块土薄，还气得病了一场。

自留地也由此演绎了很多故事。某个车把式，给生产队往地里送粪，却先拐到自己家的自留地里，卸下小半车。马车前边走，车辙里会颠下许多粪团，他的秘密被人一眼看穿，于是成了“靶子”，晚上站到汽灯底下，接受全队人的批判。成分不好的人家，自留地也受摧残，只要他家的庄稼比别人家长得好，就有人去毁坏。有一次，村里的几个姐姐背着筐去割草，看一户人家的玉米长得茁壮，就用镰刀锁倒了一大片，还教导我们这是地主家的玉米，糟蹋他们理所应该。地主婆坐在地头号啕大哭，怨天怨地，却不敢怨人。

自留地跨越了漫长的历史时期，在包产到户以后走到了尽头。乡村的工分对应着城市的工资，但不知道自留地对应着城市的什么。后来人们经常引用这样一句话：凡事别总看重自己的一亩三分地。这大概是变相对自留地的另一种诠释。

渡　口

dùkǒu

周河在县境内穿越了几十公里，我知道的渡口只有两个。渡口也有大小之分，因为船有大有小，船的大小与载客量成正比。我家附近的渡口算是比较大的渡口，船比另一个渡口的船大一倍，周围十几个村庄的人都经由这个渡口去对岸。对岸有镇，还有县城。有镇和县城的地方才有集市，才有比较大的百货商店。所以渡口不但很重要，还有那么一点象征意义。

我们小的时候，就愿意到对岸去拾柴割草。对岸其实离我家很近，可因为隔了条河，就显得遥远和陌生，水土也像是不一样的水土。比如，对岸的河堤上生长着许多紫穗槐，而我们这边一棵也没有。紫穗槐的气味会在夏季的夜晚飘过河流，弥漫整个村庄。小伙伴们都以能去对岸为荣，不管草割了多少，若是从对岸割来的，人就显得神气。

这个渡口，是很有特点的一个渡口。我看了若干资料，都没有发现这样使船的。这条木船有六七米长，有两米来宽，船头可以并排坐三个人，船底很宽，船舱横搭木板，船帮比木板略高出十几公分，很适宜推着自行车过河的行人。河的两岸各有一根水泥立柱，一根钢丝在水面上空穿过，有人的齐胸高，绷紧了缠到两岸的立柱上。钢丝上有个铁环，铁环上系一条索链，索链与船体连在一起，人一拽钢丝，索链哗啦哗啦乱响，船就缓缓前行了。很多时候，船的行进速度缓慢，但哪天船上若是有几个小青年，他们一起叫号，居然也能让船速像飞起来一样。

拉船也是技术活。我们拉不走船，不是因为我们力气小，而是不会使那股劲头儿。经常看见有外地人打此处过，因为不会拉船，而让船吓得大呼小叫。船不向前行时，会在原地打转，而且船体做侧翻状，虽然我们知道这条船从来没有翻过，但外地人不知道。

不会拉船的日子，觉得坐船是件惬意的事。我和小伙伴们在船头经常一坐就是老半天，船去对岸就跟着去对岸，船回来再跟着回来。有时船上很拥挤，自行车的轱辘就在我们的膝盖处磨来磨去，我们小心地闪躲着它们，一不留神，就会被横穿河面的钢丝拨进河里去。记得我就经过那样一次险，当时正在涨水，水流湍急，我的身体被流动的河水拖得像飞起来一样，但我死死攥住手中的钢丝不放。我被救上来，吓得半天不会讲话。有人鼓动我唱《东方红》，看我是不是还活着。另一个小伙伴则没有这样幸运，被河水卷出去很远，捞上来时把他横搭在大铁锅上——他的肚子里都是水。

到了十岁左右，船在我们手里已经很好驾驭了。那时候正在学雷锋，我们每天晚上都竖着耳朵听河对岸有没有叫船声。因为对岸没有村庄，若是有叫船的，那一定是船在我们这边。不管多晚，我们都会一骨碌从被窝里爬出来，跑到大堤上去。有时候去晚了，船早就被人拉走了。大堤上还有别的学雷锋的人，也没抢到船。哥哥们学雷锋，姐姐们也学雷锋，人多，做好事的机会少。我们抢不到船，还要遭人斥责。在哥哥姐姐们的心里，小学生做不做好事都不重要，既然不重要，就不要跟他们抢机会。我们当然不服气，我们也要写作文、写日记、写总结，也不能总写拣钱包之类（大家都这样编故事），有实实在在的好事写进总结或作文，这在当时，也是一件很有底气的事。

但有的时候，因为风把声音刮跑了，或村庄里的人睡熟了，更有甚者，有人听到了喊船的声音自己却不想动或自嘲地想把机会让给别人，喊船的声音虚弱地在空中飘，然后便像炊烟一样在村庄里飘散了。这个时候多是深秋，秋寒露重，喊船的人抖着牙齿高声嚷着拜年的话，说大叔大婶行行好，我是某某村的，离家还有几里地，快把船给我拉过来吧，天气太冷了！喊船人的声音像琴弦一样抖，我们坐在暖和的炕头上吃吃地笑，做好事也是需要心气的，若是心气儿过了，喊船人把嗓子喊烂，我们也不会有人冒着寒风给他拉船。倒是村里上了年纪的人听不得这些，他们去把好事做了。

因为这个渡口，村庄在方圆几十里地都有些名气，因为他们都要从这个渡口去对岸。还有些大姑娘是因为渡口才嫁给我们村的小伙子，毕竟是交通便利。20世纪70年代末，“引滦入津”工程得以实施，河面终于有了一座桥，那艘大木船运送了一阵水泥物资，后来不知去向。但渡口的痕迹还在，几代人的脚板把河堤磨出了“肉”，如今那些地方仍不长草。

大笸箩

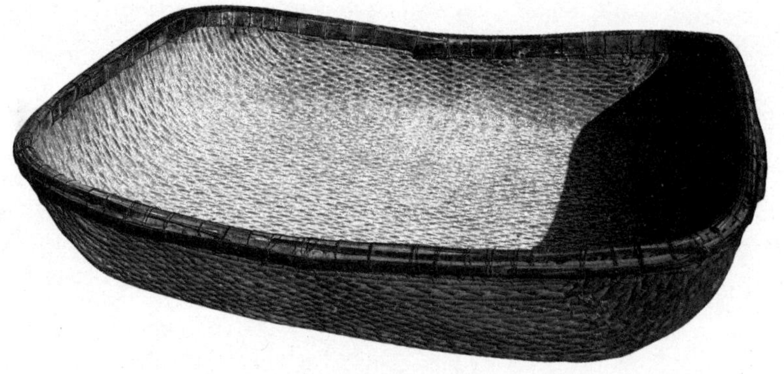

这种笸箩像一条小船，是晾晒白面用的。整个一条街只有我们家才有，所以用的人都小心翼翼，如果使坏了，都没处找人修补了。

dàpǒluo

跑冰

pǎobīng

河上结了冰茬儿，船就被放到岸上倒扣着晒太阳，刷桐油。一下河堤，就能闻到桐油刺鼻的气味。我总想知道那样大的船，有多少人才能把它抬到岸上。可抬船的场景我一次也没遇见过，年复一年，我也没有看到有人刷桐油。船体古旧的颜色有了油亮的样子，大人告诉我们那是因为刷了桐油，我们就管浮在空中的气味，叫做桐油的气味。

河里没法使船，人们再到对岸去，就只能“跑冰”了。可一年中初冬或早春都会有那么几天，冰还没冻结实，或者开化的不彻底，两岸的人就不能互通往来。如果有急事，就要绕到三十里地以外的地方过河，这让古老的渡口平添了许多故事。

在冰上行走的感觉，不是所有的人都有体会。那些不得已过河的人，没有在冰上行走的经历，手里推着车，或提着重物，走得战战兢兢。这样的日子，我们坐在河堤上看风景，孩子们小燕似地坐成一排，双手托着腮，就等着河面上有奇迹发生。也真有好笑的事，让我们笑得前仰后合。比如，有个女的在冰上曲着腿走路，被男的牵着手，一步一挪，比蜗牛爬得都慢，几十米的河面走下来，人像是要虚脱了。这是胆子忒小的人。还有胆子更小的人，晕冰，还没站到冰面上，就腿肚子朝前。无奈只得爬到男人背上，让男人背着走。他们在前边走，还有小孩子在后面起哄，管他们叫猪八戒背媳妇。人家到了岸上，放下媳妇，小孩子就得赶紧跑，否则也许会挨顿胖揍。

更好玩的事，是看跑冰人摔跤。摔跤的男人居多，一个出溜会摔出去很远，而且接二连三地摔，能让人笑痛肚子。那人千辛万苦来到岸上，对小孩子都给笑脸，那笑特别不好意思。我们都知道他之所以摔跤是鞋底有毛病。臭美的男人，穿那种白塑料底的鞋，鞋底磨薄了，比冰还光，越加小心越摔跟头。也有胆子大的，甩开大步朝前走，像是在表演给人看。可冰也捉弄人，有时候一不留神，冰面塌陷了，连人带车一起落到水里。这种事情，一般都发生在初冬的日子，冰是青茬儿，看上去已经很结实了，踩上去咚咚的。其实这是假象。冰底下流动的水不时消磨着冰层，过往的人多了，不定谁就做了倒霉鬼。落水人在河里冻得受不了，也等不到别人来救，三扑腾两扑腾，就自己爬了上来，然后再拽起自行车，就在我们的眼皮子底下，湿淋淋地骑车走了。我们很想知道他走了以后如何，有没有冻感冒，衣服有没有冻得像硬邦邦的铠甲一样。可因为不知道是哪个村的，也无从打听。但这些都是我们的谈资，我们会在村庄到处传播。

到了寒冬腊月，冰也不知道被冻了几尺厚。从远处的水底经常出现轰隆隆的声音，我们叫它“炸艮”。凡是有炸艮的声音响起的时候，就是河水被冻透的时候。拉石头的马车骨碌骨碌地从冰面上过，车把式清脆地吆喝声和“哒哒哒”的马蹄声都很神气，能传出去很远。因为不再担心冰面塌陷，所有跑冰过河的人都神色坦然，走路挺胸抬头，有点大摇大摆。这样的日子，爷爷仍是个例外。爷爷领着哥哥去赶集，不久，爷爷一个人回来了。爷爷有些不好意思地说，哥哥身轻如燕跑过了河，他在冰上却挪不动步。我们告诉他河水都被冻透了，无论怎样走，都不会落进水里。其实爷爷何尝不知道，可他依然不敢在冰上走，爷爷是这个世界上最胆小的人，这也是我们村里的一个笑话。

男孩子们做冰鞋、抽冰猴，各个忙得不亦乐乎，女孩子如果想跑冰，会几个人约到一里开外的地方，助跑一段，单凭两只脚往前滑，居然也有人能滑出很远。后来父亲给我做了一个冰船，三横四竖几块木板，前边有人用绳子拉，后面有人扶住肩膀推，那种感觉也很享受。有些孩子在冰里发现了冻鱼，便放下手中的玩具回家取来镐，每刨一下冰面就出现一道白痕，但刨冰的孩子锲而不舍，一条鱼的诱惑，能大过所有冰鞋和冰猴的总和。

毽儿灯

jiànrdēng

说一个人搁不平、摞不稳，站没站相坐没坐相，或说话没有把门儿的（不该说的说了），满嘴跑火车（撒谎），都会被人斥为“毽儿灯”。在方言里，毽读“欠”音。比如，我们小时候踢的鸡毛毽儿，老少都叫它“鸡毛欠儿”。很长一段时间，我们甚至不知道“欠子”的正确读音叫毽子。最近看东北的一部电视连续剧，发现他们的台词中有“欠儿登”三个字，感觉很亲切。原来毽儿灯这一民间用语不仅在我的家乡使用，还在东北更广大的地区流行。如果不是偶然看到那句台词，毽儿灯在我的记忆中已经走得很远了。于是我开始翻字典，查“毽”字有没有另外的读音。查欠儿登和毽儿灯哪一组文字表述更为准确，经过到民间反复走访，我最终把这两个字定为毽儿灯，而不是欠儿登。

我们小的时候，动不动就会被人斥为毽儿灯，这在当时，是一句分量很重的批评，小姑娘会为此红半天脸。毽儿灯形容孩子的时候居多，若被人用到大人身上，那分量就更重了，大人十有八九会翻脸。这缘于毽儿灯本身与一个人的品貌有关，既说行为，又讲德行。乡间讲究打人不打脸，骂人不揭短。打脸了，揭短了，这仇就算结下了，一辈子不行，也许还要结到下辈子。

毽儿灯一词的由来，与鸡毛毽子有关，当然这只是我的推测。新华字典上解释毽子为鸡毛毽子，这说明最早的毽子肯定是鸡毛做（我们叫刨）出来的。我们小时候踢的毽子，都是蓖麻做的。蓖麻从地里收来后，就沉到水坑里浸泡，待麻秆与表皮离骨儿，社员们都到坑边剥蓖麻。好的蓖麻雪花一样白，且柔软，是我们做毽子的首选材料。麻体上用五色粉笔染出颜色，从空中往下降落时，像盛开的花儿一样。我们都不怎么喜欢鸡毛毽子，掖在兜里不柔顺，踢起来拨楞拨楞，不上脚，有点中看不中用。蓖麻毽子如果能踢五十个，鸡毛毽子连三十个也踢不了。

但鸡毛毽子还是比蓖麻毽子金贵，因为少。不喜欢，不代表不愿意拥有。谁有个漂亮的鸡毛毽子，所有的小伙伴都还眼馋。那时家家都很少杀鸡，还别说公鸡身上最漂亮的那几根羽毛，跟鸡毛毽子隔着十万八千里呢。有一年春节，我们家决定杀一只红冠子大公鸡，我为能拥有一只漂亮的鸡毛毽子高兴了好几天。毽子做好的那个晚上，我在屋里试踢，却一脚就把鸡毛毽子踢到了炉火里。一瞬间，鸡毛毽子就成了灰。我眼泪汪汪地围着炉火转，却一点也没得到同情。姐姐说我毽儿灯，咋能在屋里踢毽儿？哥哥说那个毽子找死，屋里那样大的地儿，落到哪里不好，偏要飞到炉火里。我的伤心无人慰藉，跑到另一个房间去哭。后来母亲对我说，那些鸡毛还没倒掉，再刨一个。但也说我像鸡毛毽子一样毽儿灯，还说那个大公鸡更毽儿灯，不毽儿灯就不会挨刀了。

村里有个女孩子，本来有名字，可因为她的后妈不喜欢她，总毽儿灯毽儿灯地叫。久了，居然成了名字。她比我们小两三岁，但看上去，却像小四五岁的。衣服永远也没有一件整齐的，却出奇地淘，爬树比猴子都快。后妈叫她毽儿灯，别人也随着叫。她大约是不反感的，谁叫她都答应。可有一次她与男孩子打架，拽着男孩子的朝天辫把头往地上撞，撞一下问一句：你还叫不叫我毽儿灯？她平时总是怯生生地样子，追在我们后面玩，谁都没见过她有这样野性的一面，把我们都吓傻了。男孩子的鼻子喷出了血，她还不肯松手。后来男孩子挣脱开跑走了，毽儿灯挑衅地看着我们，看上去很是报仇雪恨的感觉。

毽子与灯的关系，大概就是鸡毛与火的关系，是一种不是关系的关系。我在乡村采访，发现毽字有很多讲究。既可以说一个人毽儿，又可以说一个人“不毽儿”。我让老学究五叔解释毽儿灯这两个字，五叔的瓶子底儿眼镜照了半天屋顶，才慢条斯理告诉我，毽子怕风，灯也怕风。连风都怕的人，是最没有出息的人。

我说五叔，我让您解释毽儿灯，没让您解释人。

鬼剃头

guǐtìtóu

“鬼剃头”是斑秃的俗称，《新华字典》上这样解释。

可我觉得，《新华字典》好像还应该有更多的解释。比如，斑秃的形状，为什么是圆形而不是长形或方形。再比如，斑秃为什么大都在鬓角而不是在脑瓜顶上。我知道这些问题没有人能够回答。既然没有人能够回答，斑秃就有了神秘鬼蜮的成分，叫它鬼剃头就一点也不冤枉。

当然，这是我的一家之言。

我第一次听说鬼剃头，是在姥姥家。大舅晚上给我们讲古，说他年轻时候的事。有一天，他去邻村给人家剃头，回来时路过一个坟圈子（坟多的地方谓之坟圈子）。天很黑，没有星星和月亮，他走进坟地本来就有点发毛，谁知就遇到了鬼打墙。鬼打墙又是一个俗称，不是有一堵墙不能逾越，而是你走来走去都走不出这片坟场，无论怎样努力，最后都要回到原地。所以，鬼打的那堵墙是虚的，看不见摸不着，但却能有实际的阻碍作用。对于鬼打墙的传说在乡间还有很多，我猜，其实就是恐惧型迷路。因为许多传说都具备这样两个特点：夜间路遇坟地；独自一人。不管那堵“墙”打得如何，天亮就不起作用了。

当时大舅肩上扛着条凳，条凳下有一个铁勾，勾上吊着小水桶，为了给自己壮胆，大舅不停地让小水桶去撞板凳腿儿，给寂静的夜里添些动静。大舅在鬼打墙的地方转悠到天光放青，才看见自己的脚印就围着几座大坟转，把土都踩平展了。那一夜，大舅走了多少路，自己都说不清，脚上起了泡，汗褟儿湿得一拧出水。回到家里，大舅发现自己的脑袋上少了巴掌大的一块头发，规规整整，像是被烙铁烧去了。头皮冒出青光，连些茬口都没有。那年大舅还没说媳妇，很为自己的脑袋发愁。姥姥赶紧去给供奉的神仙上香，说大舅的头发被鬼剃了，让神仙保佑大舅的头发快快长出来。

大舅是个剃头匠，专门给人剃头。自己的头却被鬼剃了，听起来有点像黑色幽默。

大舅的故事说得我们直起鸡皮疙瘩。为了证明自己所言不虚，他还让姥姥证明那天的事。大舅一夜没回家，姥姥还以为他生意做得远，住在外面了。这样的事过去也曾发生过，乡间没有店，大舅就在谁家的窝棚里睡一宿，免受奔波之苦。那天姥姥一开门，见大舅的脸绿汪汪，都跟青皮倭瓜一个色了。姥姥问清缘由，特意跑到那块坟地去看了，见方圆好大一片地方都是杂沓的脚印。姥姥说，那些脚印都是大舅的，大舅则说还有别人的，他说他的脚印就是围着几座大坟转，像走出来的磨道一样，天亮时他看得真真的。他们争论时的样子我还记忆犹新，姥姥脾气急，说话像打机关枪似的。大舅是慢性子，一个字一个字地往外蹦。他们争论的焦点，我一点也不关心。我只关心鬼剃头怎么剃，如果不是用刀子，头发怎么掉呢？如果用刀子，人怎么一点感觉也没有呢？

在童年的岁月里，这个“鬼”字给了我太多的诱惑和想像。鬼是什么样子，都有什么法术，经常是我们争论不休的一个话题。有一次，我突发奇想，带领几个小伙伴特意在天黑的时候跑到村西的坟地里，那里可是一大片坟场，还是一大片杨树林。我们像鱼儿一样在树林里穿梭，就是想能遇到鬼打墙，然后再遭遇鬼剃头。虽然鬼剃头的样子有些丑，但好奇心的驱使，让我们把什么都忘了。我们在树林里窜到大半夜，听见寒鸦在树梢上叫得凄切，听见干枯的树叶彼此摩擦的声音像无数个鬼魂在行走。我们相互询问：鬼打墙了么？奇怪的是，我们的方向感一直都很强，期待中的那种迷失一直也没有发生。转天一早起来，我先对着镜子看鬓角有没有掉头发。没掉。居然有些泄气，让鬼做些事情也是很有难度呢。

2007年的夏天，我在村里又发现了一例鬼剃头。那是一个六岁的男孩子，上小学一年级。男孩子的爷爷告诉我，这次鬼剃头已经是第二次了，去年孩子已经得过一次了。我问这个孩子为什么会得鬼剃头，他爷爷说，孩子脾气太大，想要什么东西就得给，不给就玩命哭，就这么，鬼剃头了。

他这样一说，就把鬼剃头的神秘和鬼蜮都说没了。

散转儿

sǎnzhuànr

“散转儿”是一种食品，样子有一点像切糕，但没有切糕松散。

散转儿是纯白薯面做的，不加糖，不加盐，也不加任何作料。我恍惚还记得有散转儿这种食品，却把它的味道忘得一干二净。我打电话问母亲：散转儿好吃吗？母亲哼了一声，说若是放到现在，那东西就不好吃，一股生白薯干子味。那年月就没有不好吃的东西了，只要是粮食做的饭，就是天堂里的日子。

我们家厨房的活计都是母亲一个人干。每天收工回来，把围裙套上，把套袖戴上，就一个人又忙锅里又忙灶下。父亲当然也不闲着，他干别的活计，诸如把柴火垛垛方正之类。只有每年的撒散转儿，是母亲管灶下，父亲管锅里。这件事给我的印象极深，因为父母爱呛呛，只要是两人联手做活计，没有不拌嘴的。有一年父亲撒散转儿就跟母亲“牛”上了。父亲说母亲废物，这么多年连个撒散转儿也没不会撒。母亲当然不爱听，说除了撒散转儿，你说我还不会做啥？

父亲一辈子走南闯北，我一直以为撒散转儿是父亲从外边学来的，所以母亲不会。也是最近一次和母亲在电话里探讨这件事，才知道撒散转也是家传的手艺，爷爷奶奶都会撒。我问母亲怎么没学会，母亲这样给我打比方：天天（我女儿）现在就能把所有的事情都学会吗？母亲嫁过来早，十六虚岁。奶奶去世早，母亲来不及学，她就把手艺带走了。母亲的话是这个意思，却让我忍不住发笑，我说这真不是您没学会撒散转儿的理由，您完全可以跟我爸爸学，说不定我们现在还有散转儿吃呢。我母亲说，现在白薯面子给猪都不爱吃，你会吃？

关于母亲学不会撒散转儿，打死我都不信。她一定是不想学，而把“机会”留给了父亲。

说起散转儿使用的原材料，是一件让人胃酸的事。当年生产队里搞实验田，让白薯下蛋儿，真是把我们害苦了。白薯那玩意儿本来就是高产作物，再让它大的下小的，小的下大的，地里到处都是圆古隆冬、脑袋大小的白薯。它们与普通白薯不同，身上窝窝多，淀粉多，口感差，模样差，一车一车地拉回家，堆得院子里小山一样。这样多的白薯，也不舍得烀熟、晾干，晒成薯条、薯片。那都是孩子们的理想食品。可因为那样做太不出数，三斤才能晒一斤，所以很少有家庭这样做。大部分白薯都是洗净以后切成薄片晒到房顶上，房顶上的瓦垄里是一串串红红白白的图案，看上去甚是鲜亮。当晒干晒透，就放到大缸里储藏，留待冬天蒸在锅里吃，味道虽比烀白薯还不如，可到底也总算粮食。本来这样做就不是因为口感好，而是便于收藏。

把这些薯干磨成面，就是散转儿的原材料。算起来散转儿是粗粮细作，薯干轧碎和筛出面的过程，是一道道繁杂的工序。锅里放上水，水上有笼屉，父亲用清水把白薯面调得干湿适宜，这就是撒散转儿的所有准备工作。待母亲把锅里的水烧开，父亲手里的白薯面就均匀地撒在笼屉里，一层一层，往上堆积。哪里冒出热气，就撒在哪里，这样散转儿容易熟透。出锅的散转儿有一寸厚，据父亲说，如果一股脑地把生白薯面堆到锅里，神仙也烧不熟它。这是白薯面有别于其他粮食的显著特点。

散转儿出锅，像是热气腾腾地发面大饼。用刀横七竖八切成条状，就一碗白开水，就是顿饭。我让母亲仔细回忆散转儿的味道，母亲说，稍有一点甜，但甜味不正。吃在嘴里干得噎人，像咽沙子一样。时过境迁，母亲对散转儿半点怀念都没有，足见散转儿的消失是一件理所当然的事。

我问母亲：既然散转儿不好吃，当年为什么还要费心巴力做它呢？

母亲说，再不好吃也是顿饭，那个年月，还能吃什么呢。

我也就知道了自己为什么记不住散转儿的滋味了。对于不心仪的东西，总是有种本能的排斥。

最起码我是这样。

杠 头

gàngtóu

村里总会有几个爱抬杠的人，他们也许识文断字，看问题的角度与别人不同。也许大字不识一箩筐，但对人对事总有自己的想法和看法。或者，就爱与别人顶牛，你说东我偏说西。不管怎样，对爱抬杠人的称呼，多少有些贬义，连《新华字典》都解释成“多指无谓的争辩和拌嘴”，足见抬杠抬得缺少意义。

抬杠原本是种职业，一般多指殡葬时抬灵柩的人，没有多少技术含量，但要有一副好肩膀头。甭管四人杠还是六人杠，有一副肩膀头是软的，杠就会失去平衡，就会因倾斜而发生事故。抬灵柩更讲究平而稳，讲究轻起轻落，好像灵柩里的人只是睡着了，稍稍动静大些，就会扰了美梦。

乡间有俗语，最恶毒的莫过于“黑夜死了没人埋”，而这个没人埋，就是指没有人给他抬灵柩。想一想，人在那个份儿上，才是真正的呼天不应、叫地不灵的。传说有一恶人，因为恶贯满盈，生前就找抬棺材的人。可他无论怎样哀求，都没有人答应他。无奈，他只得使银子贿赂小鬼。可小鬼有了钱就去喝酒，结果误了抬棺材的时辰，恶人最终还是落得个“没人埋”的下场。人编鬼的故事，鬼往往也像人，民间文学中，很多故事都是强调因果报应，无非是人的意志的反映，可把抬杠人的作用说得如此显要，也不多见。如此说，抬杠人应该是施人以惠者，应该是知恩图报的对象。可现实往往有它强势的那一面，具体形容到人，抬杠这一群体的形象就被扭曲了。

抬杠的有杠头，是喊起喊落的那一位，一般都是有些身份的人，或辈分高，或学问大，或年龄长，担得起所有人的重托。我见过的杠头都穿制服，兜里插着钢笔，脸是黄白净子，在人群中很是与众不同。他弯腰查看棺材底下的绳子有没有绑结实，看杠子有没有插匀称。待一切准备就绪，嘹亮的一声“起棺”，那也是石破天惊。刹那间，唢呐声声，哭嚎阵阵，这一“起”，就是别了骨肉家园，往西方极乐世界去了。说是“极乐”，那也是一百个一千个不情愿。也许就是因了这一百个一千个不情愿，杠头可能就有别一种说法，有拆散骨肉之嫌。否则，就无法解释何以体面的杠头在生活中却是另一种形象。

“无谓的”拌嘴、争辩叫抬杠，而更无谓些的拌嘴、争辩就叫杠头。生活中常有被称为杠头的，遭遇的多是鄙夷的眼神。这差不多就成了符号，争吵的明明就是两个人，真理在哪一方并没有谁为之定论，为何其中一个就被冠之以杠头呢？那一定是他争吵的机会和概率都很多，成了大众公认的一种形象。具体到争论的内容，就含糊其辞了，谁都不会以为意。

不知经过岁月怎样的演变，到了20世纪70年代初，杠头成了村里一个小伙子的外号。这个外号来得蹊跷。最起码在我看来，小伙子并不属于能言善辩型，没看见他跟谁拌过嘴、争吵过。他走路总低着头，有时候我在街上与他撞见，他会弯一下路，绕着走。他与哥哥的年纪差不多，所以他们大概是彼此了解的。我也只是在别人的交谈中得知，他是抬杠往死了抬的人。这简直让我难以想像，抬杠怎么还可以抬死人呢？被叫做杠头的小伙子还行为古怪，他爱看星星。经常深夜跑出家门，在柴草垛上一坐就是半天，冬天也不例外。他看到的星星什么样，别人不知道，因为谁都不愿意与他交流。据哥哥回忆，后来的杠头就变成了孤家寡人，在队里干活，别说与人抬杠，就是跟人说句话都难。

不知怎么回事，杠头在我的眼里，总有一种神秘的光晕罩着，这让我从心里觉得他与众不同。他家兄弟多，到了成年仍没找到媳妇。外村的姑娘一旦知道他的外号叫杠头，连面都不愿意见。最后他成了偏远山村一户人家的上门女婿。父母过世后，他很少到村里来，也不知道他在那里过得怎么样，还抬不抬杠，还瞅不瞅星星。山里的星星该是更大更亮，不瞅怪可惜的。

殡葬实行火化以后，抬杠成了一种形式，而杠头也成了一种快要消失的乡村词语。在很多地方，甚至流行机动车拉着骨灰去墓地，丧俗也因此变得简单多了。

轮官马

lúnguānmǎ

我在一座村庄采访时，认识了一位大娘。她住在一座独门独院里，篱笆墙上开满了豆角花。她每天上午去看别人敲锣鼓，那是村里的几个老人自发组织起来的，咚咚咚呛呛呛的锣鼓家伙声，搅得村里很热闹。下午则去跟老姐妹们斗小牌，筹码是几粒黄豆。一个下午的输赢，也不外乎你多几粒我少几粒。大娘有四个儿子，都住得不远。除了年节，大娘都是自己吃住。我问她怎么不和儿子一起过，大娘说，过去曾经“轮官马”，嫌烦，自己搬出来了。

这是我第一次听说轮官马这个词语，一时有些纳罕。在乡村生活了二十几年，自视没有听不懂的乡音土语，但这个轮官马，还真就把我难住了。后来，轮官马一词又反复出现在大娘的口中，我在紧要处细细琢磨，总算听明白了是怎么回事。“轮官马”原来是轮流赡养的意思。大娘那代人儿女多，三个五个算少的，七八个的大有人在。人老了要去跟儿子轮流吃住，这就是大娘的所谓轮官马，只是字表本身显得唐突，与真正的意思相差实在是太远了。

乡间做父母的，要为每个儿子盖一层房，最小的儿子娶了媳妇，父母这一生的任务就算完成了，但也就意味着他们没了自己的家。因为生活的艰窘，他们没有能力再为自己置一个窝，轮流吃住，在有的父母是无可奈何的选择。这其中也有许多辛酸的故事。我就认识这样一对老人，本来说好的，两个儿子各养一个月，可因为当时没有可考虑到某个月还有31天，于是就为这第一个31天，打起了口舌官司，进而迁怒到老人，这家堂而皇之地送了出来，那家却有万千理由不肯接过去。老人孤苦无依地坐在儿子家门口的石头上，失望和沮丧的样子，给我留下了深刻印象。很多不可思议的事，在乡间都有可能发生，为几块钱的赡养费，或为年节的两斤点心，都能成为矛盾的导火索。贫穷是一个方面，还有比贫穷更可怕的因素，是思维方式。我太能体会乡村父母的难处了，他们把血本都给了儿女，可应该儿女赡养的时候，也许连个容身之地都没有。

做牛做马，是旧社会劳苦人的形象。父母却要一辈子给儿女做牛马，这在许多国人的意识中，大概是一件理所应当的事。轮官马一词的起源，也许就是从此种意境中衍生的。中国的事情，先有官的，后有公的。凡是姓官和姓公的，都不是自己的，又都是自己的。就譬如又要马儿跑，又要马儿不吃草，这匹不吃草的马，自然就是官家的。把父母比喻成马，而且是官马，而且是轮，在老人嘴里，是自嘲。倘若从儿女嘴里讲出来，则有了让人寒心的成分。

家乡的方言中，古音古韵的很少，轮官马当属个特例。乡村里还有一种说法，叫“一个锅里抡马勺”，是形容大家在一起吃饭，便与轮官马有异曲同工之处，还像轮官马的下一步注解。有趣的是，这句话又和马扯上了关系，马勺是个大家伙，其实就是喂马的勺子。后来形容人多饭多，盛饭要用大勺，于是马勺应运而生。

我在村里走访时，大娘也不去敲锣鼓那里看热闹了，也不去跟老姐妹们斗小牌，她就跟着我在村里到处走。一旦闲下来，我就跟她探讨轮官马，大娘说出了很多心得。她说，她就是在小儿子成家以后决定跟几个儿子轮官马的，觉得自己干了一辈子，也该吃口现成的了。可真正轮起来，问题就多了。大娘首先肯定自己的儿子都还过得去，没有不孝顺的。可即便这样，大娘轮了几个月，也觉得不如自己单过自在。老年人觉少，爱吃软和的，看见不顺心的事爱发表看法，日子浅了这都不是问题，日子深了就难免讨嫌。大娘总结说，不到万不得已，还是不要轮官马。其实这也是村里很多老人的共同想法。他们有一句很本土的话，让我听起来很动情。他们说，轮官马的日子要等实在挪不动、爬不动的时候。自己只要能动，就别麻烦儿女。

这话听上去豁达，却有一种无奈或悲情的成分在里边。

乡间流传着这样两句民谣：养儿不养俩，养俩轮官马。

摸河底

mōhédǐ

“河底”就是蚌。

家乡的方言中，又凸显了它有趣的一面。蚌喜欢蛰伏在河水中的泥沙里，名字太文气了，太文气的名字家乡人不喜欢。家乡人喜欢用更直接的方式称呼它。你不是生活在河底吗？那么好了，你就叫河底。大的叫大河底，小的叫小河底。通俗，准确，形象，还朗朗上口。蚌如果会说话，大概也是喜欢这个名字的。家乡人对别的水中生物则没有这样慷慨。同样喜欢生活在河水中泥沙里的螺蛳，家乡人给念走了音，叫螺齿儿。至于那些鱼虾的名字，家乡人则懒得与它们计较（它们也实在不容易念走音），便跟随全国人民的一致叫法，鱼叫鱼，虾叫虾。

每年的夏天，我们相当重要的一项工作，就是去河里摸河底。两三个人，沿着水边一字排开，脸盆飘在胸前的水上，人蹲在水里，摸到一个河底，就“当啷”一声扔到盆里。我们摸河底的地方都在河岸线上，细沙像金子一样在阳光下闪烁，脚踏上去，柔柔软软。河水也温润可人，人浮在水面，能听见流水不时发出言语声。如果河水还没有被搅浑，便能看见沙土上有一条细细的线，沿着这条线看去，就能发现这是河底的“足迹”。我们研究过河底没有腿也能“走路”的问题，雨天它会“走”到岸边来，是因为水中的空气沉闷，它要到岸边水浅些地方呼吸。中午响晴薄日，它则躲到水深的地方乘凉。许多河底同时行走的路线，像军事地图一样。

一个中午，我们就能摸一脸盆河底。我们摸的都是小河底，壳又黑又厚，像一枚枚小夹子。把河底洗净，放到开水里焯一下，它的壳就自动打开了，里面是米黄色的河底肉，外围镶一圈鹅黄色的边，形状有点让人想入非非。小河底肉鲜嫩，可以热炒，可以放些韭菜做馅，是餐桌上的美味。在生活困窘的年代，河底也稍稍能满足人们对肉的渴望。况且它不像鱼虾那样难捉，又生活在水浅的地方，只要脱了鞋袜，就唾手可得。所以家乡人对河底的格外宠爱也自有其道理。但那年月吃河底也吃不起，甭管热炒还是做馅，都要放足够的油才好吃，否则那股腥气也能把人熏昏了头。

大的河底有巴掌形和长条形两种。巴掌形的偏扁，恰似人闭拢手指后的造型，拇指那个位置，甚至有骨骼的印记。长条形河底也叫蛏子，则像女孩的脚丫，体态饱满，却又不失秀气。它们都生活在水深处的渍泥里，不是小孩子能够轻易得到的。我们偶然拣到它的壳，都要拿回家去，放到葱畦或韭菜畦的边上，割葱和韭菜用。它的刃口非常锋利，比刀子还好使。我们从来也没想到一条河的丰饶会到哪种程度，直到有一天的午后，我们叫做七叔的人浑身水粼粼地扛着麻袋回家。

七叔经常扛着麻袋回家，身上不光有水，还有泥。我们就知道他去摸河底了，而且摸了一麻袋河底。可七叔摸的河底什么样，我们谁都没见过。那天也是闲来无事，我们跟随七叔回了家。七叔把麻袋倒在院子里，我们顿时目瞪口呆。七叔摸的河底都是大河底，巴掌大，或脚丫大，都是我们平时少见的，是一种成精成怪的感觉。跟七叔相比，敢情我们摸的那些小河底根本就不算个东西。我们缠着七叔问他从哪摸的，怎么摸。据七叔说，这些河底就在河的中心地带，很多，需要扎猛子摸，或使用工具。七叔把他的工具拿给我们看，是两根铁丝做的挠钩一样的东西，绑在木柄上。木柄很长，足有一人高。七叔说，用脚踩到哪里有河底，就用挠钩把河底捞上来，连腰都不用弯。说得我们羡慕极了。我们问七叔大河底好不好吃，七叔说，他也没有吃过，他摸的河底，统统都喂猪。

生活窘困的年月，猪其实是最可怜的，连一粒粮食都吃不到。它春天吃青草冬天吃干草，生长得非常缓慢，村里人都讲究年对年，也就是要养整整一年，猪才能出栏。我回家把七叔的事告诉父母，父母也才恍然大悟。他们说，难怪七叔家猪五个月就出栏，而且喂得滚瓜溜圆，原来是这个原因啊。

七叔用河底喂猪，比自己吃，合算多了。

四合一

sìhéyī

姐姐刚当小社员那年，就被编入了“四合一”小组。姐姐是初中毕业，在队里算文化人。姐姐上工的第一天就解决了两个人的问题。一位本家哥哥问姐姐，说大妹子，广播里总说实在不同了，男女都一样。什么叫实在不同了？姐姐告诉他，不是实在不同了，是时代不同了，是新社会跟旧社会不同了。哥哥才恍然大悟。一位五十几岁的婶子则问了姐姐另一个问题：大侄女，你说我是不是日本人？

这两件事让姐姐有了很多感慨，而且许多年后总是翻来覆去提起。那位哥哥和婶子都不识字，婶子是童养媳，连娘家在哪里都不知道。姐姐对我说，当农民也需要有文化，比如，队长说让我去四合一小组，别人都问什么叫四合一，只有我，队长一说就明白。

姐姐当时的样子，神气极了。

轮到我不懂什么是四合一了。在煤油灯底下，我虚心向姐姐请教。姐姐告诉我，四合一里面有化学过程，理论很深奥，一两句话讲不明白。她说你以后也参加四合一小组，就什么都明白了。我在被窝里摁了摁指头，那个目标有些远，还有好多年呢。

猪圈：矮小的猪圈里堆满了备用的柴草，恍惚还能看到一只肥猪从圈门里走出来——如果时光倒退多少年的话。

不用好多年，甚至不用很多天，我就明白了四合一是怎么回事。队里的猪圈旁挖了一个又深又宽的池子，我们过去看热闹，猜测是给猪洗澡用的，让挖坑人的脸上有了许多嘲讽。他告诉我们，这是四合一沤肥坑，一层草，一层水，一层土，一层尿，过了夏天，就是一坑肥了。我有点不相信这是姐姐嘴里的那个四合一。那个有化学过程和深奥理论的四合一，我感觉应该比这个神圣。

姐姐和她的几个姐妹，挑着大木桶，每天早晨去各家各户收尿——四合一的日子正式开始了。姐姐她们干得很带劲，到哪户人家，响声大气地叫，嘻嘻哈哈地笑，把这样一个想起来应该有些尴尬的工作，居然干得很热闹。全队三十三户人家，姐姐她们要逐一上门拜访，而且要赶在早晨上工前把三十三户人家的尿统一收集起来，倒进沤肥池。这当中也有很多笑话，有些人家起得晚，她们要在门口等半天，等不到人家把尿提出来，就自己闯了进去。男人羞得用被子捂住头装睡，她们还要上前揭开人家的被子，说几句玩笑话。男人在炕上羞，到地里干活就不羞了。他们会拿这些话题打趣，把姑娘们说得红头涨脸。

姐姐说，当年她们都是十七八岁，有的是精神和干劲，也不知道什么是脏和累，每天挨家挨户收集尿，居然会觉得有趣。有人故意把自己的一泡热尿浇到菜园里，她们义正词严地去跟人家争辩。去第一家时，村子里还没有烟囱冒烟，她们是村里起得最早的人。去最后一家，人家都吃完早饭了。姐姐她们赶紧回家洗净手脸，好歹叼上一口东西，就忙着去上工了。

参加四合一小组的都是年轻人。队里有几个沤肥池，就有几个四合一小组。每个小组四五个人，从开始育肥，到最后倒粪，一包到底。肥的成色怎么样，到秋后就知道了。除了收集尿，她们还要去割草，还要去挖土和挑水，哪一个环节的活都不轻松。后来她们想到了用铁锹铲草，这样连草带土都有了。每天起早贪黑把草铲成堆，然后用队里的马车拉回来，不但节省了程序，对沤肥还有好处。当时她们还把这叫成革命化的发明，还有人给写了广播稿，在县广播站的小喇叭里进行广播。

各地都搞四合一，但各地搞四合一的材料并不相同。比如，姐姐她们就听说山区搞四合一，草被荆树叶子取代。荆树叶子富含磷和钾，是沤肥的绝好材料，让当时的姐姐们对山区的荆树想念不已。若干年后的今天，我们住宅的后面就是山，每年春天，山上馥郁的荆树味道都会让姐姐遥想当年，情不自禁地就会说起四合一。

交公粮

jiāogōngliáng

大、麦两秋之后，粮食在场院中晒干，扬到空中彼此能碰出声响；放到牙齿间，“咯崩”一声能被咬碎，就可以交公粮了。公社有粮库，四周是青砖刷着白石灰的矮墙头，墙体上写着朱红色的大字，那些字都是被套在方格中完成的，有棱有角，不外乎“保障粮食供给”或“纲举目张”之类的语录。在我们小的时候，粮库是一个神秘的所在，里面的工作人员都吃商品粮，穿四个兜的制服。更神秘的是那些戴着大白帽子的粮仓，比几间房占的面积都大。我们每次从粮库门前过，都会情不自禁地往里看一眼，猜粮仓里的那些粮食最终会流向哪里。

来交公粮的马车，在粮库外面的马路上排起了长队。周围十几个村庄，都来一个粮库交公粮，所以那个时段的热闹可想而知。拉公粮的马车，都是胶皮大车，三套马，辕马的脑门上系着红流苏。赶车人的鞭梢也系上了红缨须，在澄明的天空中甩个响鞭，像是有条红蛇在狂舞。装饰辕马和鞭梢，一方面是对丰年表示喜悦，另一方面则是图个吉利。粮库收粮食，不是来者必收，要符合相应的条件才行。所以对交公粮的人来说，能把自家麻袋里的粮食倒进粮库的粮仓里，那也是了不得的一个胜利。否则你就只能拉着那些粮食口袋打道回府。交不成公粮，只有一个原因，水分大。水分大的粮食不但自己容易发霉，而且会传染。粮库不会因为一颗老鼠屎坏了一锅汤。所以把粮食拉回去重新晾晒，是许多人的痛苦经历。几万斤粮食，装了麻袋再装车，是一个沉重的浩大工程。

生产队的场院，根本晒不下这样多的粮食。如果再赶上阴雨连绵的天气，那简直是要命的事。逢到这种时候，队里就把粮食分到各家各户晾晒，称好斤两，允许有百分之十五左右的缩水。这个时候，一般都是数伏的天气。我家的土炕上就晒过两三寸厚的麦子，白天把炕席扯下，麦子甚至在炕上冒热气。晚上睡觉，再把炕席铺上去，人躺在上面，就像躺在水里一样，是流动的。家里再缺粮食，都不会看着这些粮食眼馋，因为这是公粮，要交给国家的。母亲甚至把猫关在屋里，谨防老鼠趁主人不在来偷粮食。我每天中午，都要把粮食翻一遍，再抚平。这是母亲交给我的任务。我用两只脚从炕头趟到炕脚，脚被摩擦得火烧火燎。初到我家来时，那些麦子各个虚头胖脑，过了十天半月，它们就瘦下去了，成了种子时的模样。

粮库也改进了很多措施，方便前来交公粮的人。对不符合交征条件的粮食，不再强迫他们拉回去，而是在粮库内部的院子里提供地方，让各个生产队派人来晾晒。姐姐和嫂子都做过这项工作，顺便说明一下，这个时候离生产队解体已经不远了，人心都变得越来越浮泛，越来越松懈。我们学校与粮库只一墙之隔，某一天，我突然发现粮库门口出现了许多摆地摊的人，他们用手中的苹果、麻花、香烟、瓜子之类的东西，换粮食。而那些粮食，都是晾晒粮食的人从里面偷出来的。用布袋装上十几斤，换三五个苹果，或几根麻花，晚上收工回家，各个都不空手。粮库对这些听之任之，因为这个时候的粮食还是生产队的，与粮库并无关碍。

再看那些“生意人”，他们昨天也许还在粮库里晒粮食，转天从哪里趸了些货物，就成了做买卖的。本家的一位二嫂人机灵，她的货不仅有吃的，还有穿的和用的，诸如袜子、内裤、书包、擦脸油之类，一下子就把别人比下去了。粮食源源不断地倒进她的口袋，口袋满了，她就藏到附近的人家里。晚上别人收工，二哥拉着双驴车来接她，她一天居然能换几百斤粮食。

交公粮的日子在乡村已经越走越远了，某一天，我忽然发现它在城市死灰复燃。在青创会的某个晚上，一位朋友有事回家，其他朋友就开他的玩笑，说他去“交公粮”了。起先我还懵懂，不知道别人说的是怎么回事，一位女士悄声对我说，这个公是老公的公。我才恍然。为了掩饰尴尬，我开玩笑说，老公一称在乡间最早被称为太监，公字读轻音。不知怎么摇身一变，居然成了丈夫、爱人的代名词。

“交公粮”这样与时俱进，倒叫我无话可说。

夜　战

yèzhàn

没有比“夜战”更有趣的了。事过境迁，我对夜战的联想，还有浪漫、神秘的成分在里边。天墨黑，星星晶亮，机器的轰鸣像是许多人在合唱。事实上夜里的那些男人女人也的确与白天不同，有一种莫名的兴奋，会在言谈举止中显露出来。

夜战与连战不同，连战是下午的工作和晚上连在一起，不吃晚饭，一直干到九、十点钟，多记半天工。夜战则要干整整一宿，午夜管顿饭，记两个工。相比之下，夜战无疑要比连战合算，所以我记忆中夜战的人们，没有一个垂头丧气，他们吃了晚饭就兴冲冲地往场院里奔，就是连轴转的日子（三天两夜不睡觉），也不记得他们被疲惫击垮过，他们永远都是很有斗志的样子，那些工分一点都不值钱，但丝毫不影响社员们热爱它。

我第一次夜战，是在场院里打麦子。灯泡挑在一根木头杆子上，离脱粒机很近。光晕只打在一个人身上，那个人负责给机器喂麦子。整捆的麦子从这边吃进去，出来就成了麦粒和花秸两部分。花秸被一股劲风吐到远处，麦粒则垂直落下，洒成一座尖顶子小山。我负责用木叉挑花秸。木叉是三股，是一棵树的枝干自然形成的，木质呈灰白色，柄圆润，叉成弧形，用起来很爽手。同样被称为“叉子”的还有四股五股和六股，分别用来挑豆秧，或粮食中残存的少量秸秆。它们的叉与木柄之间是用榫子连接起来的，叉的中间部位还有横掌。这时候的花秸被机器压扁了，光滑、轻飘、色泽金黄，散发着一股青草和麦子成熟的混合香味，很好闻。因为人在暗处，离机器近，彼此之间都看不清脸，说话要附耳过来，大声嚷，那人才能听清楚。那时我一天挣7分，对夜战的那一顿饭和14分都很向往，所以我比任何人都兴奋。我一高兴就想唱歌，那时我正迷《红楼梦》，把

四股叉：抢场的时候也曾立下汗马功劳，它的木头柄许多年没有人摸过，已经显得磨手了。

薛宝钗的一些词都谱成了曲子。我就唱“神仙昨夜降都门，种得蓝田玉一盆”之类。在机器轰鸣的掩映中，我放开声音唱，一点都不担心对面的人会听到。如果我知道唱歌的声音和机器的声音能剥离，打死我也不会唱，我是一个脸皮薄的人，有一个人在场，我就张不开嘴。

午夜十二点准时开饭，是两水桶凉面，西红柿打卤，外加一盆黄瓜码。大家边吃饭边传递眼神，然后一起鼓动我唱歌，就唱刚才干活时唱的那些。起初我还装傻，不承认，结果几个妇女同时唱出了那句“神仙昨夜降都门”，唱完哈哈大笑。羞煞我也。我不明白彼此说话听不见，唱歌怎么就全听进人的耳朵里了。那时真是小，恨不得找个地缝钻进去，恨不得把那些传出去的东西全都收回来。结果第一次夜战就让我郁闷了一个夜晚，有种被人偷窥了什么的感觉，很不自在。

天放亮了，麦粒脱出了山那样大的一堆，花秸垛像个巨大的大灯笼，都有点高耸入云了。机器停了，场院像硝烟散尽的战场，安静得有些让人不习惯。太阳在远处的地平线上跃跃欲试，让一群夜战的人有了剪影。这些剪影迎着太阳走，去村东的周河里洗澡。打一宿麦子，连眼睫毛都能落二两灰尘，这个时候最大的愿望，不是睡觉，不是吃早饭，是把自己洗得干干净净。男人女人都拖着疲乏的身子朝前走，昨晚那样高的兴致，都被抻长了，淡了。

村庄几公里长的河堤，只有两个地方是沙土地，能下水。被分别称作大摆子船和小摆子船。男人在大摆子船那里洗，与小摆子船大约有30米的距离。清晨的河水很凉，谁下到河里，都不免被水“激”出叫声。女人的叫声无疑会夸张些，传到男人那里，男人会打趣地说句什么。我也渴望洗澡，可我在岸上踌躇了好长时间，不知如何是好。他们都不穿衣服，我说的是那些男人和女人，他们脱光了往河水里跳，30米远的距离，再加上一些氤氲水气，也还是看得清楚谁是谁。可他们就是那样旁若无人，这边的人和那边的人还说笑话，让我费解。我在岸上踌躇的时候，被一些人注意到了，她们上来脱我的衣服，然后拉我下水。我执拗了一阵，还是穿着内衣下去了。我的样子让那些姐姐和嫂子们非常不以为然，她们说我是死要面子活受罪，又没带换洗衣服，大早晨湿衣服溻在身上，多难受啊。

这种难受现在还留在我的记忆里。

抿 铲

给秧苗培土或拔草都用抿铲，它最广泛的用途是跟着我们挖野菜。给这把抿铲拍照时，它刚跟随主人干完活，身上的土还是新的。

mǐnchǎn

薅　苗

hāomiáo

做过农活的人都知道，“薅苗”是一种软体力消耗，虽然不用费多大力气，但一天坚持下来，也顶得上练家子三年功夫。所谓练家子，是指习武之人。

薅苗的功夫，都在两条腿上。几百米长的地头，要靠人蹲着走过去。薅苗指的是谷苗和高粱苗，现在种的人不多了，但在生产队的年月，或者更早，是许多地区的主打作物。八年抗战号称小米加步枪，打败了日本的飞机大炮，足见谷物的种植广泛。解放初期，荣誉军人的物质待遇，是每人每年几斗小米。小米与革命，甚至与国家和民族，都是一种血脉相连的关系。

需要薅苗的庄稼，是指谷子和高粱。他们的种植季节差不多，长出离地两寸高，就开始薅苗了。农具是一把抿铲，短柄，带一个回弯儿，铲的部分是三角形，也有刃口。是剜野菜的顺手工具，用到农业生产中，唯一的作用就是薅苗。

薅高粱苗相对容易些，因为高粱垄是一条直线，只要留下壮苗、留够间距就可以了，其余的野草或弱苗则可以一起薅掉。幼时的高粱苗是乳黄色，两片修长的叶子，从小就有点亭亭玉立，在各种野草中，显得鹤立鸡群。薅谷苗则复杂得多。首先谷苗跟草长得非常相像，当年上山下乡的知青，要让老农带着分辨谷苗和野草，一不留神，就把谷苗剜掉了，把野草留下了。谷苗像麦垄一样多根茎同时生长，只是没有麦垄那样密实，这就要求薅苗的人要掌握好尺度，既不能太稀，让谷物减产，也不能太密，让植物伸不开腰身。秋后的谷穗能否沉甸甸，就取决于薅苗的那一瞬间。一个薅苗的好把式，是受人尊敬的，他们出手快，眼光准，薅过之处，苗垄干干净净，小苗精精神神。

人蹲着前行，垄两边的脚印重重叠叠，能踩出一条硬实的道。浑身的体力都压在两只脚上，如果让其受力均匀，一会儿的工夫，腿脚就麻胀了。长年的劳作，让社员们总结出了诀窍，两只脚总要处于一前一后的位置。哪只脚在前，就重心前移，让另一脚处于休息状态。同时，重心前移的幅度尽可能地大，这样还可以让另一条腿稍微舒展些。初学薅苗的人，怎么努力都跟不上趟，这是手脚并用的活计，看上去不显山不露水，却是很吃功夫。

春天是一个特别难熬的季节，太阳早早升起来，在头顶上半天也不动一动。大洼里连一片树影都没有，人偶尔站起身来，天地都是旋转的，半天都迈不开脚步。最难受的人，当属大嫂和七婶。大嫂有痔疮，经常便血，时常处于坐卧不宁的状态。长时间蹲着，令她如受刑法。都知道大嫂的痔疮厉害，却没有谁赦免她不来薅苗。生产队的活计就是这样，你挣哪个级别的工分，就干哪个级别的活计，一点通融的余地也没有。大嫂为了能挣工分，轮流用两只脚后跟顶住痔疮，薅几天苗，她就这样坚持几天，一天工也不舍得耽搁。

更痛苦的人是七婶。许多年后有人给我打比方，还举七婶的例子。七婶生孩子时，没有满月就下地干活了，而且是薅苗，这让她的子宫没有收缩好，得了下垂的毛病。以后的许多年，七婶简直成了子宫下垂的代名词。到了我去薅苗的时候，七婶的孩子已经很大了，毛病成了人们打趣的话题。七婶一点也不避讳，说起子宫下垂，就像说起头痛感冒一样。长时间的蹲伏，令七婶的子宫不时像“鸭梨”一样（别人都这样形容）长到树外边来，有人没人注意，七婶都会用手托一托，做得旁若无人。起初我还觉得七婶的行为不雅，可在大洼里呆得时间长了，渴、饿、累、晒、晕，男人女人的界限都很模糊，哪里还顾得雅与不雅，连一些最基本的想法都没有了。

家乡的洼地现在已经不种谷子和高粱，改种玉米和水稻。因为养殖业的繁荣，玉米的价格一度高过小麦。水稻就更不用说了。洼里水质好，产出的大米创了品牌，成了餐桌上的风景。哪户人家偶尔种一些高粱和谷子，纯粹是为了改善生活。我问他们还薅不薅苗，他们说，受那个累干啥，只须打些除草剂，至于长成什么样，随它们的便。

这个时候的乡间，有了另一种味道。

弹弓

dàngōng

男孩子的玩具，总是比女孩子的玩具具有进攻性和挑战性。比如，自行车链瓣做成的火药枪，不但能发出响声，还有杀伤力。我们小的时候，很为这一点觉得不公平。正是看战斗片的年代，每个人都会对英雄的行为生出崇敬，进而模仿。感觉中，男孩子离英雄更近些，因为他们的武器跟英雄的相像，这让我们自惭形秽。我们踢的毽子，玩的布包，缝的娃娃，哪一样都离英雄那么远，都离战斗那么远。这让我们一度忧心忡忡，假如战争一旦打起来，我们用什么去抵挡来犯的敌人呢？

五个女孩子，在放学的路上，对这一问题进行了认真的讨论。讨论的结果，是我们应该学会打弹弓，当然这也是受了某部电影的启发，关键时刻，弹弓也是武器。哥哥们的弹弓，都在裤腰带上别着，我们想弄到手不容易。唯一的办法，就是仿照着也做一个。于是找废旧的自行车里带做皮套，从树上去撅粗细合适的树枝。树枝要分弧形叉，用铁丝把树枝和皮套绑在一起，弹弓也算做成了，虽然差一点让哥哥们笑掉大牙，但到底也是弹弓的模样。皮套里裹一枚石子，扯开弹弓发出去，居然也能打出十几米远。

女孩子手持一把弹弓，是件很滑稽的事，因为我们不知道应该打什么。男孩子用弹弓打鸡，打麻雀，甚至就用弹弓对准人，这些事情我们都做不来。因为觉得滑稽，我们玩起弹弓来自己都觉得底气不足，就要偷偷摸摸。几个女孩子跑到后河滩上去对着河水打，“子弹”寥落地落在水面上，连一点精气神都没有。我想，这样打下去，哪里练得出功夫呢？要知道，我们打弹弓可不光是为了玩，是有保家卫国这样神圣职责的。想明白了这一点，我决定给大家确立一个目标，河对面有一座年久失修的闸口，有两扇厚重的水泥门，我把目标就定在那两扇门上，虽说目标大了些，但也聊胜于无。我带头把弹弓对准它，铆足力气把石子打了过去，结果连边儿都没沾着。不甘心，接二连三地又连发数弹，都落在闸口前十余米的水面上。其他几个小伙伴跃跃欲试，但都以失败而告终。太阳都被我们打落了，那个该死的闸口，居然一粒“子弹”也不中。

打不中目标，最性急的是叫小雪的女孩，她把弹弓对准了自己的脸，大概也只是想试着玩，手一松，石子击中了眉骨。她嚎叫的声音，都把我们吓傻了，我们以为她把自己的眼睛打坏了。弹弓在瞬间就成了咬手的蛇，都被我们随意丢在河边。丢下了，就不想再拣起来。这一天，我们谁都没把弹弓拿回家。

应景和热爱，体现在对待弹弓的态度上，实在是有天壤之别。

村里有个被称作神弹手的男孩子，叫小初，人长得又黑又瘦。他的弹弓与众不同，把手是铁丝拧成的，前边的皮套是橡皮筋的。他的弹弓像腰带一样在腰间围着，显示着橡皮筋的巨大弹力。小初则总是从容和淡定的样子，遇到猎物（多数是麻雀），会眯起眼，把弹弓从腰间抽出来，裹弹，抻开，瞄准，一颗弹“嗖”地发出去，麻雀应声落地。小初家的餐桌上，经常有一盘炒麻雀，香味隔着院墙传出来，让路过的人不由自主地吸鼻子。小初的弹弓也是个宝，别人休想动一动。村里没有谁能练出弹起麻雀落的水平，他们就埋怨自己的弹弓不好，说若是有小初那样的橡皮筋弹弓，别说麻雀，老鸹也能打。

有一次看电视节目，说有一个人弹弓打到了吉尼斯。我很兴奋，回家见了小初，就问他还练不练弹弓，把小初问得一头雾水。小初的儿子也到了玩弹弓的年龄，我建议小初给儿子做个弹弓，儿子说不定遗传了父亲的精准，也能把弹弓打出水平来。小初连连摇头，他说练那玩意没用，既不能养家，也不能糊口。小初说这话的时候，他的儿子正趴在桌子上做作业，小初的儿子才8岁，上小学二年级，就被提到了养家糊口的议事日程，看来弹弓的原始功能，的确不复存在了。

刨白薯

páobáishǔ

“刨白薯”在这里是有特指的。秋季白薯收完后，生产队的地就开圈了。只要听见信儿，不管放学多晚，孩子们你呼我叫地相约去刨白薯。收白薯的季节，都在霜降以后，天短了，太阳刚一下山，就夜色朦胧了。当我们提着镐，挎着筐，跑到几里地以外的白薯地里，除了黑压压的人群，可能什么都看不到了。

那年月白薯不是好东西，大人孩子各个都吃得胃酸，看见白薯就像看见仇人一样。可它当着半年粮，离了它家家都要挨饿。漫长的冬天，每家晚上的餐桌，都是一盆稀粥和几块白薯。那粥能照进人的影儿，喝进肚子里，肚子就像水罐儿一样。

年复一年，人们对刨白薯的热情有增无减。只要听到周围哪里白薯地开圈，路上都是人们兴冲冲的脸。我们几乎是全家出动，大人使大镐，孩子使小镐，还有用三齿和挖掀的，不把地翻个遍不罢休。晚上回家，挑着灯给白薯分类，大的放一起，小的放一起，有镐伤的（刨坏了）放一起，大家还能认出那块白薯是自己刨的，那种欣喜之情，就像碰到了老朋友一样。转天一大早，全家除了母亲，又全员出动。父亲驮着我，哥哥驮着姐姐，又顶着星星重返那块白薯地，拣拾昨晚遗落的。母亲在家侍候鸡鸭猪狗，给我们做早饭。那早饭依然是一盆稀粥和几块白薯。我们会踩着点儿回来，进家就吃，饭后上学的上学，上工的上工。

深秋的天气，已经很冷了。我瑟缩着坐在硬邦邦的后车架上，拽着父亲的后衣襟昏昏欲睡。我家住在村庄的最里面，要通过狭长的街道，才能走到村外的路上。早上很多人家都会去刨白薯，但我们永远是起得最早的。要摸着黑上路，到了白薯地里，要凑近地皮才能看清楚在哪里下镐。自行车在高低不平的村路上蹦跳，“砰”地一声把我惊醒了，原来是父亲边骑车边睡着了，车轱辘撞到了电线杆子上。

刨白薯最有趣的事，莫过于找贼根，这种经历几乎人人都有。白薯大都长在垄背上，成熟的季节，甚至把垄背撑出口子，白薯光溜溜地自己露出来，就像鱼背露出水面一样。但也有的白薯被一条根引领着，长到了垄背下面很远很深的地方。这条根，我们就叫它贼根。它贼头贼脑地躲在暗处，妄图做漏网之鱼。可它与母体之间连着脐带，那点小把戏，如何能骗得了人。我们像老鼠打洞一样，顺着这条贼根一路找下去，有时候挖出去很远，有时候挖下去很深。贼根如果越来越细，就证明它的终端不会有什么内容。如果越来越粗（这种情况很少），就会使挖贼根的人越来越兴奋。费尽千辛万苦把贼根挖到底，白薯也许就是指头粗的一小块，与费得那九牛二虎之力相比，根本不成比例。

其实现在想一想，白薯滋出去的这条根，已经消耗了很多养分，终端结下的那块白薯，能有指头粗已经不错了。可那时不那样想，碰到一条贼根，就像碰到了一条通往芝麻开门的路，不挖到头誓不罢休。掏贼根的过程，其实已经超越了刨白薯的现实意义，很有一些人，终于把贼根挖完了，天也黑了，只得提着空篮子回家了。

刨白薯时人的密度，按照现代人的观点，完全可以划作危险行当。大镐和三齿都是长柄，一镐抡下去，对用小镐蹲在地上的人，都是威胁。我的脑袋就被一把三齿钉出个窟窿，当时血流如注，被人捂着回了家，母亲用一把温热的草木灰给我止血，现在摸上去，那里还是块疤。姐姐的运气更差，她脚腕上一条筋，差点让人给刨断了。那是一位叫领弟的姐姐，她爸爸以能扎王八著称，宰杀王八后，就把血顺便存到壳子里，所以她家的外窗台上，晒着很多大大小小的王八盖子。姐姐脚腕上没出多少血，可她疼得死去活来。领弟安慰姐姐说，她家有王八血，抹上就一点也不疼了。领弟把姐姐背回了家，领弟的父亲点燃一根蜡烛放到王八盖子底下，上面已然干了的血，就被一点一点烤得融化了。待那些血变得黏稠，领弟的父亲就把那些血敷到姐姐脚腕的伤口上。姐姐很多天不能下地走路，但脚腕并没有肿，不知道是不是那些王八血的功劳。

刨白薯的日子，总能让我想起一个词：生龙活虎。不管大人和孩子，刨起白薯来，都是一副不要命的样子。至今看见大片翠绿的白薯秧，都让我心生感动，白薯与北方农民的关系，在我看来，就是土地与人的关系。

抄藤子

chāoténgzi

打渔摸虾，耽误庄稼。

这句谚语在民间广泛流传，是特指一些人不务正业。在那个年代，除了上工务农，其他的一切作为和做法，都叫不务正业。所以队里误正业的人很少，就是那几个老农，除了侍弄庄稼，什么也不会，被儿女称为一辈子没挣过活钱。能挣活钱的人，恰似现代人有一份稳定的工资收入，是另一种保障。

在我看来，父亲是天底下最好的社员，以社为家，干起活来不要命。但父亲又是队里最不务正业的人，时常说个谎，到外边去耍手艺。那些手艺都能换来钱，都属于不务正业范畴。所以每次父亲脱身都很困难，不但要请大队的干部吃饭，还要对生产队的干部谎称说去远处的亲戚家。父亲在外奔波的日子，能换来姐姐的皮鞋、我的裙子和哥哥的手表，我们家的孩子，都是同龄人羡慕的对象。

就是在生产队上工，父亲也能想出另一些不务正业的手段来。他把柳树的枝条盘在一起，做成帽子状，让其悬浮在河水里，它的名字就叫藤子，作用是吸引鱼虾。每天夜里九、十点钟，大概也是鱼虾睡觉的时间，父亲就拿着网带领我们去抄藤子。被我们称之为“夜袭”行动。网也是父亲织的，形状像个网兜，安一个长长的手柄，有时父亲不用下水，就能把鱼虾抄进网里。父亲肩上扛着网在前边走，我和姐姐端着脸盆紧随其后。一条街上的狗集体狂吠，把夜色搅成了玉米糊糊。

许多年后我曾经问过父亲藤子是谁发明的。父亲那时已经血栓了，但思维还很清晰。他说藤子是河水发明的，河里有水草的地方，就容易隐藏鱼虾。我问父亲，我们为什么总是夜里去抄藤子，难道是要趁鱼虾睡觉的时候？父亲的回答却大出我的意料。他说，抄藤子是要背人的，如果让别人知道了，哪里还能抄到鱼虾，光给你剩下老疥。

老疥就是癞蛤蟆。

父亲把网伸到河里，看准藤子，像端鸟窝一样把藤子端出水面，然后倒扣到岸上。把藤子抖几抖，就又重新把它扔进水里。从藤子里边倒出来的鱼虾活蹦乱跳，还有水蝎子，水蜈蚣，还有十几只癞蛤蟆。我给姐姐打着手电筒，姐姐扒开那些癞蛤蟆，把鱼虾拣进盆里。癞蛤蟆是一种趋光的动物，被手电照亮，就鼓肚子眯眼，一动不动。手电摁灭了，它们才四散奔逃。那些鱼虾基本都没有意外，都是些毛头毛脑的小鱼小虾。可冷不丁会有一只大癞蛤蟆，身子是方的，眼睛像两只小灯泡一样，炯炯地打量看它的人。它抬腿自己从网眼中挣脱出来的样子，从容极了，就像有天大的本事一样。倒把我们吓一跳，姐姐也不敢扒拉它，任它在那些鱼虾身上趴着，半天也不动一动。我们会记住地方，回来的时候再看它走没走远。乡间对这些精怪都心存畏惧，轻易不敢得罪。

有鱼虾吃的日子，也不都是好日子。我们家后院的门板上、盖顶上晾晒着厚厚的一层。那些小鱼小小虾被摘洗干净后，就放到锅里烧成干，然后再放到太阳底下晾晒。那种腥气能把全村的猫都招了来，能把左邻右舍的苍蝇都招了来。母亲让我守在那里看猫，我一百个不情愿。夜里去拣小鱼小虾觉得有趣，可一旦家里多得成了灾，哪里还想吃它，连那种气味都觉得不好接受。

那段时间，我们家里每天都是贴饼子熬小鱼小虾。如果偶尔吃一顿，略略多放些油，可以去些腥气。如果那成了家常便饭，光是油就吃不起。虽然母亲费尽心机弄些棉籽炸些油，可那油有异味。大人们也许吃不出来，我只要一闻到那气味，就觉得受不了。那些干了的小虾头很坚硬，扎得口腔千疮百孔，过了许多年，那种麻扎扎的感觉还记忆犹新。

一晃，父亲也作古了。偶尔看见河上飘着一条船，便觉得那水都不胜重负。河道瘦了，河水浅了，水草也不知道比那时繁茂了多少，在水里长成了麦田一样。鱼虾却少得成了稀罕物，渔船一靠上岸，村里的人就围拢过去。许多年过去了，人们对小鱼小虾还是有感情。

犴 姆

hánmu

“犴姆”属于民间传说范畴，前者读二声，后者读轻声，是介于人与鬼之间的一种怪物。鬼分为好鬼和厉鬼，可再厉害的鬼，都不如犴姆吓人。这是我们小时候从大人嘴里得出的结论，是人是鬼都不可怕，可怕的是人不是人鬼也不是鬼的那种东西。有时候看电影电视，里面的人称自己人不人鬼不鬼，我依据小时候的记忆，还能有所联想。据说，人变不成鬼的时候，是特别痛苦的时候，比下地狱还不如。所以犴姆比厉鬼还厉害，厉鬼只是吓唬人，勾人的魂魄。犴姆却要吃人。相传犴姆的一张嘴没有牙齿，其大无比。它能把人囫囵个儿地吞下去，连鞋子都不用脱。

姐姐用犴姆吓唬我，我就用犴姆吓唬弟弟。母亲让我哄弟弟睡觉，弟弟不听话，我就专门给他讲犴姆怎么吃人，吓得他天一黑连门都不敢出。我小的时候好奇心强，总想弄清楚鬼和犴姆都长什么样子。问大人，大人不耐烦，他们说过鬼和犴姆都是无形之物，人根本就不可能看见。这样形容鬼，我是认同的。在潜意识里，觉得鬼就是魂灵，与风有关。如果什么时候碰见旋风，大人就教我们吐口水，说那旋风里就有人的灵魂，它怕口水。小的旋风是小孩子的灵魂，通天扯地的旋风就会是一个很大的人物。毛泽东去世那年，村里人就有人传看见了毛泽东的旋风，能有三间房子大。我在十岁左右的时候，对这些是相信的。只是把犴姆也说成鬼的样子，让我心存疑虑。能吃人的，总要有张嘴。否则他把人吃到哪里呢。

关于犴姆的传说，各地的版本不尽相同。在我们家乡一带，传说人死以后不能见日光，所以要以青布盖脸。若是照了日光，就会变成犴姆。而几十里地以外的姥姥则对犴姆有新解。她说人死以后不能火葬，死人会在火中复活，变成犴姆。还有诸如死人的身下不能有猫狗经过，否则人会诈尸变成犴姆等等，说法不一而足，可见想象的空间之大。在童年的世界里，妖魔鬼怪都在空气中潜伏，它们都有无边的法力，能洞悉这个世界上的很多事物。随着年龄的日渐增大，不肖有人指引，迷信就像蜘蛛结成的网一样能被风吹破，从唯心走向唯物，其实也是一个成长的过程。

20世纪90年代初，我到一个大山深处的村庄住过几天，那几天的经历，我在许多年后的今天还觉得郁闷。房东是一个四十几岁的媳妇，没有多少文化，却是个通情达理的人。某一天的午后，她陪我到村北的山坡上转，从山上下来，路遇一座石头房子，已经倒塌了。房东告诉我，这家人二十年前搬走了，原因就是出了个犸姆。那是个因难产死亡的产妇，孩子也没保住。为了报复村里人，她间隔不久，就会吃掉一个女人，年龄都与她差不多。从女房东的叙述中，我推断出了这只是20世纪70年代初的事，年代并不久远。我问犸姆怎么吃人，女房东说，隔十天半个月，村里就会死掉个女人，不是她吃的，还会有哪个。

死掉的女人被认为是犸姆吃了。这个说法我还是第一次听到。

走过一条街，房东告诉我，那一年村里死了十几个媳妇。平时也没什么病，睡着睡着人就死了。山村不大，只有四个生产队，百十户人家。当时正是冬天，村里惶恐得厉害，每天太阳还没下山，家家就插门闭户，都不敢到街上走动。沿路都是石头院墙，房东指着那些人家说，这家死了人，那家也死了人。我问，有什么理由认为这些人是被犸姆吃了呢？房东说，后来有人想起了那一对难产的母子，说它们也许变成了犸姆。于是队长带领村里人去刨坟，把尸骨起出来，架到火上烧了三天三夜。从那儿以后，村里还真的不再死人了。

那媳妇的家人却不这样认为，他们没能阻止别人刨坟，一生气就自己搬走了。

这件事，许多年里我不止对一个人提起过，当然是抱着悬疑的态度。可直到写这篇文章，我才发现当年我应该做的许多事都没有做。比如，我应该逐一走访一下死者家属，打听清楚那些女人的死因是什么，死者之间到底相隔了多长时间。我还应该与搬走的那户人家见个面，听一听他们对这件事情的看法。他们既然阻止别人刨坟，足见他们与大家的想法不一样。

平整地形

píngzhěngdìxíng

单看题目这几个字，很难把它当词语看。甚至可以把它当成两个词组：平整，地形。把它们放在一起，对于不熟悉过去那个年代生活的人来说，是一件别扭的事。可在我的家乡不是这样，平整地形不单朗朗上口，还与热火朝天的劳动场景密切相关。

村里大面积的土地都在洼区，由于早年间洪涝频繁，土地被洪水冲得七零八落。20世纪50年代初，开始兴修水利，既解决洪涝灾害，又解决土壤灌溉。大搞农田基本建设的热潮，从20世纪60年代末到70年代中期，轰轰烈烈地搞了好几年。村里主要街道的墙体上，刷着白石灰的大幅标语。高音喇叭一天到晚给人鼓足干劲。工地上红旗招展，虽说平整地形算不上大工程，可那年月实行搞会战，人们一听说会战这两个字，积极性就会莫名其妙地被鼓动起来。

我还清楚地记得，我家房山上写着这样一首“诗”：黑夜当白天，汽灯当太阳，刮风不停工，下雨不收兵。队里的社员在这里集合，有人让我背这首诗，我就傻了吧唧一遍一遍给人背，一点都不知道难为情。有人夸我背得好，我就很得意。社员上工走了，我会手舞足蹈、带腔带韵地自己朗诵，居然很上瘾。

农田基本建设的百科全书中，对这一称谓有明确的定义，是指平整土地，修筑梯田，改造坡耕地，改良土壤，营造农田防护林，兴修农田水利设施。在我的家乡，就简单地归结成了一句话：平整地形。说来其实简单，平整地形的主要工作，就是把高处的土往低处拉。把一块土地弄平展，这样浇水的时候会容易些。作物生长的时候，会好看些。低洼之处也不会在雨季形成湖泊，淹毁庄稼。平整地形的工作耗时长，但劳动强度并不大。开始那两年，大家会战的时候还有会战的样子，到了后期，人们就疲沓了。有时候连红旗都懒得再往地里扛，那种人喊马嘶的局面，一去不复返了。

据哥哥回忆，平整地形虽然搞了若干年，但成效并不大。洼里的土地一眼望不到边，越往土地深处走，越洼得厉害。从土质本身也可以看出来，靠村庄这边的土壤呈黄色，另一端则是黑土地。黑土地性黏，雨天都拔不出来脚。这不像山区造梯田，有章法可循。平原上的土地，却是你无论怎样努力，都休想让它彻底改观。

平整地形工作从洼区逐步上移，到平整村庄周围的土地时，已经流于形式了。几个姐姐扛着木锨、镐头磨磨蹭蹭往地里走，衣兜里无一例外都装着鞋底。这时候上级号召平整地形工作向纵深发展，不要满足于这里铲铲那里垫垫，而是要把眼界放宽，彻底铲除封建旧思想，解决死人与活人争地的问题。原来，村庄周围的土地到处都是坟墓，前辈的人入土为安，却让后人有了想法。上面要求平坟，不管谁家的，不管坐落在那块土地上，都要平。这是一件富于挑战性的工作，从开始下不去手，总觉得坟墓里的人在仰躺着看自己。到后来变得肆无忌惮，把那些挺大的坟墓铲平，只消三下五除二。再到后来，又对坟墓有了新的想法，不但把坟铲平，还想看看坟墓里面什么样。社员们选择那些老坟或者村里没有后辈儿孙的坟墓打开，于是枯骨被挖了出来，厚厚的棺材板被挖了出来。我们去河套地里挖野菜，见那些已经糟朽的棺材板横七竖八躺在地上，我们也到周围仔细找，看有没有遗落铜钱，好刨鸡毛毽儿。

有一件事，当年成了新闻事件。有一块地叫老爷坟，也不知道是谁的老爷，是哪一朝哪一代的老爷。老爷坟坐落在一处高岗上，已然不是独立的坟头，岁月的风雨侵袭，已经使它与周围的土地连成了片。到这里平坟时，人们是打定主意要把坟墓刨开的，他们想看一看这位老爷到底是何许人也，这块地既然以“老爷坟”命名，足见当年这位“老爷”不同凡响。可当人们把坟墓打开，才发现坟墓里只是有座厚厚的棺木，其余什么也没有，连衣冠冢都不是。这件事是一个意外，很多年以后，还有人把这位老爷和遥远的历史联系起来。

老爷坟这块地，曾经是平整地形最好的一块地，可惜现在已经毁得不成样子了。因为这块地的表层土下面是河沙，被人挖了数不清多少层。去年夏天我曾经走到过那里，见玉米苗甚至长在了几米深的沙坑里，它要想从沙坑探出头来，都不容易。

八碟八碗

bādiébāwǎn

婚丧嫁娶都要做席面，做席面就离不开“八碟八碗”。在对八碟八碗垂涎三尺的年月，我们争论过为何不叫八盘八碗而非要称八碟八碗。我们争论的结果是，八碟八碗是那个叫长脖的厨子发明的，他席面做得好，却以抠门闻名。不管主人预备了多少材料，他盛到盘子里的都是那么多。他还说，八碟八碗不是大烩菜，不能想放多少就放多少。

在乡间，碟子几乎没有用途。可却有一句难听的话，和碟子扯上了关系。说一个人爱传瞎话，就形容他嘴浅得跟食碟子似的。我印象中，家里的碟子都是盛小菜用。比如，爷爷的下酒菜，要比我们吃的多放一些香油，那下酒菜就装在碟子里。爷爷把菜吃完，碟子里还飘着香油珠子，哥哥夹着菜到里面沾一沾，都香得摇头晃脑。碟子都只有茶碗口大小，如果用它装菜，就只能喂拉拉蛄。拉拉蛄的学名叫蝼蛄，以嘴小饭量少著称。如果把碟子与碗相提并论，明显不是一个重量级。

这是我们当年重点探讨的一个话题。

长脖的父亲和爷爷都是厨子，都会做八碟八碗。到了长脖这一代，八碟八碗已经有了许多改良。但我们还是知道长脖做得最好的菜：水晶肘子和虎头丸子。去谁家吃席面，我们会一个一个数盘数碗，几凉几热，几荤几素。待到上水晶肘子或虎头丸子这两道压轴大菜，会全体都屁股离座，翘首以待。上别的菜，都是落忙的（帮忙）放到托盘里端上来直接上。唯有上水晶肘子或虎头丸子，虽还是落忙的放到托盘往里端，来到桌前，却要等着长脖自己往桌上放。长脖脖子上挂一条白毛巾，就像挂在鹤脖子上一样，毛巾上面还有长长一截，朝前弯曲，下巴快抵上胸口了。长脖的脸上不苟言笑，他把水晶肘子或虎头丸子放到桌子上，并不说什么，就又严肃地走了。我们这个时候当然顾不得他，只想快一些把肘子和丸子都吃到肚子里，谁少吃一口，都会难受半天。

午后闲下来，我们跟长脖探讨八碟八碗的问题。明明用的都是盘子，怎么就被说成了碟子呢？把盘子的功劳据为碟有，盘子该多生气啊！离开了灶旁，长脖是一个随和的人，愿意和我们说用不着的（大人们都觉得我们的探讨没意义）。长脖明显也让我们的问题难住了，想了老半天，长脖才这样答复我们：碟子和盘子过去曾经用一个名字，碟子也叫盘子，盘子也叫碟子。这下我们又不明白了：既然它们曾经叫一个名字，为什么碟子反到比盘子重要呢？因为在生活中并不是这样的。在生活中不重要的东西，是否就意味着在别的方面应该重要呢？

对于当初的钻牛角尖，现在想起来还觉得好笑。在童年的印象中，没有什么比八碟八碗更有诱惑的了。乡间有俗语：赴一个席，饱一个集。六天为一个集，说饱六天肯定是有些夸张，可那种美好的感觉能够延续六天该是不差的。关于八碟八碗，有太多有意思的事。谁家的席面好了差了，谁家凑不够席面用白菜瓤儿代替了，谁家的饭菜让新亲挑礼了，我们都会伸长耳朵打听。对八碟八碗的关注，看似关注器皿，其实是关心内容。

写这篇小文，我抱着虔诚的心态去查字典。盘子和碟子当然不同，字典中给了碟子这样的解释：盛蔬菜或调味品的器皿，比盘子小，底平而浅。平心而论，这与我们当年的心态相当吻合。在碟子和盘子之间，我们是有明显的倾向的，并没有因为我们热爱八碟八碗而丧失最起码的判断能力。

八碟八碗又称“八八席”，起源于满族。据说在满族的发源地抚顺能吃到正宗的八碟八碗席。碟是实实在在的大碟，碗是深深大大的大碗。八碟一般为凉菜，八碗一般为热菜，猪肉炖粉条、酸菜、黏玉米、笨鸡等等，都能上得席面。这是网上对八碟八碗的解释，与我们并不相干，我们就从来没有在席面上吃过酸菜和黏玉米。不过这种解释又勾起了我童年时的疑惑，那种实实在在的大碟，也许与我们，甚至与《新华字典》上理解的都不一样？

压箱底

yāxiāngdǐ

看一家人的日子过得是否殷实，不是看他穿什么戴什么，而是要看他家有没有压箱底的。压箱底的，内涵很丰富。旧时代可能是指金银细软，到了我能理解的那个时代，可能就是指箱底有一件平时不穿的新衣服。有压箱底的人家，做人做事都会与别人不同，说话有底气，做事有板眼。不会像寻常人家的男人毛楞，女人粗糙。二娘就是有压箱底的人，在我的印象中，二娘的八字脚从来都是迈方步，就像村里秀才叔对我们讲过的，二娘是宁可湿衣（下雨），不可乱步的人。

二娘家的箱底，我听母亲说了不知几百遍。母亲说，当年我家连箱子都没有，更别说箱底了。爷爷和二爷爷年轻的时候也挣了些钱，但奶奶妯娌都好赌，挣得再多，都供不上输。两人不单输掉了赖以活命的几亩薄地，还把坟地里太爷爷的棺材本也输了。那是一棵一搂多粗的大柳树，太爷爷是想百年以后挖个树洞自己就能钻进去。到了母亲结婚那年，家里连顿像样的饭也吃不起。父亲结婚三天就去北京自己找事做，三个月以后回来，母亲已经不认识他了。

三年困难时期，这一条街上不挨饿的人家，除了大小队干部，就是二娘家。按说二娘家是应该挨饿的，二娘一水儿六个儿子，个个都是能吃的主儿。可二娘家的菜园足有篮球场大，收下的粮食或瓜果，能补贴一大块家用。同时，二娘的箱底也帮了她的忙，多少年以后，村里人说起二娘一家没有饿死人，还说她家是有压箱底的。

我们打听那些压箱底的都是什么，却没人能够说清楚。

母亲一辈子最羡慕的人，就是二娘。每年的夏天，二娘都要晾晒自己的箱子底，这个习惯，是从二娘的婆婆那里传来的。二娘的公公跟官到过湖南，大人这样说，我们就这样听，虽然我们一点也搞不清跟官是个什么概念。反正二娘就是这样与众不同的。20世纪80年代，村里经常来“喝老瓷”的（回收文物），二娘今天卖一件，明天又卖一件。那些东西，二娘都在袖子里揣着拿出来，若是碰上人，二娘就解释说自己只是卖些没用的瓶瓶罐罐，那些压箱底的老货，她是不会动的。

二娘压箱底的东西都是什么，我很好奇。到了夏天二娘晾晒箱底的时候，我和伙伴们相约去偷偷看了。原来是一些布料，柔软得像纱。还有一些皮货大袄，还有当时流行的一些布料，大概叫作凡尔丁的。二娘家独自住一个四合院，绳子从南到北扯了两条，那些箱底货把绳子都挤满了。我们刚一在门口出现，就被二娘发现了。我们谎称到二娘家找水喝，却迟迟不往水缸那边走。二娘晾晒的那些东西，散发着一股霉味，呛得人忍不住要打喷嚏。从二娘家出来，我和伙伴们多少是有些失望的，总觉得二娘家的箱底不应该是这些，不应该是这样。可到底应该什么样，我们又说不清楚。回家和母亲说起这件事，母亲却很吃惊，仔细问我那些大袄和皮货什么样，我告诉母亲，大袄是蓝色的，大襟。摸上去很柔软，一看就是新棉花。皮货是灰色的小卷毛，有一股腥膻味。母亲慨叹二娘是个深沉的人，那么好的东西这些年都没上过身。

姐姐是1981年结婚，当时正流行箱子做陪嫁，叔叔给她定做了一对橡木箱子，拉来后，摆在了我家的炕脚。有了箱子，才可能有压箱底的，出嫁以前几个月，姐姐总是把箱子锁得紧紧的，钥匙藏在我无论如何都找不到的地方。这个时候的压箱底，似乎又有了更私密的成分，别说拿到太阳光底下晾晒，别人多看一眼，就像是侵犯。

二娘的六个儿子，若是换作别人家，光说媳妇这一项，大概就要把人愁死。可这些儿子托生在二娘家，他们都早早定了媳妇。别人家的媳妇要彩礼，二娘则放出话，要彩礼的媳妇她不要。二娘家的老箱底，让许多人都心怀幻想。二娘把媳妇一个一个娶进了门，娶第六个媳妇，都到了20世纪80年代中期，别人家的财礼已经到了好几千，二娘则还是那句话。六儿媳妇闹了好一阵子别扭，到底也没有拗过二娘，乖乖上了门。

二娘一分钱不花娶六个媳妇的事，够上吉尼斯的。

现在二娘快八十岁了，身板还硬朗，只是当年的那些优势，在她身上再也体现不出来了。那些箱底不知道都去了哪里，许多年过去了，也没有人再提起了。

葫芦罐

这只葫芦罐在储藏间门楣的钉子上挂了若干年，里面经常会放些蔬菜种子。如果不是偶然间被镜头拍下来，我甚至从没注意过它的存在。

húluguàn

蒺藜狗子

jílígǒuzi

世界上，大约没有哪个国家在“土”和“洋”的应用上，有如此广泛的内容和内涵，细细想一下，土和洋几乎涵盖了我们生活的方方面面。吃有洋餐，住有洋楼，穿有洋式。虽然说一个人洋气百怪略有贬义，但从大的方面讲，洋还是代表着先进和时尚，是引领人们打破封闭壁垒、走出固有模式的一条路，用一句带有政治色彩的形容词，那就是与时俱进。

乡间的土和洋，不知怎么就被应用到了植物上。曲麻菜又叫苦菜花，在野菜界堪称食草动物的珍馐，它便是“土”的。被称为洋曲麻菜的便是蒲公英——乡间没有人叫它的名字，除了小学生，甚至很少有人知道它的名字。只因它的叶片比一般曲麻菜宽，花比一般曲麻菜大，人们便谓之“洋”。同样的情况，还有大蓟和小蓟，小蓟我们叫它起起牙，大蓟则叫它洋起起牙。

许多年前我去看望大舅，大舅给我出了个谜语：远看花花朵朵，近看拉拉萝萝，我又不是仙桃仙果，你为啥跷着脚摘我？这样文气，这样美好的形容，我伤透脑筋都没猜出谜底是什么。大舅告诉我，谜底是“机灵狗子”。机灵狗子是趴在地上生长的一种植物，红茎，叶片细小，开淡黄色的小花，它匍匐在地表上，像一幅地图一样。到了夏天，它的花会结出果实，是一枚玉米粒大小的带硬刺的蒺藜。（蒺藜这个词，我在读高中的时候才接触。戚继光镇守边关，用的武器之一便是火蒺藜。）根据形状推测，我们叫了许多年的机灵狗子，原来是蒺藜狗子。刺很硬，扎到肉里当然要“跷着脚”摘它。也难怪要叫它狗子，在任何年代，这都不会是个好词。赤脚踩在蒺藜上，人会被扎得“机灵”一下。村里的人这样解释，他们很多人都没见过火蒺藜，或者即使见到了，也不会像我这样有联想。所以机灵狗子的说法，直到现在都还沿用。

那则谜语，大舅随便那么一说，我随便那么一听，居然十几年了都忘不掉。我猜，大概是因为它诗意的成分和人性化的表述方式。田间地头一个叫“狗子”的东西，居然有人如此优美地把它编入谜语，无论如何，是一件让人感到意外的事。

那个有着优美谜语的蒺藜狗子，是土蒺藜狗子。另一种洋的，便是学名被称为苍耳的那种植物。能长一米高，叶子呈卵状三角形，果实为纺锤形，长1-1.5厘米，表面为黄绿色，有勾刺。这个“狗子”，不是用来扎脚的，而是用来挂衣服的。秋天果实成熟的季节，人们从田垄里走一遭，身上准会挂满这些小东西。它们看似只与你的衣服沾上一点点，摇摇欲坠地在那里晃，可如果你不逐个摘掉它们，它们会永远成为你衣服的一部分。不知不觉间，你就为它的种子传播尽了义务。甭管洋的或土的，这样的植物，都不能做动物的饲料。在写这篇文章之前，我还沿用村里人的看法，以为原因在蒺藜狗子身上，动物吃到会扎嘴。一个偶然的机会，我才发现这件事情另有说法。

中国植物图谱数据库收录的有毒植物，其中便有苍耳。有资料显示，苍耳全株有毒，以果实、特别是种子毒性大。炒食种子25g-400g可引起中毒，多在4-5小时至3天内出现症状。有关苍耳中毒的报道很多，严重的会造成死亡。主要症状有头痛、呕吐、腹痛、心率减慢、烦躁不安、瞳孔扩大等；严重者可致抽搐、心力衰竭而死。家畜食后也会引起中毒，尤以猪和牛为多。

这个查阅结果吓了我一跳。动物拒食的植物，在20世纪80年代村里还有人食用苍耳榨出的油。想来食用油的摄入量很少，才没有酿成悲剧。由此我又查阅了“土”蒺藜，发现它全身是宝，其药用功能恰好能解“洋”蒺藜苍耳的毒。

如果这个说法不谬的话，倒是“土”与“洋”的一段趣话。

打韧头

dǎrèntou

顺着长长的高粱垄或玉米垄望过去，哪棵长了“韧头”一眼就能看到。长韧头的植物其实是得了一种黑锈病，看上去它和身旁的其他植物没有什么不同，也能长得很高，而且还比左邻右舍茁壮。可它不结果实，高粱在抽穗子的地方长韧头，玉米也会在结玉米的地方鼓出一个白色的包，那个包慢慢绽开来，露出里面粉末状的黑。高粱韧头有一股甜丝丝的味道，尤其是初长成时，模样有点像烟卷。外面是白的，里面是青灰色的，这个时候的韧头最好吃，是人们争相去采的宠儿。待到“烟卷”慢慢长大长粗，白色的胞衣被撑裂开，里面丝丝缕缕地长出线来，颜色也由青灰变成了铁黑，碰一下秸秆，就能落下一层“煤灰”来。这个时候的韧头如果吃到嘴里，就真跟吃煤灰差不多了。

玉米韧头则是一股青草味，大人告诉我们它不能吃，我们也就遵循这个传统。玉米韧头七扭八扭能长出一大团，像怒放的一摊牛屎，看模样也不是能吃的东西。但它的秸秆是甜的，我们称它甜棒。去地里割草，就专门有人去找长韧头的玉米秸秆，用镰刀锁下来，回家给孩子吃。那个时候，我们甚至不知道世界上还有甘蔗那种美妙的植物，我们把甜的高粱秸秆当甘蔗嚼，而玉米秸秆，是不配甘蔗这种称号的，哪怕是伪甘蔗。

不知从什么时候起，有人发现玉米韧头可以喂猪，也就是说，玉米韧头可以充当野菜，而且比野菜有营养。还有人夸张地说，玉米韧头的营养跟豆饼差不多。那时的豆饼可是稀罕物，只有队里拉重车的大牲口才能吃得着。对于家里养的猪来说，豆饼就是可望不可即的天堂食品。这于我们简直是个喜讯，我们为这喜讯奔走相告。打韧头比挖野菜轻松多了，不用弯腰，韧头比野菜的分量也轻。能在玉米地里到处乱串，也符合我们这个年龄的行为特点。总而言之，打玉米韧头的日子，是我们喜气洋洋的日子，我们普遍感觉到，习惯了仰脸找钔头，再低头去挖野菜，已经很不适应了。

可得黑锈病的玉米毕竟是少数。家门前的玉米地里找完了，就往远处走。村里的玉米地里找完了，就往外村的玉米地里走。有一次，我和几个小伙伴约好了到河东去，河东的玉米地是另一个公社的，不知是不是因为人家的品种优良，居然很少有长钔头的。不知不觉间，我们越走越远，天空暗了下来，玉米地里黑森森的。这时有一辆火车地动山摇地开了过来，发出呜呜的吼叫声，把我们吓了一跳。我们这才发现铁路就在面前了，走过去只需要三五步。我们谁都没坐过火车，也没有近距离地看见过。那段铁轨正好有一个弧度，火车带着巨大的风声掠过时，就像要出轨一样，我们都情不自禁地选择了卧倒。土地与我们一起哆嗦，像是要把我们摇成一个土坷垃。直到火车没了踪影，我们才爬起身，拍打一下身上的土，回家了。

凭空多出来的历险经历，让我们在回家的路上一直都很兴奋，大家围绕着火车七嘴八舌，都把空着篮子的事忘了。来到了渡口，见船在河的对岸。我们能看见对岸有人，却看不清是谁。有人把船徐徐地拉过来，到了岸边才发现，是二丽的爸。二丽家就她一个孩子，平时娇贵得很。二丽爸逐个看我们，问：二丽呢？她没有和你们在一起？这时我们才真的被吓傻了。二丽一直都跟我们在一起，只是在“闹”火车以后，我们谁都没有看见她。

二丽转天下午被人送了回来，她在玉米地里转了向，靠啃青玉米维持了半天一宿，哭得嗓子都哑了。弄丢了二丽，我们不同程度挨了家长的责骂，家长骂我们，也骂该死的玉米钔头，说要不是为了找它，我们也不会跑到铁路边上去。这要是让火车把人卷走了，还能找得回来？

打钔头的时间很短暂，转年这个季节到来时，我们就把它忘了。据说钔头的那些营养不但毫无根据，猪吃以后，还会得植物身上的那种病，会黑掉肠子。即使猪不黑掉肠子，钔头也没有吸引力了，它就像流行风一样，刮一刮就没事了。倒是田间地头的那些野菜，挖了再长，长了再挖，子子孙孙没有穷尽，也不知催肥了多少猪。

合作社

hézuòshè

母亲今年七十五岁，不经常到城里来。有一次我领她到超市买东西，母亲问：这里是合作社不？我告诉她，这里不是合作社，是超市，超级市场。母亲问我，这里还是公家的不？我图省事，就说这里还是公家的。那天我们花18块钱买了一斤香油，母亲拧开盖子闻了闻，说不如合作社的香油香，现在连公家也知道糊弄人了，磨香油都不用芝麻。

母亲所说的合作社，“电”了我一下。几天前我回老家，路过一个小镇，是20世纪六七十年代顶繁华的地方。我特意到镇上走了走，那些街巷都没有变，几横几竖。腊月集的当口，人流就像浩然的《艳阳天》里写的那样，走路根本就不用脚，能被人群拥着走。我也做过这个实验，虽然个子小，但努力往高里蹿，便像楔子一样插在人们中间，一插就能插出十几米远。

小镇属于麻雀虽小五脏俱全型。邮局、照相馆、铁匠铺、中学、物资回收站等等，都在一条街上，最吸引我们的地方，是那座高大的水泥建筑，平顶，出檐，檐下有刻上去的毛体“为人民服务”字样。这里叫供销社——就是母亲所说的合作社，倒退多少年，我们也是叫它合作社的，因为供销社有些绕嘴，轻易不会有人念准它的音。方圆十几里地的几十个村庄，大家一提合作社，都知道指的是这所建筑，里面的货物很全，凡是你想买的，就没有他不卖的。

这些年小镇也有了些新的建筑，随着重心东移，都盖到国道两侧去了。老街巷的房子都照原样保留了下来，但都已经糟朽不堪了。那座水泥建筑还紧锁着大门，但从门缝望进去，里面除了燕子，也没有谁再去送脚印了。整个一条街上孤零零的只有我一个人，晚阳夕照中，成群的鸽子在天上飞，那情景甚至令我觉得恍惚。

合作社与供销社应该是两个截然不同的概念。合作社是什么，大概没有人能说得清楚，供销社是什么，却能被所有的人说的一清二楚。供销社是公家人端铁饭碗的地方，所有的紧俏物资，在他们手里都能变得不紧俏。所以谁家若有人在供销社上班，是能让人羡慕得眼蓝的。我涉猎到合作社这一组织机构，发现它有这样的诠释：劳动人民根据互助合作的原则自愿建立起来的经济组织，按经营业务的不同，可以分为生产合作社、消费合作社、供销合作社、信用合作社等。也就是说，供销社是可以等同于合作社的，只是合作社的内涵要宽泛得多。同样可以被称为合作社的还有信用社等其他部门，可我的疑惑是，为什么最终供销社成了合作社的代名词而不是其他，难道仅仅因为它与人们的生产生活息息相关？

母亲嘴里的那个合作社，从辉煌走向衰落，大概经历了三十几年的时间。20世纪80年代中期，那一条街都很繁荣，唯有供销社门可罗雀。里面的货物少得可怜，只有两三个年老的售货员守在那里，沉睡了多年的布匹，蒙上了厚厚一层灰尘。这里与中学只隔着一条道，当年我们下课就往那里跑，去看新来的女售货员。她大概只有十六七岁，长相不是怎么漂亮，但皮肤像雪花一样白。我们成群结队去看她，她对人总是很冷淡，木尺在布匹上摔摔打打，遇到有人买布，她就拉长声音跟人家讲话，显得特别不耐烦。尺子在布上比量好，她歪着头把布撕开一道缝儿，然后放下尺子，两手用力一扯，嘴巴一歪，布就被彻底撕开了。她这个时候也是漫不经心的样子，偶尔翻一下白眼，在我们看来，那就是纯粹的优越感造成的。她对我们有长久的吸引力，一个是她的白皮肤，一个是她售货员的身份。这些对许多乡村的女孩子，都是高不可攀的梦。

2006年10月31日，第十届全国人大常委会第二十四次会议通过了《中华人民共和国农民专业合作社法》。合作社从20世纪五六十年代一路走过来，走过了它的喧嚣和热闹。如今以一种沉静的姿态介入寻常百姓的生活，我们几乎看不到它了。它再也不会成为超市的代名词，这一点，当毋庸置疑。

表演唱

biǎoyǎnchàng

有一种文艺形式，叫表演唱，是介于表演与唱之间的一种艺术形式。村村都有文艺宣传队，表演唱是主打节目，一般都是自己创作的。一个村庄，几百号人，有会唱的，有会拉的（二胡），有会吹的（唢呐），一准也会有写词填曲的。夏天的晚上，村里的土戏台上锣鼓家伙一敲，家家人去屋空。那些个节目，说不上水准，可大姑娘把脸搽得有红似白往台上一站，村里大人孩子就都爱看。

村里写节目的人叫大头，只有初中毕业。俗语说大脑袋聪明，应用到大头这儿，再正确不过了。我至今还记得大头叔的表演唱数板里有这样的词："1973年，程子口（村名）的面貌大改观。革命形式无限好，批修整风人人都把干劲添……"大姑娘们又唱又跳地从鲜红的嘴唇里把这些词说出来，村里人就慨叹，多顺嘴啊，这大头能的，把村名都写进戏里了。白天，大头和演员们一样，都到生产队干活，大头随身带着个小本子，想起什么好词就先记录下来。晚饭过后，大头们洗了头脸，换上干净衣服，马上就成了村里的风景，他们从各个家门口往大队部去，路上有人与他们打招呼，他们会响亮地说，学表演唱去！

大头写的节目，有《老两口学毛选》，有《夸夸我们队里的八大员》，还有《铁姑娘不一般》等等。每一个节目，大头都会把村里的人物写进去。比如《老两口学毛选》，他就用了老队长的名字，曲调是当时流行的，唱出来虽然有些绕口，但村里人爱听。队里那八大员，也是大头愣编出来的，除了饲养员、驾驶员（赶车的），还有喂猪员、青苗员、记工员、棉花员等等，每一个"员"都有一段唱词和数板，有的合辙押韵，有的为了合辙押韵，把名姓倒过来，或者把研究说成"究研"。那些表演唱主要以表扬为主，所以把谁写进去，谁都很乐意。还有人跟大头套近乎，主动要求把自己往唱词里写，大头觉得为难，就给人出主意说，你也去当个八大员，不就能进唱词了？

还有一个表演唱的词，到现在村里人还记得。书记犯了错误，被撤职。书记觉得没脸见人，到外边躲了一阵子。等书记回来，表演唱已经在村里唱热了："程子口，八个队，书记就是某某某。主席著作没学好，放下工作逃跑了……"这个表演唱，是八个女的一个男的，男的扮演书记，女的是批判书记的人。唱词押韵上口，曲调活泼生动，许多人一听就会。书记也不因为挨了批判就灰头土脸。印象中，书记是张大圆脸，整天笑呵呵的。别人唱批判他的词，他自己也唱，不知是自嘲，还是在表明态度。

我第一次演表演唱，大概是小学三年级，也是在村里的土戏台上，与那些大姐姐们同台演出。事情过去了许多年，还记得当时激动的心情。脸上第一次涂油彩，脖儿仰得高高的，生怕别人看不见。演出结束了，还不愿意把油彩洗掉。那天的节目是学校请大头写的：红缨枪，五尺长，红小兵，肩上扛。我们演得都很卖力气，结果忘了听老师口令，把节目演得乱七八糟，那些大姐姐教训我们说，应该听胡琴过门儿，胡琴没过门儿你们就往下表演，蠢死了。又一次演出，我们一心等着胡琴过门儿，谁都不敢往舞台中间走，结果过门儿拉过了，我们居然没听出来，把那些姐姐们差点笑趴下，说你们怎么比鸭子还笨啊。

村里的这支宣传队，很是风光了一阵子。因为她们以演出创作曲目为主，这在当时的各种宣传队中，形成了优势。别的村的宣传队，都是演样板戏，自娱自乐行，拿不到大的舞台上去。我们村的宣传队，不但去了公社，县里，还参加了省市级的文艺调演。有两三年的时间，那些大姐姐们根本不用到队里干活，她们除了到这里那里演出，就是终日到大队部排练表演唱。村里不时有消息传来传去。比如，谁谁被县里或者省里的剧团看上了，谁谁要到哪里去工作了。那些消息让村里的很多人心生羡慕，可过了很久，消息也没能变成现实。后来那些姑娘都出嫁了，宣传队只剩下了大头一个人。大头现在也说，如果再写表演唱，还是那一拨人演得好，个个都有天赋。现在即便真有演出机会，也拉不出那样一支队伍了。

捋榆钱

luōyúqián

农历三月初，是万物复苏、莺飞草长的季节。从榆树长出榆钱屎开始，我们就密切注视它的动向。榆钱屎是榆钱出生前孕育它的那个母体，形状和颜色有点像花椒。我们当然不愿意这样叫它，太难听了。可大人们说，榆树不拉出那些屎，就没法长出榆钱。长不出榆钱，你们就只能吃树叶啦。

我们捋榆钱的年代，是20世纪70年代中期，已经不挨饿了，但离丰衣足食也相当遥远。乡间有句老话，叫好过的年，难过的春。春就是指春天，青黄不接。家里的米缸已经空了，而地里的麦苗还只有筷子高。榆树是有些特殊的树种，不但树皮可以吃，叶子也可以吃。虽然熬出的叶子粥与猪食一个味（哥哥语），毕竟是可以下肚的，柳树或杨树的叶子则只能喂羊。春风吹起来，先是柔软了枝条，再是长出了榆钱屎，一个不留神，那些个榆钱就一嘟噜一串地生出来了。第一眼看见榆钱，孩子们都会雀跃，毕竟榆钱鲜嫩的味道，不是树皮树叶可比。村里的榆树也不是很多，长在别人家园子里的不算，生在河堤险要处的不算，能捋榆钱的榆树数得过来。哪棵树好爬，哪棵树不好爬，孩子们都心中有数。

放了学，大家四散开去抢占榆树。榆树都长榆钱，但长榆钱跟长榆钱还不一样。有些树甜哄人，能把榆钱长在伸手可及的地方。有些树则不然，看上去榆钱挤挤挨挨压弯了枝，可要把榆钱捋到手里却不容易，除非你能把自己变成蝉，爬到它的树梢。这样的树我们轻易不会去挑战，只会在心里记下它，路过它身边，狠狠踹上一脚，或骂它几句，算是小解愤怒。有一次，我们还异想天开要把它烧倒。在它身边架上柴，点着火，火势很旺，但那树却纹丝不动。柴变成了灰烬，树不但没倒，连皮都无动于衷。

簸箕：簸箕打上补丁，不是因为它已经坏了，而是防止它被磨坏——所以到现在它还毫发无损。庄稼人的日子就是这样算计出斤两的。

井台边的一棵老榆树，长成了伞状，是我们理想的一棵好爬又好捋榆钱的树。五六个孩子同时来到树下，把书包里的一应用具往树根下一倒，把书包襻挂在脖子上，便像猴子一样爬往树顶。爬到高处的人，自然就有优势，好的榆钱先被捋走了。站下风的孩子则只能捋些耗子耳朵，就是那些新长出来的小树芽，有些涩口，但也十分鲜嫩。待到把书包捋满了，孩子们一个一个爬下树来，把书本、铅笔盒抱在怀里，回家。那些榆钱拿回家里，各有各的吃法，有的做榆钱粥，有的做馅饼，我们家却喜欢炒了吃，像炒菜一样，只不过要把玉米面和成面疙瘩，跟榆钱一起炒，俗名炒扒拉。出锅之前放上盐和五香粉，满满盛上一碗，又当菜又当饭，实在是好吃的不得了。

春长大日头，是春天的又一个特点。春长，指的是天长。大日头，指的是太阳火暴。几个春长大日头下来，榆钱从青绿转成黄白，就是成熟的迹象。榆钱初长成时，只有树梢上有些耗子耳朵，那地方是不长榆钱的。等到榆钱成熟时，那些耗子耳朵就从榆钱中间往外钻，密密麻麻把枝条都站满了。榆钱一下子就被挤得无处容身，于是便随着风飘离了枝干。飞落到泥土潮湿的地方，顺便就在那里生根发芽。榆树苗实在是好活得很，不像杨树或柳树，还要专门培育。夏天我们去割草，那些榆树苗就长一尺高

子母簸箕：甚至还有子孙簸箕。簸簸箕是个技术活，当年我曾用子孙簸箕簸玉米，费尽艰辛，也不能把想簸的东西簸出去。

了，挖一棵栽到院子里，转年就能长到手指粗。

还说那些成熟的榆钱，没有风的日子，它就跟那些耗子耳朵在枝条上挤呀挤。可春天是个有风的季节，风一刮，它们就四处飘落了。某个夜里刮了一夜风，母亲一大早就喊醒我们，去到背风的地方扫榆钱。我们拿着簸箕和笤帚，去胡同里，或墙根下，扫那些被风旋成一堆的榆钱。放学的路上，我们还预备下了细铁丝，见到榆钱就用铁丝扎，然后串成串，拿回家去。把榆钱放到簸箕里，用手搓，搓出榆钱籽，然后把多余的那些簸出去。只把榆钱籽上锅炒，你猜怎么着，榆钱籽是天底下最美的美味，比所有的干果都好吃——我到现在依然这样认为。

榆钱其实就是榆树开的花，但它不叫榆树花，我猜，当初给它命名的人，一定有过叫它榆树花的念头。可中国历史上的钱币都是圆的，而那一串一串的榆钱，太像串起来的钱币了。这，大概给了人梦想。榆钱的名字也许就因此诞生了，并从遥远的历史一直传到了现在。只是现代人谁都不会把榆钱和钱币联系在一起，就像他们再也不会关注刮掉榆钱的那阵风。

贫下中农

pínxiàzhōngnóng

作为一个具有政治属性的乡村词语，它的重要性，对所有从那个时代走过来的人，都无须赘言。该词语流行的起点是1960年初的四清运动，取代了以往农民和社员的身份认定，营造了阶级斗争的浓重氛围。贫下中农的概念中，含有两种成分，贫农和下中农，不包含中农和上中农。利用写这篇短文的机会，我也稍微给自己补了下课：贫农是农村中的半无产阶级，土地不足或没有土地，靠租种土地或出卖劳动力维持生活。下中农是中农的一部分，生活来源靠自己的劳动收入，经济地位较低，生活状况在普通中农之下。

我第一次填表格，大概只是小学一二年级。填写家庭出身一栏，我特意跑回家去问父亲。父亲当时正在园子里翻地，听了我的问话，父亲仰着头想了想，说按照我家当时的条件，应该是雇农。父亲的言外之意，我听得懂。也就是说，我家现在是贫农。可在填表格的时候，我私自一闪念，在出身一栏填了雇农，并洋洋自得地到处宣告自己的雇农成分，直到被人戳穿。现在想一想，当时的那种小鬼心理真是莫名其妙，怎么就觉得雇农比贫农更值得炫耀呢。

我的同学小福子出身富裕中农，她填表格的时候用手捂着，觉得能把富裕中农几个字捂在手心里，可以秘不示人。有个男同学抢过她的表格，大声念她表格里的内容，把小福子气得哇哇大哭。班主任杨老师闻讯走过来，问怎么回事。男同学并不知道小福子为什么哭，他重复老师经常说的一句话：哭是无能的表现。老师大声训斥说：就你有能么？！

老师是一个出身不好的人，所以他课余时间总给我们讲战斗故事：一车高粱米换33个伪军。老师是一个当过兵的人，他讲的故事，都是他的亲身经历。老师无论讲什么，我和小福子都爱听，我们俩坐在前排。但那些男生却在后边起哄，老师说上句，他们接下句。老师高高的个子，又瘦弱又清癯，站在砖头码的讲台后面，气得脖子都是红的。有一次晚上放学，老师对我和小福子说，你们都是有福气的人，有个好出身。我和小福子面面相觑。在我们的眼里，当时的老师已经很老了，他对我们说这样的话，是很出乎我们意料的。不知小福子怎么想，反正我觉得，在那个年纪的老师，是不应该在乎出身的，他有学问，会讲故事，已经可以了。

老师去世的时候，我们已经小学毕业了。算起来，那时候的老师也不过五十出头，我们到公社读初中，对老师的去世，也只是唏嘘了两声。老师留下遗言，要薄棺木，不穿新衣服。老师的两个儿子照办了，装殓的时候，还是老师平常的装束，是一身藏蓝色的中山装。村里人都说老师古怪，哪有死人上路不穿新戴新的道理。我听说了这些，意识到了老师是在节俭。他平时就是节俭惯了的人。上课时，如果有粉笔头，老师永远不使新粉笔。如果粉笔头不小心从讲台上掉下去，即便跑到了耗子窟窿，老师也要追上去拣起来。旧粉笔擦坏了，他绑一绑，修一修，就那样对付着使，其实新粉笔擦就在他的抽屉里锁着。

转眼都过去三十多年了，那些小的心计，小的尴尬，都还记得。填过数不清多少表格，出身一栏，再没想过要填雇农。其实后来就知道了，填些什么，是没有多少实际意义的，它不会与现实生活发生切割。可既然有表格，就要填写。不填写就过不了关。又不知从何年何月何日开始，表格上没有家庭出身栏，发现这一点，我也很淡然，毕竟与自己干系并不大。但还是小小地联想了一下，姥姥家是富农，那一群表兄弟姐妹们肯定与我的心情不一样，他们任何时候对待表格，可能都会像我和小福子第一次填表那样。